LE PACTE LYRIQUE

PHILOSOPHIE ET LANGAGE

Antonio Rodriguez

le pacte lyrique

Configuration discursive et interaction affective

MARDAGA

Cet ouvrage est publié avec le soutien de
l'Université de Lausanne (Commission des Publications
de la Faculté des Lettres et Fondation du 450e Anniversaire),
ainsi que de la Société Académique Vaudoise.

© 2003 Pierre Mardaga éditeur
Hayen, 11 - B-4140 Sprimont (Belgique)
D. 2003-0024-31

Introduction

>   « La parole est l'épreuve et l'appel, le pacte. »
>
>   Edmond Jabès

Il peut paraître étonnant d'entreprendre une approche générale du discours lyrique, tant la tradition sur cette question est abondante et ancienne. Mais on éprouve, aujourd'hui encore, un décalage important entre le potentiel de communication que revêt ce type de discours et l'horizon d'attente limité qu'il engage. Sous les apparences de l'évidence, la notion de « lyrique » est fréquemment saisie par des associations à la poésie, à l'emphase ou au sentimentalisme. En outre, sous le lieu commun de l'effusion sentimentale de l'écrivain, l'interaction entre les textes et les lecteurs semble généralement négligée. Il en va comme si les œuvres lyriques étaient constamment menacées de sombrer dans le pathétique ou dans le soliloque. Cela ne correspond évidemment pas à la réalité des productions que nous pouvons observer. C'est pourquoi il convient sans doute de construire une synthèse opératoire qui permette une identification plus précise de ce type de discours. En détaillant le cheminement logique de ce dernier, ses déterminations stylistiques, sa visée communicationnelle et les investissements potentiels des lecteurs, il est possible de proposer non seulement une définition et un ensemble de traits caractéristiques, mais d'envisager la dynamique d'un véritable pacte discursif. C'est cette recherche que livre la présente étude.

LA PERSPECTIVE

Il s'agit de se centrer sur le « lyrique », en tant que structuration typique du discours, et non sur le « lyrisme », notion historiquement située dans la tradition romantique, qui engage un imaginaire de la création poétique et rend esthétique une attitude existentielle. Même si ces deux termes sont fréquemment confondus, il paraît nécessaire de les différencier, car ils ouvrent des champs d'études qui se recoupent peu[1]. Mon approche vise avant tout à spécifier des effets caractéristiques sur divers plans de la configuration lyrique. Un tel type de discours se retrouve dans de nombreux genres littéraires, se manifeste à différentes époques, sur plusieurs siècles, dans de multiples contextes. Même si son usage est relatif à des histoires et des cultures, il semble avoir une envergure considérable dans la communication humaine, notamment lorsqu'elle se fait esthétique. On le retrouve dans les textes sacrés, dans la littérature, sous certaines formes populaires et parfois dans l'oralité. Il s'applique à dire comme nombre de formes artistiques les fondements de l'existence que sont l'amour, la solitude, la mort, la joie, le quotidien ou l'étrangeté. Sa façon est si singulière que nul autre discours ne peut lui ravir ses particularités. Sa mise en forme et ses jeux sur la représentation traitent de manière propre de notre rapport au monde, car le lyrique nous dit quelque chose de spécifique sur la réalité.

Pourtant, si aujourd'hui les récits ou les essais sont en vogue, le discours lyrique paraît quant à lui désuet, notamment en poésie. Les ventes et les tirages de tels ouvrages représentent en France une infime proportion du commerce littéraire — ce qui ne signifie pas pour autant une diminution de la production ou de son intensité. Si justifier cette baisse d'intérêt dans la réception pourrait être hasardeux, il paraît en revanche clair que l'usage du terme « lyrique » est devenu problématique par ses connotations. Il se couvre généralement d'appréciations ironiques, négatives et parfois d'appréciations exaltées tout aussi suspectes. Que ce soit pour déprécier le discours emphatique d'un politicien, l'ivresse stylistique d'un écrivain, la platitude de certaines déclarations ou que ce soit pour valoriser une part de sacré que révéleraient les poètes, on constate que le terme « lyrique » répond davantage à une valorisation esthétique qu'à l'observation rigoureuse d'une identité discursive. Cette distance est fréquente entre une notion et son usage courant, mais elle est particulièrement manifeste pour ce terme.

Cette valorisation bipolaire n'est d'ailleurs pas le seul fait d'un emploi commun ou médiatique. Elle intervient également dans le débat qui a lieu entre poètes depuis le début des années quatre-vingt. Alors qu'elle avait été écartée du questionnement sur la création poétique, cette problématique est revenue au premier plan de la scène littéraire. Ce regain d'intérêt a créé des polémiques sur la pertinence et la validité d'une telle production dans la modernité. Après la période des années soixante-dix et la vogue de la doctrine de l'autotélisme du texte, le lyrisme est apparu pour bon nombre de poètes comme un moyen pour théoriser l'ouverture de la poésie au réel, aux émotions et pour échapper à la pure autoréférentialité du langage. Ainsi, dans la production de l'«extrême contemporain», le paysage poétique s'est notamment partagé, d'une façon parfois caricaturale, en deux perspectives majeures : ceux qui ont prôné un «nouveau lyrisme»[2] — formulant la nécessité d'une référence au monde et à la subjectivité dans le texte, signifiant également pour certains un regain d'intérêt pour les vers réguliers, les formes fixes ou encore les thèmes amoureux —, et ceux qui ont manifesté leur «antilyrisme»[3] — en qualifiant cette forme de discours de «rétrograde», en affirmant les valeurs prépondérantes de la «textualité» et de la «littéralité», en refusant l'usage du figural et même du rythme. Dans ce débat parfois virulent, certains auteurs ont pris des positions théoriques qui ne se vérifiaient pas dans leurs écrits poétiques. Ils ont pratiqué des préceptes qui ne concordaient pas avec leur esthétique. Finalement, les écrits poétiques ont gardé une complexité et des nuances que la théorie a souvent perdues pour une dichotomie tranchée.

Sans entrer dans les détails de ce débat qui a soulevé des questions importantes, nous pouvons néanmoins mettre en évidence deux tendances qui sont problématiques pour traiter du lyrique. La première consiste à réduire cette notion à un horizon caricatural rattaché au romantisme. Cette réduction s'opère tant d'un point de vue historique qu'esthétique. La conception habituelle suspecte ce type discursif d'un mièvre sentimentalisme, d'une expression trop personnelle de l'auteur, d'un excès emphatique, d'un usage simpliste de la dynamique métaphorique et rythmique. En proposant un «nouveau lyrisme» (plutôt qu'un «néolyrisme» qui ne serait qu'une reprise d'anciennes formes), les partisans de ce discours dévalorisent indirectement les productions antérieures. De la même façon, qualifier le renouvellement actuel de la tradition de «lyrisme critique», de «lyrisme de la réalité» sous-entend que les formes passées n'étaient pas, ou peu, critiques et ancrées dans le réel. Parallèlement, les remarques nourries par le «matérialisme» poétique partent également d'une vision du lyrisme romantique et dénoncent les attentes de la sincérité, de la musicalité, de l'emphase et du pathétique. Ce présupposé commun ne correspond pas aux pratiques d'Alphonse de Lamartine ou de Victor Hugo, qui sont autrement plus complexes. Les poètes contemporains se fondent plutôt sur une remise en question du lyrisme qui a notamment été faite par Stéphane Mallarmé, Arthur Rimbaud et qui intervient dans la quasi totalité des débats littéraires du XXe siècle. Signe d'une certaine «modernité», une forte défiance à l'égard de la poésie romantique apparaît chez les poètes post-mallarméens. Peu d'entre eux prennent position face aux poètes du XIXe siècle en tant que tels mais davantage face à un ensemble qualifié de «romantique» et qui renvoie directement au terme «lyrisme».

Le deuxième point problématique est la confusion permanente entre la poésie comme genre littéraire et la structuration discursive lyrique. Le débat semble alors davantage indiquer les règles liées historiquement au genre, les devoirs esthétiques du poète contemporain qu'observer ses possibles à travers les différentes époques. Il en va comme si la poésie ne pouvait être que lyrique ou matérialiste — l'hégémonie s'adaptant à la perspective théorique choisie. Alors qu'aucun cadre discursif n'est imposé *a priori* à ce genre — il existe de la poésie épique, didactique —, les poètes contemporains ont fréquemment étendu leur conception à l'ensemble de la poésie, en soulignant la qualité esthétique liée à leur choix. Finalement, la production poétique actuelle montre combien ce genre se nourrit de diverses démarches, parfois opposées, sans par essence appartenir à un type discursif. De cette façon, la confrontation a plus mis en exergue les différentes valeurs esthétiques et éthiques qui animent aujourd'hui les poètes qu'elle n'a aidé à décrire de manière opératoire le discours lyrique. Si ce débat donne une abondante matière à l'histoire littéraire et à une sociologie de la poésie, il a trop souvent reconduit des lieux communs sur le terrain de la critique littéraire.

Ces débats ne sont pas restés l'unique affaire des poètes ; ils ont également animé la discussion universitaire. Certes, nombre d'entre eux enseignent dans les universités, mais le mouvement a été nettement plus général. La discussion académique s'est avant tout engagée en France à partir d'un colloque à Bordeaux en 1996, qui a donné lieu à deux publications[4]. De nombreux apports ont été faits par des spécialistes en poésie, notamment pour déceler la présence d'un « sujet lyrique » chez des auteurs des XIXe et XXe siècles. Pourtant, d'emblée, il a fallu reconnaître que le débat avait du retard par rapport à la tradition critique allemande. Les études sur le lyrique d'Hugo Friedrich, d'Emil Staiger, de Käte Hamburger ou de Karlheinz Stierle sont considérées comme des classiques outre-Rhin, alors qu'elles ont été récemment traduites en français. Face à cette situation, Jean-Michel Maulpoix reprenait en 2000 ce qu'il écrivait en 1989 : « Le mot "lyrisme" est-il sérieux ? On observe un singulier décalage entre l'emploi innocent que la tradition universitaire en fait depuis la fin du XIXe siècle et la complexité des valeurs ou des sens qu'il a pris dans la littérature. »[5] Néanmoins, en une décennie, le débat universitaire sur le lyrique s'est largement enrichi. Les diverses contributions au colloque de Bordeaux ont permis d'ouvrir la problématique à des démarches véritablement critiques et rigoureuses. Des observations pertinentes ont été faites sur des questions énonciatives ou thématiques. Toutefois, le questionnement est resté centré sur la notion de « sujet lyrique », ce qui a suscité de nombreuses ambivalences pour la compréhension de la structuration discursive. Ainsi, ces ouvrages collectifs ont marqué de multiples différences dans la critique sans fournir une véritable cohésion sur l'enjeu principal. Cela est sans doute le propre des ouvrages collectifs, mais il est pour le coup difficile de tirer un concept clair du lyrique à partir de ces deux publications, et surtout un cadre opératoire. C'est d'ailleurs la principale critique que l'on peut adresser à certaines études récentes sur la question. Si intéressantes que soient les approches de Jean-Michel Maulpoix ou de Martine Broda[6], elles nous paraissent insuffisantes pour établir des outils d'analyse ou pour historiciser ce discours — mais tel ne semble pas être leur objectif. Finalement, la notion de « lyrique » reste suffisamment vague pour qu'elle continue à nourrir les multiples connotations positives ou négatives.

Parmi les études récentes sur le lyrique qui ont précédé ce débat, il convient de mentionner celle de Gérard Genette sur l'« architexte »[7], qui me paraît particulièrement riche. Le critique a montré certains poncifs, certaines confusions qui reviennent fréquemment lorsqu'on traite de cette notion. Son travail a en outre été prolongé par un historique minutieux sur la question de Gustavo Guerrero[8]. L'approche de Paul Ricœur dans *Temps et récit*[9] me paraît en outre indiquer des voies particulièrement rigoureuses dans l'étude d'une structuration discursive, notamment dans son lien à l'éthique. Je ne manquerai évidemment pas de m'appuyer sur ces travaux. Pourtant, il faut admettre qu'il manque aujourd'hui une approche opératoire synthétique du lyrique pour l'étude des textes. Les perspectives poéticiennes ou philosophiques ont généralement fourni peu d'outils d'analyse. De multiples publications herméneutiques ou stylistiques, auxquelles il manquait souvent un fondement général, ont par ailleurs développé des outils précieux. Peut-être convient-il alors de concilier poétique et stylistique pour livrer un ensemble de moyens cohérents face au lyrique.

L'ÉPREUVE

Qu'est-ce que le lyrique ? Comment fonctionne-t-il ? Comment met-il en forme des dimensions de l'existence ? Comment le lecteur interagit-il avec ce type de discours ? Même s'il paraît d'emblée impossible de savoir ce qu'est *exactement* le lyrique, peut-être pouvons-nous essayer de le décrire au mieux dans son fonctionnement, afin d'esquisser sa définition, son cadre intentionnel et ses traits typiques. Face à un tel enjeu, je propose les pages qui suivent comme un fondement à de futures recherches. Elles comprennent un récapitulatif historique, une mise au point théorique et des outils d'approche. Bien évidemment, des années d'études, bon nombre de lectures et de discussions fondent mes pistes, mais les limites d'un tel travail sont apparentes. Il y a une impossibilité à circonscrire les horizons du lyrique, des auteurs, des textes, ce qui est sans doute le propre des sciences humaines. La problématique peut dès lors paraître ambitieuse, car le champ d'étude est effectivement large. Toutefois, la rigueur n'est sans doute pas inversement proportionnelle à l'échelle utilisée. Les problèmes sont considérables que l'on traite d'une tournure syntaxique particulière dans un poème ou d'une structuration transhistorique. Par-delà la tournure se trouveront toujours le texte, les règles syntaxiques, le recueil, l'œuvre, l'auteur, l'horizon d'attente, le contexte historique. Entre l'infiniment grand et l'infiniment petit, la complexité reste présente. Or, il serait illusoire de vouloir la réduire en prenant un corpus restreint, comme il serait illusoire de croire à une plus grande rigueur ou à une plus forte opérativité. Le changement d'échelle ne résout pas les écueils, il permet de s'intéresser à des problématiques différentes.

Ma réflexion ne part pas *ex nihilo*. Une ample tradition me précède sur laquelle je m'appuie. Qu'il aille ou non dans notre perspective, le débat a lieu depuis longtemps. Je ne fais qu'y prendre part en sachant qu'il se poursuivra. L'objectif est dès lors relativement clair : il s'agit de proposer une nouvelle approche de la question tout en tenant compte de la tradition critique. Les questions anciennes ne sont pas désuètes, mais elles doivent se reposer différemment dans le contexte qui est le nôtre. De nouvelles questions surgissent également avec des pratiques inédites. Mon approche ne prétend pas à l'originalité des découvertes qui, trop souvent, sont une reformulation de certaines propositions sous un langage en vogue. Elle tente plutôt de relancer le débat sur des perspectives occultées ou laissées en suspens, comme celles de la configuration du discours et de l'interaction avec le lecteur.

La présente étude débute par un parcours historique des principales théories du lyrique. Il s'agit de rappeler brièvement le cheminement d'une notion et de ses présupposés à différentes époques. Ceux-ci se retrouvent de manières diverses dans les poétiques du XXe siècle. Or, c'est avec les théoriciens de ce siècle que j'entreprends un véritable dialogue critique : les références et le corpus sont généralement communs, la distance qui nous sépare n'a pas une importance telle qu'elle empêcherait toute critique directe. Recontextualisées, ces approches permettent l'observation d'une pluralité de perspectives sur le lyrique. En les présentant, il est possible de parvenir à une véritable confrontation, qui laisse apparaître de nombreuses apories. Chaque perspective offre à la fois une pertinence et des limites. L'observation de ces impasses incite à davantage de prudence pour poser notre hypothèse. Le concept de « pacte » est une de nos propositions. Reprenant une notion employée par la critique, notamment par Philippe Lejeune, nous tentons de montrer en quoi elle peut résoudre les principales apories. Pour cela, il convient de la redéfinir, car le terme employé par Lejeune regroupe de nombreuses catégories. Afin d'obtenir une opérativité, nous la reformulons sous une seule perspective. Nous établissons alors les principes du rapport entre une configuration discursive et les effets potentiels liés à l'acte de lecture. A partir de ce concept, nous dégageons trois pactes principaux qui interviennent de manière radicale dans le champ littéraire : le lyrique, le fabulant et le critique. L'étude se concentre dès lors sur la structuration lyrique en la définissant globalement et en la détaillant par son cadre intentionnel, ses traits de style caractéristiques et sa visée communicationnelle. Ainsi, la recherche fournit une compréhension critique et des outils d'analyse, en balisant les incidences d'une dominante lyrique sur les divers plans du discours. Afin de rendre la démarche des plus concrètes, nous nous appuierons sur la vaste tradition lyrique qui détermine en grande partie le genre poétique moderne. S'il est peu souhaitable, d'un point de vue théorique, de confondre la poésie et le discours lyrique, les productions modernes ne cessent de les associer, en nous fournissant de la sorte bon nombre de ses actualisations.

*
* *

Face à l'étendue du champ de recherche, il serait impensable de réduire l'étude à une méthode positive spécifique. L'approche des actualisations lyriques ne peut se limiter à quelques traits linguistiques, aux contextes historiques ou sociologiques, aux schèmes psychanalytiques. Entrelaçant le *logos*, le *cosmos*, l'*anthropos* et l'*ethos*, ce type de discours dépasse d'emblée toutes les méthodes qui resteraient centrées sur un des quatre termes. Par son ampleur, la problématique incite à s'interroger autant sur les rapports sensibles au langage que sur les figurations de la vie affective ou sur les redescriptions du monde vécu. Elle nécessite une approche globale de la conscience humaine. C'est pourquoi il m'a semblé que la phénoménologie, par ses fondements et ses divers développements, répondait à cette démarche. Ses présupposés parcourent l'étude, tant dans la description de la vie affective que dans l'observation de l'énonciation verbale, tant dans la définition d'une structure que dans l'analyse des rythmes dans les textes, tant dans la notion de « cadre intentionnel » que dans la recherche des effets intersubjectifs. Il ne s'agit pas de s'inscrire dans une école de pensée et de l'étendre à tous les niveaux. Je tiens davantage à une efficacité dans l'étude des textes. Mais, le recours à cette méthode englobante sert à alimenter les analyses et à les élargir à une sphère existentielle. De ce point de vue, la phénoménologie me paraît particulièrement pertinente pour mener des recherches sur la sphère affective dans le discours.

De nombreuses approches positives, notamment la linguistique pragmatique, peuvent dès lors intervenir dans l'étude. Quand bien même nos présupposés sur l'être-au-monde, l'intersubjectivité relèvent de la phénoménologie, ils ne doivent pas nier les qualités opératoires d'autres écoles, qui n'ont pas toujours des fondements communs. Cette pluralité pourrait sembler gênante, si elle visait à aplanir les différences et à se servir des outils d'une méthode sans tenir compte de ses présupposés. L'objectif de notre étude est plutôt de composer avec les moyens d'analyse qui nous paraissent les plus convaincants, qu'ils soient ou non en lien étroit avec la phénoménologie, et de les inscrire avec précaution dans un cadre commun. Une certaine hétérogénéité des outils pour approcher les textes non seulement n'empêche pas une cohérence méthodologique d'ensemble, mais enrichit la qualité des analyses. Ainsi, nous ne réduirons pas les textes à la grammaire husserlienne ou à l'ontologie heideggerienne, mais resterons toujours dans une démarche de critique littéraire, car il ne s'agit pas de faire une approche philosophique des textes, comme le font trop souvent certains phénoménologues. Il nous semble que la critique littéraire doit garder ses prérogatives quand bien même elle s'inscrit dans des présupposés d'un courant philosophique. En cela, la phénoménologie exige certainement les apports de la linguistique à travers l'herméneutique moderne. S'éloignant d'un rapport uniforme objectiviste ou d'une fusion subjective, l'herméneutique moderne interroge en permanence les enjeux culturels, les situations historiques, la distance entre les textes et l'actualité du regard critique. Une prudence est de mise dans la relation critique herméneutique qui garantit le statut fondamental d'altérité du texte.

Certains ouvrages issus de ces deux traditions nous ont servi d'ancrage pour la méthode et l'organisation de cette étude. *Temps et récit* de Paul Ricœur nous paraît de ce point de vue un travail majeur. Alliant les analyses textuelles aux représentations du temps, il ouvre un champ de recherche exemplaire. Son étude s'applique à penser et à décrire le récit, qu'il soit fictionnel ou historique. *Die Grundbegriffe der Poetik* d'Emil Staiger nous a également servi de source pour la réflexion, même si de nombreux aspects de sa théorie sont discutables. Le critique suisse est un des premiers à avoir lié des traits stylistiques à la *Daseinanalyse* heideggerienne par le biais des tonalités affectives. Cette étude poursuit et renouvelle certaines de ses propositions. D'autres philosophes et critiques ont fourni dans ce domaine des outils pertinents ou des réflexions décisives qui ont éclairé notre démarche. Erwin Straus, Maurice Merleau-Ponty et Henri Maldiney ont particulièrement enrichi la problématique du «pathique» où le sensible fait sens, ainsi que les liens entre la sphère affective et la mise en forme artistique. Du côté de la critique littéraire se trouve Michel Collot qui a développé de nombreux points d'application et de réflexion de la théorie phénoménologique en lien avec la linguistique dans le domaine des lettres modernes[10]. Les recherches de Wolfgang Iser sur les effets ont également été determinantes pour cette étude, même si elles ne concernent pas directement le lyrique. Ses considérations sur la configuration et l'interaction à partir d'une stylistique des effets a alimenté de manière profonde notre démarche[11].

Plus qu'à chercher la protection d'autorités, ces noms servent à montrer explicitement notre point d'ancrage dans la tradition. Il n'en reste pas moins que notre problématique exige ses propres constructions. Toute méthode rigide *a priori* échouerait dans la recherche des objectifs fixés. Le pacte lyrique, par l'ouverture qu'il engage, dépasse toutes les méthodes préétablies. Cela nous incite a créer en chemin une méthode cohérente qui épouse au mieux la problématique. Il nous faudra avoir le respect qu'on doit à toute tradition vive, sachant d'avance que nous ne pourrons l'épuiser, sachant d'avance que nous ne mènerons le lecteur qu'au seuil de sa propre lecture. Ainsi, nos outils d'analyse, qu'ils soient issus de la stylistique, de la linguistique, de l'herméneutique ou de la phénoménologie, n'ont pas la prétention d'enfermer dans un système ce qui est de l'ordre de l'ouvert.

Ceux qui approchent la question du lyrique s'aperçoivent aussitôt combien elle échappe aux classifications rigides. Une multitude de facettes, de stratégies, d'effets déjouent constamment les plans qui voudraient la maintenir dans des catégories immuables. Pourtant, en élargissant certains critères d'analyse, cette problématique offre une cohérence et même une identité sans cesse réactualisée. Puisse donc cette étude apporter de nouveaux repères pour l'interprétation de cette structuration majeure de la littérature qu'est le lyrique.

NOTES

[1] Nous traitons de cette distinction dans un historique critique sur la question. *Cf. infra*, «Terminologie», p. 18-20, et les pages sur le travail de Jean-Michel Maulpoix, p. 53-57.

[2] Voir notamment Philippe Delaveau (dir.), *La Poésie française au tournant des années 80*, Paris : José Corti, 1988 ; *Le Nouveau Recueil*, n° 52, «Du lyrisme critique», sept.-nov. 1999. Citons parmi ces auteurs, même s'ils ont des démarches différentes : Jean-Michel Maulpoix, Martine Broda, Benoît Conort, Philippe Delaveau, Jacques Darras, Jean-Claude Pinson, James Sacré.

[3] Voir notamment *Revue de littérature générale*, n° 1, «La mécanique lyrique», 1995 ; les ouvrages de Jean-Marie Gleize, *Les Chiens noirs de la prose*, Paris : Seuil, 1995, et de Christian Prigent, *A quoi bon encore des poètes ?*, Paris : P.O.L., 1996. Là encore les différences entre poètes sont notables, mais on peut citer Jean-Marie Gleize, Christian Prigent, Emmanuel Hocquard, Olivier Cadiot.

[4] *Modernités* (revue), n° 8, «Le sujet lyrique en question», Presses Universitaires de Bordeaux, 1996. Dominique Rabaté (éd.), *Figures du sujet lyrique*, Paris : Presses universitaires de France (Perspectives littéraires), 1996.

[5] Jean-Michel Maulpoix, *La Voix d'Orphée : essai sur le lyrisme*, Paris : Corti (En lisant en écrivant), 1989, p. 11 ; *Du Lyrisme*, Paris : Corti (En lisant en écrivant), 2000, p. 13.

[6] Martine Broda, *L'Amour du nom : essai sur le lyrisme et la lyrique amoureuse*, Paris : Corti (En lisant en écrivant), 1997. Jean-Michel Maulpoix, *op. cit.*, 1989 et 2000.

[7] Gérard Genette, «Introduction à l'architexte», dans *Théorie des genres*, Paris : Seuil (Points), 1986, p. 89-159.

[8] Gustavo Guerrero, *Poétique et poésie lyrique*, Paris : Seuil (Poétique), 2000.

[9] Paul Ricœur, *Temps et récit*, t. I, II, III, Paris : Seuil (Points Essais), 1991.

[10] Michel Collot, *La Poésie moderne et la structure d'horizon*, Paris : Presses universitaires de France (Ecriture), 1989 ; *La Matière-émotion*, Paris : Presses universitaires de France (Ecriture), 1997.

[11] Wolfgang Iser, *L'Acte de lecture : théorie de l'effet esthétique*, Liège : Mardaga (Philosophie et langage), 1997.

PREMIERE PARTIE

SITUATION DU LYRIQUE

Chapitre 1
Historique du lyrique

Le cheminement commence par interroger la tradition de poétique, dans la mesure où les termes «lyrisme», «lyrique» appartiennent en premier lieu à ce champ critique. En tant que notions métalinguistiques, ils désignent, voire rendent spécifiques, certaines formes littéraires. Ainsi, nous ne posons pas d'emblée l'hypothèse du pacte. Comment définir une telle hypothèse sur le lyrique sans tenir compte des orientations prises par ce concept dans la tradition? Puisque notre perspective dépend avant tout d'un discours théorique sur la production littéraire, il convient d'entrer en matière sur le discours métalinguistique, sur la poétique qui a traité du lyrique. Ce discours critique a une histoire, qui donne à cette notion des constantes, mais surtout de nombreuses variantes. Il serait illusoire d'approcher les textes avec une telle notion, sans s'être préalablement inscrit dans la tradition critique. Trop d'influences indirectes, trop de préjugés seraient en jeu. Or, la tradition occidentale sur cette question est considérable, puisque l'on peut la faire remonter jusqu'à l'Antiquité grecque. Il est donc nécessaire d'expliciter ce qui est entendu par «lyrique», en prenant conscience de ce qui détermine notre position. Notre discours critique est situé dans l'histoire et dans des traditions : il s'agit de les exposer afin de mieux les considérer par la suite.

Pour ce faire, nous allons d'abord tracer brièvement un historique de la poétique du «lyrique» à partir du système de la «triade des genres» au XVIIIe siècle qui a mis cette catégorie au premier plan[1]. L'objectif consiste à signaler les principaux mouvements, sans entrer dans le détail historique. Il s'agit avant tout de dénouer les préjugés parfois contradictoires sur un concept. Nous allons donc adopter une *conscience historique* sur la tradition sans pour autant *faire l'histoire* de celle-ci. D'ailleurs, d'autres critiques ont déjà réalisé une telle démarche[2], et il ne serait pas très instructif de reprendre longuement leurs propos. Néanmoins, pour aborder la critique du XXe siècle, la saisie des grandes tendances historiques qui ont marqué et marquent encore le débat contemporain est nécessaire. Nous essaierons alors de souligner à chaque fois leurs présupposés, leurs apports et leurs limites. Conscient des achoppements, voire des apories, nous tenterons de forger l'hypothèse du «pacte», afin de proposer de nouvelles perspectives.

1. TERMINOLOGIE

Avant d'étudier les poétiques en tant que telles, il convient de faire une mise au point terminologique : les termes «lyrique» et «lyrisme» sont eux-mêmes situés. Comme le précise Alain Rey dans le *Dictionnaire historique de la langue française*[3], tous deux proviennent de la même racine grecque «lura». Celle-ci est reprise par le terme «lire» (1155) puis «lyre» (1548) pour désigner l'instrument antique à cordes qui accompagne les aèdes dans leurs récitals. Néanmoins, comme le mot «luth», «lyre» prend le sens métaphorique de «poésie lyrique». Dans *Deffence et Illustration de la langue françoise*, Joachim du Bellay l'emploie dans ce sens. Cet usage métaphorique a pour adjectif correspondant «lyrique» (1495) : «qui est propre à la lyre». Selon Alain Rey, ce terme a été employé pour qualifier les poètes antiques — et médiévaux — qui composaient et déclamaient des poèmes en s'accompagnant de la lyre principalement ou d'autres instruments pour l'époque médiévale. A l'origine, «lyrique» ne serait donc pas une notion de poétique, mais renvoie à l'*actio* d'une poésie particulière. Cette position relativement commune mérite d'être nuancée, car on trouve également dans la tradition philologique alexandrine de nombreuses utilisations du terme «lurikos» entre les IIIe et Ier siècles av. J.-C. Si ce terme sert à distinguer le poète («lurikos poietès») de sa production («melikè poièsis»), il envahit progressivement le discours théorique dans la classification des genres littéraires. Ainsi, selon Gustavo Guerrero, la première référence à une «lurikè poièsis» aurait été faite par Denys le Thrace dans un paradigme qui inclut la tragédie, la comédie, l'épopée et l'élégie[4]. Dans ce cas, l'adjectif sert à qualifier un type de textes sans forcément renvoyer à l'*actio* musicale et chorégraphique. Dans la tradition française, nous pouvons dire que ce n'est qu'à partir du XVIe siècle que ce terme s'est appliqué à certains genres littéraires issus des genres lyriques antiques tels que l'ode. Dès le milieu du XVIIIe siècle, le mot a qualifié par extension les poèmes qui expriment les sentiments intimes du poète. Ce n'est que tardivement qu'il commence à désigner des formes non poétiques : on parle aussi de «drame lyrique», d'«artiste lyrique». Appliqué au théâtre, il désigne ce qui est destiné à être mis en musique et joué sur scène.

«Lyrique» a été à l'origine employé comme nom et adjectif. A l'époque romantique, le mot «lyrisme», créé sur la base de «lyrique», l'a peu à peu supplanté comme substantif. La trace la plus ancienne de ce terme semble remonter à Alfred de Vigny en 1829 lorsqu'il expose son système dramatique. Dans sa «Lettre à Lord *** sur la soirée du 24 octobre 1829⁵», il associe le lyrisme au chant, au vers et au registre du sublime. Il s'agit pour lui du degré le plus élevé de la poésie, en ce qu'il donne à lire la langue de l'âme. Le terme est employé selon une valorisation positive, qui s'élargit à une esthétique de l'existence. Ce mot s'est en effet étendu à désigner une «exaltation passionnée», un «enthousiasme» à dire, à écrire et à vivre. Toutefois, ce terme a rapidement impliqué également une dévalorisation pour désigner les excès emphatiques⁶. Peu de temps après son apparition, «lyrisme» est ainsi doublement connoté : d'une part, il appartient, par sa date de création, à la conception romantique du lyrique; d'autre part, le suffixe *-isme*, qui marque l'appartenance à un système, donne par association une tendance à l'exagération. La définition de Littré illustre dans ses multiples acceptions ces associations :

> 1. Caractère d'un style élevé, poétique, langage inspiré. Le lyrisme de la Bible. 2. En mauvaise part, affectation déplacée du style lyrique, ou des formes qui le caractérisent. 3. En général, enthousiasme, chaleur. Cet homme a du lyrisme. Sa conversation a du lyrisme.

Les deux dernières acceptions marquent une extension du domaine littéraire à des traits psychologiques. Jean-Michel Maulpoix a consacré sa thèse de doctorat à cette notion, en dégageant les associations, la «mythologie» qui la sous-tendent de 1829 à 1913⁷. Il reprend en partie son propos dans *La Voix d'Orphée* et *Du lyrisme*⁸ où il montre que ce terme engage un imaginaire de la création poétique et qu'il implique une attitude existentielle caractéristique. Bien qu'il défende cette notion dans l'usage critique, il admet qu'elle n'engage pas une qualité «opératoire» pour décrire les textes. Elle est davantage issue d'une figuration esthétique des poètes, qui renvoie aux conceptions romantiques de l'acte d'écrire : *on s'inscrit lyriquement dans l'existence*. De là découlent les valorisations contradictoires entre l'élévation vers le sublime et la chute dans les excès.

La situation de ces mots laisse entrevoir l'histoire des poétiques qui leur est liée. Elle implique également une prise de position terminologique. Au vu de notre questionnement et compte tenu du fait que les poètes pré- et postromantiques ont actualisé autrement cette identité discursive, nous n'allons pas employer le terme «lyrisme» pour désigner le pacte. Nous optons pour le nom plus ancien et moins connoté de «lyrique». Nous l'emploierons au masculin dans la mesure où il désigne un type de discours. En cela, il se distingue du nom féminin à usage didactique qui se rattache avant tout à la pratique de la poésie lyrique dans un champ historique donné : «la lyrique courtoise». Nous traiterons *du* «lyrique» comme d'une structuration discursive globale dans un acte de communication littéraire, avec ses intentions et ses effets potentiels. En revanche, nous emploierons le terme « lyrisme », lorsqu'il impliquera selon un horizon d'attente romantisé une attitude subjective d'existence et une figuration de l'acte de création lyrique. Cela accompagne une certaine mise entre parenthèses des connotations qui entourent ce type de discours. L'usage des deux termes indique également des différences de méthode. L'étude du « lyrique » engage l'observation globale des traits structurants, en vue d'arriver à une notion et des outils d'analyse opératoires, alors que l'approche du « lyrisme » avive plutôt une démarche d'histoire littéraire et des mentalités, dans le but d'observer les figurations esthétiques d'auteurs dans leur rapport aux formulations romantiques.

Par ce choix terminologique, nous voulons également distinguer le pacte lyrique d'un ancrage romantique. Certes, cette notion et sa pratique ont connu d'importantes expansions et réorientations dans cette période historique, mais leur transhistoricité ne peut se réduire à celle-ci. Les interrogations sur ce terme apparaissent sous certaines formes dès le XVIᵉ siècle en France, comme chez Ronsard par exemple. Ainsi, nous préférons un terme qui se dégage des connotations liées au suffixe -*isme* et des qualifications psychologiques de l'auteur pour désigner un type de discours en tant que tel.

2. HORIZON DU LYRIQUE À PARTIR DE LA TRIADE DES GENRES

Comme l'a montré Gérard Genette dans son *Introduction à l'architexte*[9], la triade des genres ne se trouve pas formulée dans la *Poétique* d'Aristote. La conception de cette triade s'est davantage construite au XVIIIᵉ siècle avec l'essor de la rhétorique et une lecture orientée des textes du Stagirite. Aristote traite surtout de l'épopée (les « vers héroïques ») et du dialogue dans le théâtre (les « vers iambiques »), tout en laissant en suspens la question du lyrique. Pour être plus précis, il ne renvoie qu'à certaines formes usitées à son époque (dithyrambes, nomes, hymnes), qui ne peuvent pas être totalement assimilées à la poésie lyrique telle qu'on a pu la concevoir à partir du XVIᵉ siècle. Le principal effort de systématisation de la triade provient de l'abbé Batteux, qui publie en 1746 *Les Beaux-arts réduits à un même principe*[10]. Le titre évoque par lui-même la volonté d'unifier le champ de la poétique en ayant pour principe l'imitation. En apparence, cela ne semble pas une conception inédite par rapport à l'approche d'un Antonio Minturno par exemple, mais l'abbé se distingue surtout en ce qu'il différencie sa tripartition par la question de l'objet. Le chapitre 13, intitulé « Sur la poésie lyrique », développe ce point. Certes, la poésie lyrique « paraît se prêter moins que les autres au principe général qui ramène tout à l'imitation », mais l'imitation ne consiste pas nécessairement, selon Batteux, en une « imitation d'actions ». Il se détourne de la sorte de la pensée aristotélicienne, en établissant une poésie lyrique qui reproduit les sentiments. Le principe de l'imitation se maintient grâce à une comparaison avec des séquences tirées d'œuvres dramatiques. Les monologues de Polyeucte ou Chimène sont lyriques d'après l'abbé, car ils représentent les sentiments. C'est pourquoi l'ode peut rendre les passions dans son intégralité alors que les pièces dramatiques ne le font qu'en partie. Dès lors, le lyrique n'est plus dévalorisé par rapport aux autres genres classiques, mais se trouve hiérarchiquement sur le même plan :

> La poésie lyrique pourrait être regardée comme une espèce à part, sans faire tort au principe où les autres se réduisent. Mais il n'est pas besoin de les séparer : elle entre naturellement et même nécessairement dans l'imitation, avec une seule différence qui la caractérise et la distingue : c'est son objet particulier.
> Les autres espèces de poésie ont pour objet principal les actions ; la poésie lyrique est toute consacrée aux sentiments : c'est sa matière, son objet essentiel...[11]

L'abbé Batteux transforme la « dyade » du Stagirite en une triade constituée selon les principes d'un système. Les sentiments sont devenus l'objet de l'imitation dans la poésie lyrique. Le carrefour entre les théories classiques et l'émergence des poétiques romantiques apparaît en outre dans le débat entre Batteux et son traducteur allemand, Johan Adolf Schlegel (père des frères Schlegel), qui se situe sur la question de l'authenticité. Pour Batteux, l'imitation des sentiments implique que ceux-ci puissent être feints par le poète. En somme, plus qu'une simple reproduction, l'imitation engage la fiction. Quant au traducteur, il insiste sur le fait qu'en étant authentiques, les poètes ne peuvent guère produire une imitation fictive de leurs sentiments. Par l'accord authentique entre le langage et les sentiments, la poésie lyrique échappe pour Johan Adolf Schlegel au principe unique de l'imitation. Ce débat préfigure ceux auxquels le romantisme donnera lieu.

*
* *

En France, la théorie romantique du lyrique est avant tout connue par les commentaires que lui consacrent Madame de Staël dans *De l'Allemagne* (1810) et Victor Hugo dans *Odes et ballades* (1826) et *Cromwell* (1837). Ces écrits reprennent essentiellement les pensées des romantiques d'Iéna, ainsi que les esthétiques de Schelling et Hegel. C'est pourquoi nous examinons sommairement les principes de la pensée romantique allemande.

D'une manière générale, le questionnement rhétorique sur les genres tend à s'estomper au profit d'une problématisation plus philosophique. La naissance et le développement fulgurant de l'esthétique à partir d'Alexander Baumgarten (1750) réorientent la réflexion sur le lyrique. Une des prises de position qui a démarqué la théorie «romantique» de la théorie «classique» est sans doute celle de Friedrich von Schiller avec son traité intitulé *De la poésie naïve et de la poésie sentimentale* (1795)[12]. Schiller distingue en effet le «naïf», qui correspond à l'art des origines, et le «sentimental», représentant l'artifice nostalgique pour être dans un rapport immédiat avec la nature «Ou bien [les poètes] seront nature, ou bien ils chercheront la nature perdue»[13]. Les sous-genres (lyrique-épique-dramatique, ainsi que la satire et l'élégie) s'organisent dès lors selon la disposition de l'auteur, qui correspond à ces deux grandes structures «intemporelles». La perspective n'est plus de l'ordre d'une classification rhétorique, mais d'une relation existentielle au langage et au monde.

Comme l'ont montré Philippe Lacoue-Labarthe et Jean-Luc Nancy[14], c'est avant tout avec les frères Schlegel et les travaux de l'*Athenäum* que l'interrogation romantique sur la littérature prend forme. La réflexion sur les genres devient fondamentalement philosophique et engage également des considérations historiques qui annoncent la pensée hégélienne. En effet, l'attitude classique qui consistait à rendre les genres intemporels est remise en question. Pour les frères Schlegel, les genres sont en rapport avec l'Histoire (la majuscule s'avère nécessaire au vu de l'idéalisme qui sous-tend cette notion). Pour August-Wilhelm Schlegel, par exemple, la poésie lyrique «est ce qu'il y a de plus originel, l'art originaire et matriciel de tous les autres... Elle anime déjà le premier balbutiement de l'enfant»[15]. Dans le texte «Époques de la poésie» (*Entretien sur la poésie*)[16], Friedrich Schlegel établit un ordre chronologique de la fameuse triade, mais en y introduisant des considérations sur l'objectif et le subjectif. La poésie épique précède la poésie lyrique qui elle-même précède la tragédie. En fait, une diachronie s'instaure sur la dualité ainsi que sur la synthèse de l'objectif et du subjectif. Malgré certaines hésitations pour le genre synthétique (est-ce l'épopée ou la tragédie?), la poésie lyrique apparaît toujours comme une poésie subjective.

Si les formes littéraires sont soumises au devenir, les catégories de la triade restent néanmoins intemporelles. Elles encadrent alors les premières dans leur évolution. L'autre trait majeur des romantiques d'Iéna consiste à envisager une synthèse des genres qui conduirait à «l'Absolu littéraire» dont traitent Philippe Lacoue-Labarthe et Jean-Luc Nancy. Cet absolu pourrait se situer d'après Friedrich Schlegel dans le roman, qui n'est autre que l'émanation la plus élevée du romantisme.

A la même époque, Hölderlin s'interroge également sur les problèmes des genres à travers deux essais : «Les différents modes de la poésie» et «Sur la différence des genres poétiques»[17]. Loin de livrer un questionnement empirique sur les genres, Hölderlin engage une réflexion complexe sur le terrain philosophique. Trois grands modes sont à l'œuvre : le «ton naïf ou naturel», le «ton héroïque» et le «ton idéal». En instaurant une dialectique entre le contenu thématique et son expression, Hölderlin distingue le «ton fondamental» de l'«apparence» et de l'«exposition artistique» :

> Le poème lyrique, d'apparence idéale, est naïf par sa signification. C'est une métaphore continue d'un sentiment unique. Le poème épique, d'apparence naïve, est héroïque par sa signification. C'est la métaphore de grandes volontés. Le poème tragique, d'apparence héroïque, est idéal par sa signification. C'est la métaphore d'une intuition intellectuelle.[18]

Face à cette combinaison complexe, Hölderlin établit une «alternance des tons» qui empêche une structure statique des genres. Tous les pôles posés doivent interférer entre eux pour qu'ils puissent s'enrichir. C'est pourquoi «le poète tragique gagne à étudier le poète lyrique, le poète lyrique le poète épique, le poète épique le poète tragique»[19]. La composition empirique de chaque genre constitué historiquement dépend alors d'une «dominante». L'élégie aura par exemple une dominante lyrique qui n'exclura pas le tragique ; de manière similaire, la tragédie pourra contenir du lyrique.

L'esthétique de Hegel reprendra ces théories romantiques, en accentuant certains traits, pour tenter de les dépasser. Dépendant du mouvement téléologique de l'Esprit dans l'Histoire, les arts sont hiérarchisés selon les critères ontologiques et historiques de la dialectique. Le lyrique et la poésie sont pensés d'après cette perspective. Il y a alors véritablement «système des genres» selon l'expression de Genette. Hegel divise dans le chapitre III de la troisième partie de ses *Cours d'esthétique* les «genres poétiques»[20] : la poésie épique, la poésie lyrique et la poésie dramatique. L'ordre a évidemment son importance chez ce philosophe. En effet, la poésie épique est première, car elle est l'expression originaire de la «conscience naïve d'un peuple»; ensuite, selon un mouvement inverse, apparaît la poésie lyrique; enfin, la poésie dramatique unit «les deux précédentes pour former une nouvelle totalité». La pensée de Hegel met en avant des traits subtils, même si elle convoque avant tout le «sentiment personnel» du poète qui devient un foyer pour la compréhension du poème. La dimension sensible est reléguée en arrière-plan par rapport à la primauté du subjectif. Les circonstances et autres déterminations objectives sont soumises aux développements de la vie intérieure. Quant à l'ordre chrono-ontologique des genres, il ne sera pas véritablement repris par la tradition. Ce sera davantage celui de Schelling, pour qui le lyrisme est l'expression des temps originaires « où l'homme s'éveille dans un monde qui vient de naître »[21], qui restera dans les consciences. En France, cet ordre et les diverses théories romantiques allemandes se retrouvent en premier lieu chez Madame de Staël et Victor Hugo.

Dans sa description de la littérature allemande, Madame de Staël s'oppose aux principes classiques de l'imitation encore dominants en France. Si son essai ne prend son essor dans la réception qu'à partir de 1820, il marquera profondément les tenants du romantisme français. *De l'Allemagne* permet la mise en avant des thèmes de l'inspiration, de la liberté créatrice et spirituelle qui alimenteront la notion de lyrisme. Dans son ouvrage, les antinomies entre les Français et les Allemands soulignent les enjeux du sublime face aux règles de la poétique classique : « Tout ce qui se rapporte à l'action, à l'intrigue, à l'intérêt des événements, est mille fois mieux combiné, mille fois mieux conçu chez les Français, tout ce qui tient au développement des impressions du cœur, aux orages secrets des passions fortes, est beaucoup plus approfondi chez les Allemands. »[22] Le lexique du Pseudo-Longin est repris, sans que pour autant la référence soit directe. La poésie expressive et inspirée relève de la modernité romantique, tout en étant rattachée à une forme naturelle. En effet, la poésie débute d'après elle dans les nations peu civilisées pour évoquer les passions qui agitent l'âme, alors que la prose relève d'un état de facticité qui se rapproche fréquemment de la pédanterie. Sa définition de la poésie lyrique contient de nombreux traits qui marqueront les esprits. Tout d'abord, elle est caractérisée en ceci qu'elle « s'exprime au nom de l'auteur même ; ce n'est plus dans un personnage qu'il se transporte, c'est en lui-même qu'il trouve les divers mouvements dont il est animé »[23]. Les problématiques de l'imitation et de la fiction sont écartées au profit de « l'abandon de l'enthousiasme ». L'auteur empirique s'inscrit directement et spontanément dans l'énoncé. Il se sert des « impressions personnelles » pour émouvoir les lecteurs : « le génie qui l'inspire s'adresse immédiatement à notre coeur »[24]. Il approfondit les énigmes indescriptibles de la vie humaine en parlant comme la nature même, c'est-à-dire en atteignant l'universalité du sublime. En cela, le lyrique se distingue des genres mimétiques, notamment de ceux de la narration :

> La poésie lyrique ne raconte rien, ne s'astreint en rien à la succession des temps, ni aux limites des lieux ; elle plane sur les pays et sur les siècles ; elle donne de la durée à ce

moment sublime pendant lequel l'homme s'élève au-dessus des peines et des plaisirs de la vie. Il se sent au milieu des merveilles du monde comme un être à la fois créateur et créé...[25]

Le propre de la poésie lyrique est d'errer dans la rêverie, car elle est «l'apothéose des sentiments». Son objectif face au réel consiste à révéler l'harmonie de l'univers. Ainsi, la perspective du sublime supplante celle de l'imitation, même si la triade est maintenue. La littérature romantique allemande devient le paradigme de cette démarche dans la mesure où elle se rapproche constamment du genre lyrique. L'inspiration qui habite ces auteurs produit un effet fulgurant centré sur les passions. En revanche, la tradition française serait davantage axée sur le genre dramatique et sur une maîtrise rationnelle, prescriptive de l'acte créateur.

Dans la préface à *Cromwell*, Victor Hugo établit une évolution de l'art littéraire qui est parallèle à celle de la société. Cette évolution va du lyrique (identifié à l'ode qu'il a lui-même pratiquée) à la comédie comme absolu littéraire :

... la poésie a trois âges, dont chacun correspond à une époque de la société : l'ode, l'épopée, le drame. Les temps primitifs sont lyriques, les temps antiques sont épiques, les temps modernes sont dramatiques. L'ode chante l'éternité, l'épopée solennise l'histoire, le drame peint la vie. Le caractère de la première est la naïveté, le caractère de la seconde est la simplicité, le caractère de la troisième, la vérité... L'ode vit de l'idéal, l'épopée du grandiose, le drame du réel. Enfin, cette triple poésie découle de trois grandes sources : la Bible, Homère, Shakespeare.[26]

Le lyrique est mis en première position, sous les signes de la naïveté, de la nature, de la spontanéité, de la sincérité. Il intègre l'imaginaire du «jaillissement primitif» : «La société, en effet, commence par chanter ce qu'elle rêve...»[27]. Qu'il soit joyeux comme dans l'enfance de l'humanité ou sombre comme à son déclin, le lyrique «est toujours inspiré». La conclusion de l'évolution conduit l'auteur à poser le drame comme «la poésie complète». En effet, d'après lui, «l'ode et l'épopée ne contiennent [le drame] qu'en germe; il les résume et les enserre toutes deux»[28]. Nous retrouvons l'idée d'un genre englobant et totalisant comme dans le romantisme d'Iéna. Un trait caractérise toutefois nettement la position de Victor Hugo par rapport aux théories allemandes, c'est l'idée du «poète-prophète». Il la développe surtout dans sa préface de 1824 aux *Odes et Ballades* : «[Le poète] doit marcher devant les peuples comme une lumière et leur montrer le chemin.»[29] Il lie ainsi l'art au politique, ce que l'esthétique allemande condamnait, puisque le Beau s'inscrivait depuis Kant sous le signe du «désintérêt».

Nous signalons les propos théoriques de Victor Hugo en ce qu'ils reprennent la pensée des premiers romantiques allemands. En France, nous trouvons également à la même époque un poète comme Lamartine qui ne s'accorde pas aux propos hugoliens, donnant (à l'instar de Novalis) la primauté et l'exclusivité à la poésie des sources : «[La poésie lyrique, c'est] l'incarnation de ce que l'homme a de plus intime dans le cœur, et de plus divin dans la pensée, dans ce que la nature visible a de plus magnifique dans les images et de plus mélodieux dans les sons ! C'est à la fois sentiment et sensation, esprit et matière, et voilà pourquoi c'est la langue complète, la langue par excellence qui saisit l'homme par son humanité entière, idée pour l'esprit, sentiment pour l'âme, image pour l'imagination, et musique pour l'oreille »[30].

Finalement, peu importe la forme à laquelle l'auteur accorde l'absolu, car nous retrouvons une formulation semblable des conceptions génériques, que nous qualifions, avec précautions, de «romantiques». Toutefois, il convient de ne pas confondre ces propos théoriques avec les diverses poésies romantiques effectivement pratiquées, ni avec l'horizon d'attente du lyrisme romantisé.

*
* *

Avec l'esthétique, les conceptions romantiques et surtout l'«absolu littéraire», un imaginaire d'«art pur» va se développer au long du XIXe siècle. Cette notion, qui apparaît dans la première moitié du siècle, va reformuler l'esthétique des genres selon une nouvelle bipartition. D'un côté, il y a «l'art pur», qui correspond à l'œuvre totale ; de l'autre, se trouve le reste de la production littéraire, tout ce qui est «impur». Comme l'a montré Dominique Combe[31], ce système se construit constamment sur l'exclusion, car la «pureté» de l'œuvre se définit avant tout par la négative. De nombreux poètes, sculpteurs, peintres, musiciens vont adopter ces conceptions dans leur esthétique. Les exemples les plus caractéristiques sont ceux de Wagner pour la musique et de Mallarmé pour la poésie. Wagner se place encore sous le signe romantique d'une œuvre totale qui met en place tous les arts (poésie, musique, théâtre, chant, peinture pour les décors, danse, etc.). Quant à Mallarmé, il marque plus clairement la conception moderne d'une œuvre totale pensée sous la perspective de l'exclusion. Ces notions d'«art pur», de «l'art pour l'art» ont une influence grandissante sur les poétiques, qui se perpétuera au XXe siècle.

En poésie, cette tendance aura un effet très puissant sur le lyrique, puisque celui-ci va devenir théoriquement l'unique structuration possible de la poésie. Par une série d'exclusions, le récit, la description, la morale, l'explication sont peu à peu bannis de la poésie. Comme le montre Dominique Combe, il s'agit de reléguer à travers une bipolarité certains «genres du discours» (selon la terminologie de Bakhtine) et certains actes de langage. Si nous pouvons déjà trouver les traces de ces exclusions dans les préfaces de Théophile Gautier[32] ou de Leconte de Lisle[33], c'est avant tout dans les propos théoriques de Baudelaire ou de Mallarmé que s'exprime le mieux cette conception :

> Narrer, enseigner, même décrire, cela va et encore qu'à chacun suffirait peut-être pour échanger la pensée humaine, de prendre ou de mettre dans la main d'autrui en silence une pièce de monnaie, l'emploi élémentaire du discours dessert l'universel *reportage* dont, la littérature exceptée, participe tout entre les genres d'écrits contemporains...[34]

Si la conception d'«art pur» est forte déjà chez ces auteurs, elle sera systématisée au XXe siècle par la notion de «poésie pure» chez Paul Valéry et chez l'abbé Brémond. Toutefois, les propos théoriques ne correspondent pas nécessairement aux démarches poétiques : un «art pur» est-il d'ailleurs réalisable? Ce qui se révèle à travers cette notion est avant tout un imaginaire essentialiste qui s'articule autour de la poésie. Celle-ci est opposée à la prose et aux discours quotidiens. Comme Mallarmé, on en vient à exclure certains actes de langage : narrer, décrire, enseigner. Finalement, avec le succès de l'esthétique, le poème, comme le dit Baudelaire, n'a pour fin que lui-même. Nous savons le succès que cette formule autotélique aura au XXe siècle, «la révolution du langage poétique» de la fin du XIXe siècle entraînant avec elle les conceptions de la «pureté» de l'art.

Par une étrange tournure, le lyrique devient emblématique de l'«art pur» alors qu'en parallèle le lyrisme romantique est décrié. Dans les esthétiques s'exprime certes une défiance à l'égard du pathétique, de la mièvrerie, mais indirectement la nouvelle répartition des genres favorise le lyrique. Sans doute, cela est-il dû au fait qu'il a fréquemment été pensé dans une logique négative de non-imitation. Chez Mallarmé, nous lisons :

> Au contraire d'une fonction de numéraire facile et représentatif, comme le traite d'abord la foule, le dire, avant tout, *rêve et chant*, retrouve chez le Poëte, par nécessité constitutive d'un art consacré aux fictions, sa virtualité.[35]

Davantage que la pratique poétique, l'esthétique se radicalise selon une perspective essentialiste et restrictive. De là découle une bipolarité dans les poétiques qui est encore active aujourd'hui[36] :

POESIE	PROSE
lyrique	épique
	dramatique

composition	succession
clôture	référence
essence	arbitraire
PAROLE	LANGUE
poème	récit
	fiction
	mythe
	imaginaire
	structure
oralité	écriture
	descriptif
	explicatif
	argumentatif
intériorité	objectivité
sacré	profane
silence	prolixité

Ces ancrages historiques nous permettent d'appréhender combien la notion de lyrique fluctue selon les époques. Son équivalence avec l'épique et le dramatique se rattache à une élaboration classique tardive. C'est avant tout avec le romantisme que cette notion devient primordiale dans le système littéraire. Elle s'associe à une dimension existentielle et créatrice qui mue le substantif vers celui de «lyrisme» qui l'a supplanté. En outre, nous constatons également que les ambitions unitaires, essentialistes et anhistoriques sont toujours pondérées par la complexité et la variété des théories.

La notion de lyrique se construit au fil des siècles sur des critères d'abstraction différents. Tantôt ce sont des traits performantiels qui marquent la catégorie, tantôt ce sont des questions modales ou métrico-thématiques. La pertinence de ces traits se fait à chaque époque, selon les horizons d'attente et la production qui sont associés à ce terme. C'est pourquoi une véritable histoire de ce concept doit tenir compte des démarches poétiques et de la réception littéraire. Notre objectif ne consistait pas à écrire une telle histoire de la poétique, mais plutôt à situer les différentes théories de la triade qui constituent notre tradition. Or, il est marquant de constater que de nombreux enjeux se répercutent de manière indirecte dans les poétiques du XXe siècle. L'intérêt consiste donc à présent à observer comment et sur quoi se fondent les principales théories du lyrique, car il s'agit de mettre entre parenthèses de nombreuses idées préconçues.

NOTES

[1] Un développement historique plus complet se trouve dans ma thèse de doctorat, *Le Pacte lyrique au xxe siècle : Max Jacob et Francis Ponge*, Université de Paris 3, 2002, vol. 1, p. 23-40.

[2] Voir avant tout l'étude de Gustavo Guerrero, *Poétique et poésie lyrique : essai sur la formation d'un genre*, Paris : Seuil (Poétique), 2000. Gérard Genette, *op. cit.*, 1986. Jean-Michel Maulpoix, *La Notion de lyrisme, définitions et modalités (1829-1913)*, présentée à Paris X en 1987.

[3] Alain Rey, *Dictionnaire historique de la langue française*, I, Paris : Dictionnaire Le Robert, 1992, p. 1156.

[4] Gustavo Guerrero, *op. cit.*, p. 37-38.

[5] Alfred de Vigny, *Œuvres complètes*, Paris : Gallimard (Bibliothèque de la Pléiade), 1964, p. 291-292.

[6] *Cf.* la préface en 1834 de Théophile Gautier, *Mademoiselle de Maupin*, Paris : Librairie générale française (Le Livre de poche), 1994.

[7] Jean-Michel Maulpoix, *thèse citée*, 1987.

[8] Jean-Michel Maulpoix, *op. cit.*, 1989, et *op. cit.*, 2000. Pour de plus amples renseignements sur l'historique du terme «lyrisme», consulter «Incertitudes d'un néologisme», *op. cit.*, 2000, p. 19-42.

[9] Gérard Genette, «Introduction à l'architexte», dans Gérard Genette [*et al.*], *Théorie des genres*, Paris : Seuil (Points), 1986, p. 89-159.

[10] Charles Batteux, *Les Beaux-arts réduits à un même principe*, Paris : Aux amateurs de livres (Théorie et critique à l'âge classique), 1989.

[11] *Ibidem*, p. 224.

[12] Friedrich Schiller, *De la Poésie naïve et de la poésie sentimentale*, Paris : Aubier, 1947.

[13] Friedrich Schiller, *op. cit.*, p. 105.

[14] Philippe Lacoue-Labarthe, Jean-Luc Nancy, *L'Absolu littéraire : théorie de la littérature du romantisme allemand*, Paris : Seuil (Poétique), 1978.

[15] *Ibidem*, p. 350.

[16] Friedrich Schlegel, «Entretien sur la poésie», dans Philippe Lacoue-Labarthe et Jean-Luc Nancy, *op. cit.*, p. 289-340.

[17] Friedrich Hölderlin, *Œuvres*, Paris : Gallimard (Bibliothèque de la Pléiade), 1989.

[18] *Ibidem*, p. 632.

[19] *Ibidem*, p. 643.

[20] Georg Wilhelm Friedrich Hegel, *Cours d'esthétique : éd. Hotho I et II*, Paris : Aubier (Bibliothèque des philosophes), 1995-96, 2 vol.

[21] Cité par Gérard Genette, *op. cit.*, 1986, p. 124.

[22] Madame de Staël, *De l'Allemagne*, I, Paris : Flammarion (GF), 1968, p. 162.

[23] *Ibidem*, p. 206.

[24] *Ibidem*, p. 214.

[25] *Ibidem*, p. 207.

[26] Victor Hugo, *Cromwell*, Paris : Flammarion (GF), 1993, p. 75-76.

[27] *Ibidem*, p. 76.

[28] *Idem*.

[29] Victor Hugo, *Odes et Ballades*, Paris : Gallimard (Poésie), 1980, p. 32.

[30] Alphonse de Lamartine, «Des Destinées de la poésie (1834)», cité par Jean-Marie Gleize, *Poésie et figuration*, Paris : Seuil, 1983 (Pierres vives), p. 25.

[31] Dominique Combe, *Poésie et récit : une rhétorique des genres*, Paris : Corti, 1989.

[32] Théophile Gautier, *Mademoiselle de Maupin*, Paris : Librairie générale française (Le livre de poche), 1994.

[33] Charles-Marie Leconte de Lisle, *Poèmes antiques*, Paris : Gallimard (Poésie), 1994.
[34] Stéphane Mallarmé, *Œuvres complètes*, Paris : Gallimard (Bibliothèque de la Pléiade), 1992, p. 368.
[35] *Ibidem*, 368.
[36] Nous empruntons ce tableau à Dominique Combe, *op. cit.*, 1989, en y ajoutant certains éléments.

Chapitre 2
Les poétiques du XXe siècle

Nous n'allons pas examiner toutes les poétiques du XXe siècle qui traitent du lyrique ou du «discours poétique». Ce serait trop long et cela n'apporterait pas nécessairement des renseignements pertinents. C'est pourquoi notre réflexion consiste à établir un panorama critique qui nous permet d'étudier les auteurs les plus représentatifs et les perspectives critiques récurrentes. Par le truchement de ces théories, nous trouvons des caractéristiques critiques qui ont déterminé des courants spécifiques de la poétique contemporaine, et nous pouvons nous interroger sur la spécificité d'une méthode pour approcher le lyrique.

Notre choix a tenu compte principalement des perspectives qui sont exemplaires d'une tendance de la poétique, sans analyser les reprises et variations historiques qui l'ont alimentée. C'est en nous concentrant sur les travaux de plusieurs théoriciens connus que nous avons élaboré ce parcours. Nous avons avant tout discuté les propositions de Roman Jakobson, Emil Staiger, Käte Hamburger, Karlheinz Stierle, Gérard Genette et Jean-Michel Maulpoix, mais ces auteurs servent d'ouverture aux multiples études sur la question. Les réflexions d'Hugo Friedrich, de Jean Cohen, de Mikhaïl Bakhtine ou d'Henri Meschonnic, ainsi que les diverses contributions au colloque de Bordeaux en 1996, s'inscrivent dans notre perspective. Si nous reviendrons sur ces théories dans la description du pacte lyrique, nous avons en revanche préféré les laisser en retrait de ce premier panorama. Notre propos aurait alors pris trop d'ampleur, et il ne nous a pas semblé nécessaire d'élaborer une critique systématique de chaque auteur pour fonder notre hypothèse.

Les théoriciens que nous avons choisis sont également spécifiques par la méthode qu'ils emploient : Roman Jakobson et le formalisme, Karlheinz Stierle et le structuralisme, Emil Staiger et la phénoménologie, Käte Hamburger et une linguistique énonciative, Gérard Genette et l'approche historique, Jean-Michel Maulpoix et l'herméneutique. Nous avons réparti les discussions sur ces poétiques d'après quatre perspectives qui impliquent chacune une question principale. Cette question, souvent implicite, est caractéristique d'un courant de poétique et engage un horizon de propositions autour du lyrique : 1. Le lyrique est-il un

« genre littéraire » ? (Mikhaïl Bakhtine, Gérard Genette) ; 2. Le lyrique est-il un acte énonciatif particulier ? (Käte Hamburger et le colloque de Bordeaux sur le « sujet lyrique ») ; 3. Le lyrique est-il un écart par rapport à la structure du discours ? (Roman Jakobson et Karlheinz Stierle) ; 4. Le lyrique est-il l'expression de rapports au monde ? (Emil Staiger, Jean-Michel Maulpoix).

Assurément, ces questions s'entrelacent et dépendent l'une de l'autre. Nous observerons aussi comment Jakobson traite de l'énonciation lyrique, comment Staiger conçoit les genres littéraires. En fait, ce classement quadripartite nous permet d'organiser un panorama d'après des dominantes, mais il ne donne en aucun cas des catégories qui limitent les théories de ces auteurs à un champ univoque.

Enfin, nous trouverons dans les poétiques du XXe siècle des questionnements qui renvoient parfois aux théories classiques ou romantiques précédemment esquissées. Nous ferons donc indirectement les critiques de certaines conceptions traditionnelles à travers leurs reprises dans les poétiques contemporaines.

1. LE LYRIQUE EST-IL UN « GENRE LITTÉRAIRE » ?

Cette question mérite d'être traitée en premier lieu, car on éprouve généralement une difficulté à situer le lyrique par rapport aux catégories génériques de la littérature. Est-il un « genre », une « espèce », un « ordre », un « archigenre » ? La théorie classique, nous l'avons vu, le pose sous le système de la « triade ». Demandons-nous si le lyrique, l'épique et le dramatique sont véritablement des « genres littéraires » et s'ils appartiennent au même niveau de classement. En outre, la conception du lyrique se modifie au XIXe siècle. La notion d'« art pur » exclut par exemple le récit, l'argumentation, l'explication : le lyrique est-il véritablement comparable à ces « types » de discours ? En fait, d'une manière plus large, nous allons tenter d'approcher le lyrique par rapport à la poésie, à la narration, à la fiction ou encore à l'élégie. Il s'agit d'éclaircir ce qui est souvent confondu et qui mêle des catégories hétérogènes.

Dans *Introduction à l'architexte*, Gérard Genette montre que la fameuse catégorisation de la triade des « genres littéraires » relève non pas de l'Antiquité, mais d'une lecture renouvelée d'Aristote à l'époque classique. Selon lui, les auteurs antiques considéraient l'épique ou le dramatique comme des « modes », alors que les poéticiens classiques et romantiques les comprenaient comme des « genres ». Il entend par «genre» ce qui est «historique» — c'est-à-dire ce qui est institutionnellement et empiriquement défini à partir de l'histoire littéraire selon des critères formels et thématiques — et par «mode» ce qui relève d'une attitude d'énonciation particulière :

> Chez Platon, et encore chez Aristote, nous l'avons vu, la division fondamentale avait un statut bien déterminé, puisqu'elle portait explicitement sur le mode d'énonciation des textes... La division romantique et postromantique, en revanche, envisage le lyrique, l'épique et le dramatique non plus comme de simples modes d'énonciation, mais comme de véritables genres, dont la définition comporte déjà inévitablement un élément thématique, si vague soit-il.[1]

Cette distinction entre «genre» et «mode» nous permet d'aborder une classification particulière du lyrique et surtout la critique des conceptions romantiques par Genette. En effet, à travers cette différenciation, ce dernier remet en question la catégorisation des éléments de la triade comme «archigenres» ou comme «formes naturelles», surplombant des genres littéraires comme le sonnet, l'élégie, la ballade. Depuis le romantisme, il est courant de concevoir le lyrique comme une catégorie anhistorique, contenant les genres empiriques. Elle est *archi-* en ce sens-là, et *-genre* dans la mesure où elle implique une thématique précise (les sentiments par exemple). L'assimilation des «archigenres» à des «formes naturelles» du discours a été faite en partie par Goethe et systématisée par la suite. Genette critique cette assimilation car, d'après lui, les «modes d'énonciation peuvent à la rigueur être qualifiés de "formes naturelles" [...] : toute intention littéraire mise à part, l'usager de la langue doit constamment, même ou surtout si inconsciemment, choisir entre des attitudes de locution...», mais, précise-t-il, les genres sont avant tout «littéraires» et donc «historiques»[2]. Selon Genette, les «archigenres» de la triade ont un double statut qui est contradictoire : ils sont définis par des critères naturels et institutionnels. Comme il le signale et comme Jean-Marie Schaeffer le développe dans un autre ouvrage[3], les «genres» peuvent certes se subdiviser à l'infini en espèces et en sous-genres, mais ils restent sur une même catégorisation logique :

> Dans la classification des espèces littéraires comme dans [celle des genres], aucune instance n'est par essence plus «naturelle» ou plus «idéale» — sauf à sortir des critères littéraires eux-mêmes, comme le faisaient implicitement les Anciens avec l'instance modale... toutes les espèces, tous les sous-genres, genres ou super-genres sont des classes empiriques, établies par observation du donné historique, ou à la limite par extrapolation de ce donné, c'est-à-dire par un mouvement déductif superposé à un premier mouvement toujours inductif et analytique...[4]

Si on le considère comme «genre littéraire», le lyrique n'est pas du ressort d'une catégorie plus fondamentale que l'ode, le sonnet ou le rondeau. Les caractéristiques qui le définissent étant plus vastes, il devient une notion qui garde certaines constantes dans les variations historiques. Il n'en reste pas moins du même ordre logique qu'une forme fixe : un « genre littéraire » simplement institutionnel. Gérard Genette regrette donc que la « forme naturelle » des modes qui constitue la catégorisation poéticienne d'Aristote ait été transformée et idéalisée par les romantiques sous celle des genres. Toutefois, il admet que les termes de la triade puissent correspondre à une « attitude existentielle », à une « structure anthropologique » — ce qui reste selon lui à démontrer — mais n'admet pas que cette structure se constitue sur une approche générique. Le lyrique est soit une catégorie générique vaste, soit un « sentiment » (l'expression « schème imaginatif » de Mauron paraît plus heureuse) particulier, qui pourrait être épique, comique, élégiaque. Mais Gérard Genette ne développe pas cette voie et il renvoie notamment à *Décor mythique* de Gilbert Durand.

Comme le montre Dominique Combe[5], la catégorie de « mode » de Genette est axée sur une tradition grammaticale, où l'analyse se limite à la stricte relation de l'énonciateur à son énoncé. Néanmoins, la distinction de Genette invite à différencier deux niveaux fondamentaux dans la constitution du discours littéraire : le niveau historique du « genre littéraire » et le niveau plus large des « genres essentiellement narratifs ». Cette distinction nous renvoie à la théorie de Mikhaïl Bakhtine.

Dans *Esthétique de la création verbale*, Bakhtine situe sa théorie typologique aux frontières de la poétique, de la sociologie et de la linguistique. La « translinguistique » qu'il propose pourrait relever d'une pragmatique des genres, où les mouvements de la production et de l'interprétation, de la structure et de l'hétérogénéité, de l'oral et de l'écrit sont fortement liés. Bakhtine réexamine les faits de langue selon une dichotomie fameuse : d'un côté, nous trouvons les « genres littéraires », de l'autre, « les genres du discours ». Cette dichotomie articule des genres « premiers » et « seconds », selon une perspective à la fois chronologique et ontologique. Les « genres du discours », « premiers », sont plus simples et organisent les seconds, car ils sont des « types stables d'énoncés »[6]. Ils entrent donc dans les compétences linguistiques des interlocuteurs, puisque « apprendre à parler c'est apprendre à structurer des énoncés » et non des simples propositions ou mots :

> Le locuteur reçoit donc, outre les formes prescriptives de la langue commune (les composantes et les structures grammaticales), les formes non moins prescriptives pour lui de l'énoncé, c'est-à-dire les genres du discours — pour une intelligence réciproque entre locuteurs ces derniers sont aussi indispensables que les formes de langue.[7]

Dans le « répertoire » que constituent les « genres du discours », Bakhtine donne les exemples du « récit familier », de la « lettre », du « commandement militaire standardisé ». Ces genres fondent, selon lui, les discours quotidiens tout comme les discours littéraires. Les « genres littéraires » dépendent des « genres premiers », car ils sont également déterminés historiquement : ils évoluent et se transforment fréquemment. Ainsi, la base du « récit » organise en partie la fable, le roman, mais aussi par exemple le récit oral des vacances. La classification de Bakhtine a un caractère non exhaustif. Nous avons davantage affaire à des exemples qu'à de véritables catégories ; en outre, Mikhaïl Bakhtine ne s'est pas véritablement interrogé sur le passage des genres premiers aux genres seconds, sur ce qui en somme fait la « littérarité ». Quelle est la différence entre un énoncé littéraire et un discours scientifique, entre un récit familier et *L'Odyssée* de Homère? La question se pose également pour placer le lyrique par rapport aux catégories de Bakhtine. Jean-Michel Adam a repris la théorie de Bakhtine, en resserrant et en développant les caractéristiques de cinq « prototypes » principaux : le récit, la description, l'argumentation, l'explication et le dialogue[8]. Ces prototypes agissent comme des structures qui s'entrecroisent de manière hétérogène dans les énoncés. Dominique Combe, quant à lui, a montré combien ces « genres du discours » annoncent la théorie des « actes de langage » de l'analyse pragmatique, même si le fond philosophique est radicalement différent[9].

Avec la perspective de l'« art pour l'art » qui apparaît au XIXe siècle, de nombreuses interférences entre « genres littéraires » et « genres du discours » ont lieu. Comme nous l'avons précisé auparavant, la poésie — entendue uniquement comme poésie lyrique — devient le champ de conceptions négatives, qui excluent certains genres du discours. Cette exclusion provient d'une dichotomie entre prose et poésie, qui écarte ce qui relève de la première dans la « pureté » de la seconde : le récit, la description, l'argumentation. Il y a là une confusion de niveaux que Dominique Combe a particulièrement relevée dans son ouvrage *Poésie et récit*[10]. Depuis Mallarmé, la plupart des esthétiques et des poétiques font de nombreux cumuls abusifs à partir de cette première confusion. Que ce soit chez Paul Valéry, André Breton, Pierre Reverdy ou encore Yves Bonnefoy, les poètes tout comme les poéticiens (Jean-Paul Sartre, Roman Jakobson) mélangent des catégories différentes sans la prudence nécessaire. Ainsi, la poésie s'est peu à peu totalement fondée sur des critères qui définissaient le lyrique, tout en excluant — en théorie, car les poèmes eux-mêmes ne le mettent pas en pratique — le récit ou la description.

Une des confusions principales de cette théorie consiste à faire fusionner la poésie et le lyrique en traitant du « discours poétique » ou du genre de la « poésie lyrique ». Nous pouvons comprendre le terme « poésie » dans deux sens : le premier, selon son étymologie de «création», le second comme «genre littéraire». Dans le premier sens, il paraît évident que toute création littéraire ne peut pas être qualifiée de lyrique. On peut écrire une nouvelle sans aucune caractéristique lyrique. Le deuxième sens repose la question abordée avec l'*Architexte* de Genette. Mais, à présent, peut-être est-il plus facile de trancher. La «poésie» pourrait être considérée comme l'«archigenre» qui contiendrait l'ode, le sonnet, le rondeau, le poème en prose. Elle serait véritablement fondée sur des critères déductifs et inductifs, qui tiendraient compte de l'historicité et des conceptions institutionnelles. En somme, elle relèverait d'un «horizon d'attente» générique, comme l'École de Constance l'a bien décrit. On pourrait alors la comparer au «roman», à la «nouvelle», à la «comédie dramatique». En revanche, le lyrique relèverait d'une catégorie plus large que celle des «genres littéraires», puisqu'il se définit généralement sur un rapport global à la représentation du monde, à l'énonciation ou encore à la cohésion du discours. Il ne se fonde pas sur une base qui retient quelques traits formels et thématiques comme la poésie (pensons au vers comme critère déterminant jusqu'au XIXe siècle). Les confusions entre poésie et lyrique sont toutefois communes chez les poètes et les théoriciens du XXe siècle. Ainsi, en opérant la distinction entre ces deux éléments, il nous est possible d'envisager une poésie narrative, didactique, dramatique, tout comme il est possible de trouver du lyrique dans un roman, une pièce de théâtre.

Si le lyrique est une catégorie plus radicale que celle des «genres littéraires», peut-on pour autant le confondre avec un «genre du discours» ou un «prototype»? Ceux-ci, rappelons-le, sont «premiers» chez Bakhtine et constituent profondément les énoncés. Une telle hypothèse serait plausible si les théoriciens de la poésie «pure» décrivaient les poèmes empiriques. Mais leurs conceptions sont axées sur une perspective essentialiste du lyrique[11]. Dans les œuvres de Baudelaire, Valéry, Apollinaire, Mallarmé, nous trouvons des séquences qui peuvent être rapportées à des descriptions ou à des narrations, qui n'empêchent pas de considérer leurs poèmes comme lyriques. L'exclusion de certains «genres du discours» de la poésie lyrique appartient donc davantage à un imaginaire théorique qu'à une réelle pratique littéraire. En outre, le lyrique s'adapte mal à la catégorie des «genres du discours», car il ne semble pas du même ordre «translinguistique». On peut en effet se demander si le lyrique appartient à une catégorie qui déterminerait aussi bien l'énoncé écrit qu'oral, les usages littéraires que les usages quotidiens du langage, comme le permet par exemple la narration. Mais il est également possible d'envisager une structuration logique et énonciative du discours qui soit autre que les «genres du discours». Les descriptions dans les textes lyriques ne sont pas organisées de la même manière que les descriptions dans les romans fictionnels. Peut-être y a-t-il plusieurs types de descriptions ? Peut-être le lyrique transforme-t-il l'usage courant de la description, sans appartenir aux « genres du discours » posés par Bakhtine ? Certains théoriciens ont par ailleurs posé la « fonction poétique » de Jakobson comme un « prototype ». Même si cette association peut se révéler heureuse (les jeux paronymiques quotidiens et certains poèmes peuvent relever de ce « genre du discours »), le lyrique ne peut pas totalement être assimilé à cette fonction.

Comme les « genres du discours » s'associent relativement bien aux « actes de langage », il serait envisageable de comprendre le lyrique de façon différente, à partir de la pragmatique en associant la logique de Bakhtine. Toutefois, en prenant la « taxinomie des actes illocutoires » de Searle[12], nous nous confrontons au même problème qu'avec la théorie de Bakhtine. Un auteur lyrique peut « décrire », tout comme il peut « constater » dans ses textes, mais peut-être le fait-il différemment qu'un romancier « réaliste ».

2. LE LYRIQUE EST-IL UN ACTE ÉNONCIATIF PARTICULIER ?

La question de la fiction fonde le fameux ouvrage de Käte Hamburger paru en 1957, *Die Logik der Dichtung*[13]. Reprenant l'héritage philologique, herméneutique, phénoménologique allemand et le liant avec la théorie linguistique, Käte Hamburger a pour spécificité de centrer sa réflexion du « système de la littérature » sur l'énonciation. Nous trouvons chez elle trois perspectives principales qui déterminent la classification : a) les différents sujets d'énonciation (linguistique) ; b) l'opposition fiction/non-fiction (logique) ; c) la triade des genres. En préambule à son étude des genres, Käte Hamburger établit des « fondements linguistiques » en différenciant trois sujets d'énonciation : le sujet « historique », lorsque l'énonciateur empirique en tant qu'individu est directement soumis à la situation de son énoncé (comme dans une lettre) ; le sujet « théorique », lorsque l'individualité n'est pas mise en cause (discours scientifique) ; le sujet « pragmatique », lorsque le sujet veut quelque chose selon les modalités du langage. Parallèlement, elle pose les enjeux de l'opposition entre le sujet et l'objet par rapport à celles de l'énonciation et de l'énoncé ou de la littérature et de la réalité. Ces fondements déterminent ses classifications et sa compréhension du lyrique.

Hamburger distingue trois catégories : le « genre fictionnel ou mimétique » (regroupant ainsi l'épique et le dramatique); le « genre lyrique » et les « formes spéciales ou mixtes » (qui spécifient les discours ambivalents comme chez Platon). Les deux premiers « genres » sont au centre de sa réflexion et fonctionnent par antinomie, alors que le dernier se meut entre les deux pôles. Le genre fictionnel se définit par *un sujet d'énonciation représenté de manière fictive*. Cette représentation peut être épique ou dramatique, elle n'en est pas moins une *mimèsis*. C'est sur le critère de la référentialité du sujet d'énonciation — nommé « Je-Origine » —, que se bâtit la réflexion de Käte Hamburger. Ce qui importe est évidemment la *mimèsis* du sujet d'énonciation : « ... comme l'a bien compris Aristote et comme la postérité l'a trop perdu de vue : la tendance à la *mimèsis* est bien l'élément principal de l'art épique, et non la narration comprise comme une attitude de conscience et comme situation se prenant elle-même comme but. »[14] La *mimèsis* est donc la tendance de la fiction en général. Dans ce sens-là, elle récuse les critères antiques des « modes d'énonciation » au profit d'une compréhension originale de l'énonciation, fondée sur des caractéristiques « logico-linguistiques ».

Käte Hamburger donne néanmoins pour chaque forme du genre fictionnel des indices linguistiques et stylistiques. Ainsi, elle voit comme principale caractéristique de la « fiction épique » l'emploi du « prétérit », car ce temps verbal éloigne le « Je-Origine » et le monde décrit d'une référence réelle. C'est donc la valeur du prétérit qui l'emporte, marquant l'écart entre l'imaginaire de la fiction et la réalité. En fait, chez Käte Hamburger, la fiction est « atemporelle », car elle ne s'ancre pas dans une énonciation réelle.

Une brève description du « genre fictionnel » chez Käte Hamburger était nécessaire pour mieux comprendre le « genre lyrique » opposé. Sur la base des mêmes critères logico-linguistiques, elle distingue radicalement les deux genres. Le lyrique reprend alors les catégories de « réalité » et de « non-fiction » :

> Le langage créatif qui produit le poème lyrique appartient au système énonciatif de la langue; c'est la raison fondamentale, structurelle, pour laquelle nous recevons un poème, en tant que texte littéraire, tout autrement qu'un texte fictionnel, narratif ou dramatique. Nous le recevons comme l'énoncé d'un sujet d'énonciation. *Le Je lyrique, si controversé, est un sujet d'énonciation.*[15]

Dans la poésie lyrique, le *Lyrisches Ich* « parle » de telle sorte qu'il formule un « énoncé de réalité ». Cela l'éloigne d'une énonciation « théorique » ou « pragmatique », pour le situer dans une énonciation « lyrique », qui n'est pas pour autant « historique ». Si l'« énoncé de réalité » distingue le genre lyrique du genre fictionnel, il convient néanmoins de ne pas le confondre avec d'autres formes de discours centrées sur des «énoncés de réalité», mais sans pour autant être littéraires («énonciation historique»). En prenant l'exemple des *Chants spirituels* de Novalis, Käte Hamburger dissocie le poème lyrique du poème-prière par l'énonciation qu'il implique (nous dirions par la «situation de communication»). Lu lors d'une messe, les poèmes de Novalis pourraient être des «poèmes-prière», car ils auraient une visée illocutoire précise. Le sujet d'énonciation serait un «sujet pratique» inscrit dans un «contexte de réalité». Toutefois, comme ces poèmes s'inscrivent dans un recueil, le sujet lyrique «n'est que l'expression artistique d'une âme dévote»[16]. Continuant sa réflexion sur le «lieu» du genre lyrique dans le système littéraire, elle précise : «... il faut distinguer nettement le sujet d'énonciation lyrique de la forme qui est celle du genre lyrique en général. Le genre lyrique étant fixé dans le système énonciatif de la langue, la forme qui lui est propre peut être transférée à toute énonciation ; inversement, là où existe un sujet d'énonciation lyrique, la forme sous laquelle il s'exprime n'a pas à satisfaire à l'exigence esthétique d'un poème lyrique considéré comme œuvre d'art.»[17]

Cette distinction permet d'après elle de comprendre pourquoi il existe des poèmes lyriques médiocres qui correspondent à une énonciation lyrique sans pour autant avoir de grande valeur esthétique. Ces critères esthétiques intéressent néanmoins peu Hamburger, qui leur préfère les structures énonciatives de la langue. Ainsi, la qualité d'une œuvre individuelle importe moins pour la classer dans un genre que le choix opéré sur le statut du sujet d'énonciation. C'est dans ce choix également que s'opèrent les déplacements entre le «pôle-sujet» et le «pôle-objet» de la langue. Selon Käte Hamburger, le discours lyrique relève du pôle-sujet alors qu'une «énonciation communicative» est orientée sur le pôle-objet. D'un côté, nous trouvons un «sujet lyrique», de l'autre un «sujet pragmatique». De manière étonnante, elle reprend alors certaines associations «essentialistes» liées à l'art pur, sans véritablement les remettre en question. Ainsi, le lyrique est axé sur le pôle-sujet du discours, sur l'autoréférentialité du sujet et du langage, alors que le communicationnel est dirigé vers le pôle-objet. La référence à la théorie de Mallarmé dans son argumentation est d'ailleurs significative. Hamburger réinterprète la théorie moderne de l'autotélisme du langage comme une réflexivité de l'énonciation lyrique. Elle renouvelle par là même indirectement la théorie hegelienne, alors qu'elle la critiquait en entamant son étude. Le cas de Francis Ponge la met pourtant dans l'embarras : comment pourrait-on dire en effet que le «parti pris des choses» et le «compte tenu des mots» appartiennent au «pôle-sujet»? Käte Hamburger le situe donc à la «frontière» de l'énoncé lyrique et de l'énoncé communicationnel. Mais plus généralement, elle tend à affirmer que les nombreux processus de «concrétisation» de la poésie (poésie engagée, poésie visuelle, poésie sonore, lettrisme, etc.) vont à l'encontre de la forme lyrique, car ils sont orientés sur l'objet.

Si les deux formes d'énonciation engagent un «énoncé de réalité», le lyrique n'a pas pour autant «de fonction dans un complexe de réalité»[18]. Libéré de tout «intérêt» — au sens kantien —, le lecteur comprend certes le poème lyrique comme une expérience vécue, mais pour la revivre dans un ordre subjectif et non objectif. En somme, il n'est pas guidé par une logique de communication : le genre lyrique «ne vise rien d'autre que l'énonciation elle-même, il s'y identifie, il est immédiat et direct»[19]. Le lecteur ne fait que le vécu, sans qu'il y ait eu une quelconque intention communicationnelle.

En outre, l'expérience vécue dont traite Käte Hamburger est une prise de position par rapport au débat sur le *Je lyrique* en Allemagne : ce «je» désigne-t-il un être fictif ou réel?

> Dans notre optique, dire : «ce Je n'est pas Goethe, ce Tu n'est pas Frédérique» plutôt que : «ce Je est Goethe, ce Tu est Frédérique» relève du même biographisme illégitime... La forme du poème est celle de l'énonciation, ce qui signifie que nous le ressentons comme étant le champ d'expérience du sujet de l'énonciation — ce qui nous permet de percevoir le poème comme un énoncé de réalité.[20]

Pour Hamburger, le poème renvoie le lecteur à un «champ d'expériences» (les sentiments, le paysage, l'amour) qu'il connaît, qui semble être une expérience vécue par l'auteur sans pour autant être une description empirique de ce vécu. Elle le dit notamment en citant Goethe : «aucun trait ne figure [dans le poème] qui n'ait été vécu, mais aucun trait ne figure tel qu'il a été vécu». Elle fait de cette caractéristique une des principales raisons de l'émotion du lecteur lorsqu'il lit un poème lyrique, car il peut ré-investir l'expérience. Elle conclut son argumentation en distinguant la fictionalité de l'expérience et celle du sujet de l'expérience. Avec le sujet d'énonciation non fictif et le discours axé sur le pôle-sujet, le genre lyrique se différencie radicalement du genre fictionnel.

La théorie de Käte Hamburger nous paraît ambivalente, car elle utilise certains concepts de manière originale, tout en reprenant de nombreux fondements idéalistes. Si elle tente de trancher dans le débat sur le statut du *Je lyrique* en déplaçant la polarité fictif/réel sur le plan logique au lieu de la maintenir sur le plan empirique, elle ne construit pas sa perspective de manière opératoire. A la lecture des textes, elle continue d'assimiler le sujet lyrique et l'auteur empirique. Il aurait été possible d'envisager des sujets lyriques à tendances fictives ou à tendances plus autobiographiques, mais Hamburger ne le fait pas dans son ouvrage[21]. La dichotomie entre fiction et lyrique reste très discutable, car l'assimilation du lyrique au réel — le mettant ainsi sur le même plan qu'un récit autobiographique — semble relever de l'imaginaire de la «sincérité» du poète. C'est d'ailleurs au prix de nombreuses contorsions théoriques que Käte Hamburger peut poser cette dichotomie. La fiction ne se situe pas d'après nous dans les mêmes catégories génériques et logiques que le lyrique. Ce dernier peut adopter le régime de la fiction, comme nous le montrerons plus bas. En fait, à travers cette dichotomie, Käte Hamburger formule la poétique de «l'art pur» avec la constitution bipolaire qui sépare la poésie de la fiction. De plus, la théorie d'Hamburger distingue sèchement l'énonciation communicationnelle de l'énonciation lyrique, comme si le lyrique engageait une pureté autoréférentielle. Le texte lyrique reste l'objet absolu, qui met en forme une «expérience» de l'auteur et autour duquel gravitent les lecteurs. Posé comme structure énonciative de la langue, le lyrique perd alors toute dimension pragmatique pour appartenir au champ «désintéressé» de l'esthétique kantienne. L'expérience et le sujet d'énonciation lyrique sont ainsi instantanément compris par le lecteur, qui s'implique selon une immédiateté : l'acte de lecture lyrique est réduit à la structure énonciative.

*
* *

La réflexion de Käte Hamburger sur le statut du «sujet d'énonciation» nous introduit aux travaux récents d'universitaires français sur le «sujet lyrique»[22]. Bon nombre de spécialistes de poétique et de poésie ont pris cette perpective pour approcher des auteurs du XXe siècle, pour questionner le lyrique, pour redéfinir le lyrisme romantique dans sa pratique, pour voir les limites d'un genre particulier (élégie, poème en prose). Les apports ont été multiples et riches d'enseignements. Au lieu de reprendre chaque intervention, nous allons nous interroger brièvement sur la notion de «sujet lyrique» qui, malgré son succès depuis quelques années, reste problématique.

Dans son intervention, Philippe Hamon pose d'emblée des questions de rigueur terminologique. Effectivement, le syntagme «sujet lyrique» recouvre de nombreux champs de recherche. Hamon «déplace» donc la notion de «sujet» vers celle de «texte à effet de sujet» :

> je pense qu'il ne faut pas confondre, dans l'étude de ce «texte à effet de sujet», pronom sujet, sujet grammatical, et actant sujet, sujet de l'énoncé et sujet de l'énoncia-

tion, et qu'il n'y a aucune raison de surcroît, d'isoler et de privilégier la seule notion actantielle de «sujet», dans une étude du «lyrisme», là où la complexité des textes et la raison structurale doivent nous inciter à penser la question *globalement*...[23]

En effet, il s'agit en premier lieu de savoir si ce «sujet» renvoie à la syntaxe, à l'analyse actantielle, à l'énonciation, à la thématique. Ensuite, nous pouvons nous demander si le «sujet» relève d'une stratégie de l'auteur ou d'une configuration textuelle. Enfin, la question se pose de déterminer s'il y a toujours un «sujet lyrique» dans un texte considéré comme tel. Toutes ces questions associées à celles de Philippe Hamon n'ont pas reçu de réponses précises et complètes. Pour l'instant, la notion de «sujet lyrique» est relativement floue et difficilement opératoire. Bien évidemment, chaque intervenant a fait ses propres choix par rapport à cette notion, mais chacun a élaboré une vision différente du «sujet lyrique», selon son champ de recherche.

Outre le flottement de cette notion, la thématique du «sujet» en tant que sujet se pose : toute trace de subjectivité implique-t-elle la constitution d'un sujet ? En gardant une compréhension classique du «sujet», de nombreuses indéterminations sont maintenues. La notion de «sujet» reste en effet fortement connotée, de manière cartésienne, par celles d'«identité» et de «substance». La preuve en est que presque toutes les interventions «désassujettissent» le sujet. Pour Etienne Rabaté, le sujet est en perte de substance chez Michaux ; pour Yves Vadé, le sujet est polyphonique chez Hugo, il n'a pas d'identité stable. Repris à la tradition allemande du *lyrisches Ich*, la notion de «sujet lyrique» se rattache à un «Moi» ou au moins à un «je». En tant que «Moi», les critiques le défont immédiatement de son unité. Certes, une identité peut être dégagée, mais celle-ci est constamment en altération. Le «Moi» est, dans la poésie du XXe siècle, mouvement et rassemblement avant d'être substance. Si le sujet lyrique est considéré comme pronom grammatical, il est aussitôt dénié : l'énonciation est polyphonique, le sujet lyrique peut aussi apparaître dans un poème à la deuxième personne ou même à la troisième — Jean-Michel Maulpoix parle quant à lui d'une «quatrième personne du singulier», figure du poète[24]. La tendance de la majorité des interventions consiste à ne plus associer de manière directe l'énonciation lyrique à un «je» unitaire et intime à l'auteur. Nous pouvons donc en déduire que la vision du lyrisme romantique n'est plus une évidence dans le monde académique, mais le sujet lyrique sert d'ensemble mal défini entre l'auteur empirique et le pronom personnel à la première personne du singulier dans le texte.

D'une manière générale, les intervenants interrogent le sujet lyrique d'après des questions d'énonciation, de figuration du poète. Il est plus rarement compris — malgré le propos de Philippe Hamon — comme une configuration dans l'acte de lecture ou comme un processus d'interaction entre le texte, le sujet écrivant et le sujet lisant. D'ailleurs, de ce point de vue, l'identité stable d'un « sujet lyrique » devient plus difficile à établir, à moins de l'altérer en permanence. C'est pourquoi la perspective d'un « sujet » est problématique dans l'idée d'une interaction lyrique, même si nous la développerons de manière approfondie dans notre hypothèse.

3. LE LYRIQUE EST-IL UN ÉCART PAR RAPPORT À LA STRUCTURE DU DISCOURS ?

En traitant du lyrique comme d'un écart à la structure discursive, nous abordons nécessairement la théorie formaliste de Roman Jakobson. Cette théorie est dans son ensemble connue, nous n'allons donc pas la décrire dans le détail. En revanche, nous essaierons d'articuler le lyrique par rapport aux fonctions de communication et aux liens des tropes aux genres.

D'emblée, il nous paraît nécessaire de rappeler que le lyrique ne correspond pas chez Jakobson à l'unique « fonction poétique ». Les caractéristiques de celle-ci sont, rappelons-le, « la visée du message en tant que tel, l'accent mis sur le message pour son propre compte »[25]. Certes, elle est la « fonction dominante » de la poésie, mais avec la poésie lyrique, il est essentiel d'inclure également la « fonction émotive » — qui « est centrée sur le destinateur », et qui « vise à une expression directe de l'attitude du sujet à l'égard de ce dont il parle »[26]. En fait, Jakobson reprend la triade romantique des genres (avec ses catégories génériques et les divisions sur la personne grammaticale) et la spécifie avec les fonctions du langage :

> Les particularités des divers genres poétiques impliquent la participation, à côté de la fonction poétique prédominante, des autres fonctions verbales, dans un ordre hiérarchique variable. La poésie épique, centrée sur la troisième personne, met fortement à contribution la fonction référentielle ; la poésie lyrique, orientée vers la première personne, est intimement liée à la fonction émotive ; la poésie de la seconde personne est marquée par la fonction conative, et se caractérise comme supplicatoire ou conative, selon que la première personne y est subordonnée à la seconde ou la seconde à la première.[27]

Jakobson inclut implicitement la poésie dramatique dans la catégorie de « poésie à la seconde personne », dont la fonction dominante est conative. Toutefois, ces répartitions restent particulièrement discutables et ont été discutées. Pour ne prendre que le lyrique, nous pourrions dire qu'il possède une fonction référentielle importante, comme l'a montré Paul Ricœur dans *La Métaphore vive*[28]. Nous pourrions également ajouter une dimension conative, dans la mesure où un poème lyrique peut faire sentir un état affectif au lecteur. D'un autre point de vue, l'association énonciative du genre à la personne grammaticale n'est pas toujours pertinente : l'évocation d'un paysage peut en dire autant sur la vie affective qu'une description de sentiments («Quand le ciel bas et lourd pèse comme un couvercle» engage par exemple un état dépressif). En outre, la troisième personne du singulier peut être employée de manière lyrique.

Jakobson introduit une autre distinction qui concerne le discours lyrique : celle de la métaphore-poésie et de la métonymie-prose : «Dans les chants lyriques russes, par exemple, ce sont les constructions métaphoriques qui prédominent alors que dans l'épopée héroïque, le procédé métonymique est prépondérant... La primauté du procédé métaphorique dans les écoles romantique et symboliste a été maintes fois soulignée mais on n'a pas encore suffisamment compris que c'est la prédominance de la métonymie qui gouverne et définit effectivement le courant littéraire qu'on appelle "réaliste".»[29] Les tropes sont donc rapprochés des pôles de la poésie et de la prose, tout en étant situés dans une histoire littéraire : «romantisme» et «symbolisme» pour la métaphore-poésie; «réalisme» pour la métonymie-prose. Jakobson en vient à opposer ces deux pôles de façon radicale. Bien évidemment, une «prose poétique» comme celle de Pasternak est envisageable, mais la poésie fonctionne alors entièrement sur le pôle métonymique en ne synthétisant pas les deux extrêmes[30]. Comme le montre Dominique Combe[31], Jakobson établit en fait un système bipolaire, en reprenant différentes théories rhétoriques, poétiques et linguistiques : du côté de la poésie, nous trouvons l'axe paradigmatique, le trope métaphorique, les fonctions émotive et poétique, les pronoms personnels «je» et «tu», le mode lyrique ainsi que les courants littéraires du romantisme et du symbolisme; du côté de la prose, l'accent est mis sur l'axe syntagmatique, le trope métonymique, la fonction référentielle, la troisième personne du singulier, le mode épique et le courant réaliste.

Dans les *Notes marginales à la prose du poète Pasternak*, Jakobson semble assouplir cette rigide bipolarité par rapport au lyrique, en critiquant les propos caricaturaux des manuels scolaires (opposition entre lyrique et épique). Il montre alors que chez Pasternak, le poète reste lyrique même en prose. Pourtant, il explique ce fait par la «structure thématique» qui parcourt les textes : en somme, le Moi lyrique, sentimental, est au centre de toutes les considérations. Certes, la prose de Pasternak est axée sur la métonymie, mais « seule compte [la] pénétration dans l'existence du Moi lyrique »[32].

Jakobson réitère d'une certaine façon les conceptions essentialistes d'un Mallarmé, en prenant pour modèle la poésie symboliste. Il garde également de nombreux présupposés romantiques. La bipolarité, prise dans une rhétorique restreinte, est donc sujette à de nombreuses rectifications concernant le lyrique. Toutefois, si on prend le système de Jakobson sous l'angle des dominantes[33], nous avons affaire à une esquisse de structuration logique du discours. Dans une telle perspective, le lyrique se distinguerait de l'épique, car il engagerait une compréhension du monde, de la langue, des destinataires qui est fondamentalement différente. Cet élargissement serait possible en s'écartant d'une « tropologie » restrictive pour prendre une dimension discursive comme chez Paul Ricœur. Une « métaphore vive » est une forme de prédication particulière que nous percevons avant tout dans l'usage lyrique du discours.

*
* *

Étendre le système bipolaire de Jakobson à la structuration logique du discours nous conduit au fameux article de Karlheinz Stierle traduit en français en 1978[34]. Dans cette étude, Stierle comprend le lyrique comme une « transgression » des structures discursives, en s'opposant d'emblée à la théorie de Jakobson sur les fonctions du langage (comprises selon une rhétorique restreinte). D'après Stierle, la « fonction poétique » ne suffit pas à comprendre les textes lyriques. Quant à la « fonction émotive » qui surdétermine le lyrique, elle est pour lui « un mythologème romantique, celui de la spontanéité de l'auto-expression »[35]. Pour saisir la transgression opérée par le lyrique sur les normes du discours, il convient de saisir l'identité et la structure de ce dernier. Karlheinz Stierle distingue le « texte » du « discours », tout en refusant le concept saussurien de « parole », trop subjectif d'après lui : « Précisons que le concept de discours, à la différence de celui de parole, est défini par les traits suivants : une stabilité publique et normative, et la possibilité d'un statut institutionnel »[36]. Fondé sur des critères intersubjectifs et structuraux, le « discours » ne se confond pas pour autant avec le « texte » : « L'identité discursive n'est jamais une identité réelle, immédiatement saisissable, mais toujours une identité médiatisée par les relations sémiotiques du texte. L'identité est en quelque sorte un a priori du discours qui est toujours présupposé lors de la transposition du texte au discours. »[37]

En fait, l'identité du discours dont parle Stierle est « une fiction d'identité » qui permet au discours d'accéder à une dimension d'acte. L'identité se fonde sur la cohérence interne du discours tout en étant systématiquement rapportée à des « schèmes discursifs ». Ces schèmes normatifs pré-existent avant tout acte discursif concret. Grâce à ces schèmes, la communication est possible ; c'est pourquoi le locuteur et l'allocutaire les assument spontanément. Tout discours concret correspond à son schème, mais il s'écarte inévitablement de celui-ci. C'est la raison pour laquelle il « est, sous son aspect concret, toujours aussi en même temps un non-discours »[38]. Constamment menacé de dissolution, il a une identité qui se rattache partiellement à son schème. Reprenant les propos de Foucault, Stierle écrit : « L'exemple type du discours protégé de la menace que constitue le non-discours est... celui de l'argumentation scientifique... »[39]. Nouvelle structure normative, le « schème » a une base intersubjective et peut être mis en parallèle avec les « genres du discours » de Bakhtine.

Pour placer le lyrique face au « discours », Stierle reprend les éléments de la triade en mettant l'accent sur la différence du lyrique et des genres mimétiques (épique et dramatique). Son argumentation repose sur une analogie sommaire entre les liens du métaphorique au littéral d'un côté et ceux de l'écart à la norme discursive de l'autre. Comme la métaphore se détache des contextes sémantiques littéraux, le lyrique se distingue des schèmes discursifs :

> La poésie lyrique n'est pas un discours parmi d'autres discours, pourvu d'un schème discursif propre qui, de quelque façon que ce soit, se laisserait en tout état de cause ramener à un schème pragmatique. Si la métaphore se définit essentiellement comme transgression d'un contexte sémantique, alors la poésie lyrique se définira comme transgression des schèmes discursifs qui conditionnent les possibilités élémentaires d'organisation de l'état de fait (*Sachlage*) et de son attribution à la matérialité des faits (*Sachverhalt*) — facteurs liés à la situation de parole elle-même.[40]

Cette conception de la métaphore et du discours poétique, que nous retrouvons chez Jean Cohen, relève typiquement de déterminations structuralistes. Or, si la métaphore n'est plus considérée selon la tropologie comme un écart, mais comme une forme parmi d'autres de prédication et de pertinence, les fondements de la théorie de Karlheinz Stierle sont fragilisés. Le lyrique ne serait qu'un discours parmi d'autres, non pas en constante transgression vers un « non-discours », mais en interaction avec une autre identité schématique. Chez Stierle, le lyrique n'est pas un discours qui pourrait être ramené à un schème pragmatique : « Si tout discours est en même temps non-discours, il y a dans la poésie lyrique une tension entre discours et non-discours, qui est portée à un tel degré qu'elle fait éclater la limite de la tolérance... La poésie lyrique est ordinairement reliée à un schème discursif qu'elle enfreint d'une manière spécifique, marquée. Tous les schèmes discursifs élémentaires sont en même temps de possibles schèmes de référence pour la transgression lyrique. Ainsi peut-on d'emblée définir la possibilité de la poésie lyrique par cette assertion : elle n'est pas un genre propre, mais une manière spécifique de transgresser un schème générique, c'est-à-dire discursif.»[41]

La «transgression», liée à la particularité du lyrique, donne encore une définition de cette forme par la négative. C'est le reproche principal que nous pouvons adresser à Stierle, malgré les précautions qu'il adopte. L'essentiel de sa théorie est fondé sur l'écart par rapport à la norme du schème. Il perpétue par là même les tendances essentialistes qui séparent fortement le lyrique de toutes les autres formes de discours. La spécificité du lyrique repose sur ce qu'elle enfreint, c'est-à-dire sur le schème. Il est davantage orienté vers le pôle du «non-discours» que vers celui du «discours»; il est plus exposé à la dissolution qu'à la cohésion.

Toutefois, la définition de Stierle ne se construit pas totalement sur la négation, car le lyrique engage selon lui une «marque» dans sa transgression. Il y a donc une identité lyrique qui tiendrait davantage à l'altération d'un schème, d'un état habituel du discours qu'à la constitution d'un véritable discours-type. Stierle donne deux caractéristiques de la transgression lyrique et de son identité : 1. la remise en cause de la linéarité du discours; 2. l'accroissement de la complexité des contextes.

> ... on pourrait dire que la successivité ordonnée des contextes du discours se transforme, dans la poésie lyrique, en une simultanéité problématique des contextes. La multiplication des contextes simultanés du poème lyrique est une des définitions positives de la catégorie négative qu'est la transgression discursive. La multiplication des contextes s'accomplit selon deux perspectives distinctes : tantôt comme distanciation métaphorique, qui place un contexte déterminé dans la distance perspectivisée d'un ailleurs, d'où il apparaît en quelque sorte comme contexte dans un contexte, tantôt comme distanciation thématique qui, par le saut thématique imprévisible, ou par le menu détail mystérieux, ou enfin également par la mystérieuse opération thématique elle-même, crée la nécessité de synthèses englobantes et, par là, de la constitution de contextes complexes.[42]

La définition positive de Stierle reprend néanmoins des conceptions négatives : il y a une «distanciation métaphorique» qui plonge dans un «ailleurs» et un «saut thématique imprévisible» qui engage le «menu détail mystérieux». C'est encore la perspective de l'écart par rapport à la norme du schème qui guide sa pensée.

Face à ces transgressions multiples, il est légitime de se demander si le (non-)discours lyrique peut être configuré par le lecteur. Stierle répond par l'affirmative, mais avec de nombreuses difficultés. D'emblée, il exclut la cohésion et la cohérence que pourraient donner une «atmosphère», une «tonalité». Indirectement, il semble s'éloigner de la tradition herméneutique allemande, notamment de la théorie d'Emil Staiger. Pour Stierle, ce qui maintient une unité dans la complexité lyrique, «c'est le sujet lyrique lui-même, point de fuite des multiples contextes simultanés du discours lyrique»[43]. Le «sujet lyrique» est qualifié de «*je lyrique*» et de «sujet de l'énonciation». C'est donc l'angle énonciatif que semble adopter Stierle. Il n'est pas nécessaire de rappeler notre prudence face à ces notions, car Stierle paraît douter de la perspective ouverte par Käte Hamburger. Pour lui, le sujet lyrique est une «identité problématique» dans un discours devenu lui-même problématique dans sa constitution. Il s'éloigne alors d'une compréhension énonciative pour ressaisir le lyrique selon la thématique : «Le sujet lyrique est donc a priori un sujet problématique, qui est à définir comme un sujet pourvu d'une identité sentimentale. C'est un sujet en quête de son identité, sujet qui s'articule lyriquement dans le mouvement de cette quête.»[44]

Deux traits s'opposent dans la théorie de Stierle : d'un côté, la définition négative de la transgression du discours ; de l'autre, la définition positive du «sujet lyrique» en quête d'une identité sentimentale, comme chez Jakobson. La déstructuration lyrique du discours engage une restructuration thématique sur laquelle Stierle n'insiste pas. Le lyrique ne serait-il pas finalement un discours comme un autre, mais avec des schèmes centrés sur les sentiments et dont la constitution est plus radicalement transformée ?

La théorie de Stierle mène la réflexion sur le terrain de la logique en s'ancrant dans les concepts de «schèmes» et de «discours». Il débouche ensuite sur la vie sentimentale en jeu dans le lyrique. Ces éléments conduisent à nous poser la question du lyrique avec Staiger — que Stierle conteste indirectement dans son article —, car il articule dans sa réflexion ces deux perspectives (logique et affective) à travers la notion de «*Stimmung*».

4. LE LYRIQUE EST-IL L'EXPRESSION DE RAPPORTS AU MONDE ?

Cette dernière question nous permet d'examiner une des œuvres critiques majeures de la tradition en langue allemande : *Die Grundbegriffe der Poetik* d'Emil Staiger[45]. La pensée de ce professeur zurichois allie des considérations philologiques, stylistiques, phénoménologiques, herméneutiques. Son ouvrage de 1946 s'inscrit dans de nombreuses traditions que nous relèverons au fur et à mesure : Hölderlin et le «premier» Heidegger (celui de *Sein und Zeit*) sont néanmoins ses influences les plus certaines. La particularité de Staiger se situe à plusieurs niveaux : il reprend la triade lyrique-épique-dramatique sans pour autant la considérer dans la perspective des genres littéraires; il tente d'établir une phénoménologie de la littérature; il unit des considérations philosophico-anthropologiques *a priori* et des observations stylistiques *a posteriori*. En somme, l'ouvrage de Staiger se situe au carrefour de nombreuses perspectives de la poétique.

Restant fidèle à la tradition philologique de la triade, Emil Staiger associe et oppose les notions de lyrique, d'épique et de dramatique. Cependant, il opère une distinction essentielle qui lui permet d'échapper à la critique de *l'architexte* de Genette. Pour Staiger, le lyrique, l'épique et le dramatique ne sont pas des genres littéraires, rattachés à une prétendue origine aristotélicienne. Il est conscient que ces notions ne rendent pas compte des genres littéraires effectivement pratiqués ou de ceux qui apparaîtront. Son objectif n'est donc pas une description empirique des genres littéraires, qui tiendrait compte de leur historicité. En fait, Staiger fixe ces notions comme des essences — nommée «catégories génériques» — qui s'entrelacent et se hiérarchisent dans les genres empiriques. Ces essences sont certes littéraires, mais elles se fondent avant tout sur des rapports particuliers au monde et au langage. La réflexion de Staiger sur le lyrique implique donc une observation de la textualité dans la mesure où elle engage une production et une réception inscrites dans des catégories anthropologiques. C'est pourquoi il distingue le «lyrique» du «lyrisme»; mais, chez lui, le premier renvoie à l'essence poético-anthropologique, le second aux genres littéraires effectivement pratiqués.

Le champ littéraire est fortement associé chez Staiger à la réflexion philosophique de Heidegger, car il centre sa réflexion sur la notion de «*Stimmung*» que le philosophe développe particulièrement dans *Etre et Temps*[46]. Ce terme est généralement traduit par «tonalité affective», mais aussi par «coloration affective», «humeur». Les tonalités affectives sont une des couches les plus profondes de la vie psychique et fondent par là même la dimension majeure de la conscience «préréflexive» ou «antéprédicative». Avec la tonalité, l'homme et le monde s'accordent. Une unité lie dès lors l'intérieur à l'extérieur, l'âme et le corps selon une teinte affective spécifique (angoissée, joviale, sereine, abattue...). L'homme *s'incorpore* au monde qu'il vit comme un «espace accordé» — selon l'expression de Ludwig Binswanger — où rien n'est primaire ni secondaire, cause ou effet, condition ou conditionné. En somme, il n'y a que des flux d'identité et d'altération entre monde et sujet à partir d'un ton particulier. Elle appartient, selon Heidegger et Staiger, à la sphère affective première de la relation au monde (*Befindlichkeit*). La définition de Staiger s'insère parfaitement dans les conceptions phénoménologiques de la conscience «antéprédicative». Elle peut être étendue avec les réflexions sur le «sentir» et le «moment pathique» d'Erwin Straus ou avec la pensée sur la «chair» de Maurice Merleau-Ponty, comme nous tenterons de le faire plus bas dans la phénoménologie de l'affectif.

Chez Staiger, le «lyrique» est axé sur la dimension «pathique» de la tonalité affective. En tant qu'essence, il constitue une «dominante» de la poésie lyrique. Staiger reprend alors la réflexion de Hölderlin sur l'«alternance des tons». La poésie lyrique empirique est dominée par le lyrique (qui est tonalité affective), mais elle inclut également d'autres essences comme l'épique (qui est distance de la représentation) ou le dramatique (qui est tension de l'homme en projet en avant de soi). Sa réflexion implique donc deux perspectives différentes : d'une part, elle reste «essentialiste» par ses archi-structures anhistoriques; d'autre part, elle se dégage d'une conception d'«art pur» par l'idée de «mélange».

L'attitude «essentialiste» de Staiger reste toutefois à nuancer par son approche phénoménologique. Certes, il comprend les «catégories génériques» comme des *a priori* poético-anthropologiques que possèdent les auteurs comme les lecteurs; certes, sa conception réduit l'historicité des genres; certes, il est fortement influencé par le romantisme allemand; mais les «essences» dégagées par Staiger n'appartiennent pas à un idéalisme systématique. Il y a chez lui une attitude inductive, du texte à l'essence, qui relativise la position totalisante de «l'intuition» anthropologique. Ce sont d'ailleurs ses commentaires stylistiques qui ont le plus marqué la critique et qui restent d'actualité.

Selon Staiger, l'essence du lyrique a une influence directe sur la constitution du discours. Marqué par le rapport affectif premier au monde et aux choses, il inscrit l'unité harmonieuse dans le langage : l'accord entre le signifiant et le signifié (p. 15-19), l'accord entre la cadence et le rythme (p. 23-31), le lyrique favorise la parataxe et les disjonctions logiques (p. 32-37), l'évocation prend le dessus sur la description nette (p. 37-38), il ne nécessite pas de fondements explicites pour construire un monde (p. 38-40), il donne une unité musicale et signifiante (p. 43-45), le temps lyrique est le présent, mais il n'exclut pas le souvenir d'un passé inachevé, non distant, qui le détermine encore (p. 45-47), le lyrique s'exprime brièvement, car la tonalité est momentanée.

A partir de la tonalité affective, Emil Staiger met en évidence des traits de style lyriques. Son analyse est souvent pertinente et se révèle en accord avec de nombreuses pratiques poétiques. Il est clair cependant que chaque point reste discutable, notamment si on ne part pas du principe que le lyrique se rattache à la sphère préréflexive. Mais ce qui semble plus problématique relève davantage de la méthode. Certes, Staiger s'inspire du « cercle herméneutique », mais ses observations stylistiques partent *a priori* d'une essence du lyrique qu'il illustre avec le détail textuel, sans tenir compte des enjeux historiques. C'est pourquoi sa démarche globale fournit un concept du lyrique qui reste malgré tout difficilement opératoire. Cela s'explique bien évidemment par la volonté qu'il a de traiter d'une « catégorie générique »[47] poético-anthropologique et non des genres littéraires eux-mêmes.

Le lyrique implique donc une anthropologie philosophique, à partir de la tonalité affective. Cette anthropologie s'engage sur les thèmes de la production et de la réception lyriques. En somme, Staiger ouvre une voie pour comprendre l'interaction entre le texte lyrique, le poète et le lecteur. Toutefois, sa réflexion sur la communication lyrique adopte des considérations simplifiées de l'herméneutique romantique. Staiger reprend de nombreux poncifs sans les remettre en question. La tonalité affective, étendue sans nuance au champ de la production et de la réception empiriques, perd sa pertinence. Autant la dimension préréflexive dans le texte pouvait être intéressante, autant elle semble ne pas correspondre aux démarches pragmatiques de l'auteur et du lecteur. Staiger ne distingue en effet pas l'auteur empirique du locuteur. Dans la plupart de ses propos, il traite des « intentions » de l'écrivain, en se fondant sur la possibilité de saisir ce qui se passe dans la conscience du poète lorsqu'il écrit :

> Le poète lyrique ne « produit » rien. Il s'abandonne — ce qui est à entendre au sens littéral — à l'inspiration. La tonalité affective et la langue lui sont inspirées d'un seul tenant. Il n'est pas en mesure de faire face à l'une ou à l'autre. Sa mise en œuvre poétique est involontaire. [...] Le poète lyrique est perpétuellement à l'écoute de la tonalité affective qui a résonné un jour ; il l'engendre une nouvelle fois...[48]

Bien évidemment, une telle approche des intentions reste une illusion critique. Étendre la tonalité affective à la conscience du sujet écrivant empirique — au lieu de la maintenir dans l'énoncé — implique de comprendre l'acte de production littéraire comme immédiat et harmonieux. L'accord a lieu, selon Staiger, entre la conscience de l'auteur et l'écriture, car le poète est inspiré. Cela s'explique par le fait que l'écrivain est plongé dans le préréflexif et qu'il n'a aucune distance vis-à-vis de la mise en forme lyrique : il ne peut donc être qu'à l'unisson. Ainsi, pour Staiger, le poète est « solitaire, il ne connaît aucun public et crée pour lui-même »[49]. Bien évidemment, ce propos nous paraît relever d'une herméneutique dépassée qui tente de retrouver la conscience de l'écrivain. Toutefois, si la théorie était appliquée à l'unique sujet de l'énonciation et non au sujet écrivant, elle pourrait certainement avoir davantage de pertinence, car seul l'énoncé produirait un «effet» de subjectivité en tonalité.

Parallèlement, le rôle du lecteur est considérablement réduit. Staiger ne distingue pas ce qui est du ressort de la figure du lecteur implicite ou des lecteurs empiriques. Son herméneutique n'envisage qu'un type de lecteur qui se trouve pris dans une tonalité affective globale. Ses observations ne se font pas à partir d'une stylistique des effets, mais davantage à partir d'une proposition discutable : le lecteur est à l'unisson avec le poète et le poème. Ils sont tous sur la même tonalité. *A fortiori*, la compréhension du texte par le lecteur est, tout comme la production, immédiate : «Dans la vraie lecture, [le lecteur] vibre à l'unisson, sans rien comprendre ni concevoir et, au sens large du mot, sans fondement.»[50] A nouveau, la théorie de Staiger perd de sa pertinence et de sa nuance, car l'acte de communication lyrique est totalement réduit à une univocité antéprédicative. Une mise à plat anthropologique a lieu, qui empêche paradoxalement l'analyse de la complexité des actes de production et de lecture lyriques.

Une autre critique peut être adressée à la théorie d'Emil Staiger. Dans les genres empiriques, le professeur zurichois pense que le *Lied* romantique est celui qui possède davantage la «catégorie générique» du lyrique. Il admet ainsi que sa conception de l'essence lyrique est liée à un genre concret et à une période historique déterminée. Mais, d'une manière sous-jacente — et bien qu'il prenne de nombreuses précautions —, Staiger renoue également avec l'antique association du chant empirique et du lyrique. La dominante dans le lyrique reste musicale, car il est placé sous la tonalité affective, qui elle-même s'exprime au mieux dans la musique. Ainsi, les multiples métaphores et les conceptions de Staiger tendent à assimiler la poésie lyrique à une «pure musicalité». Les niveaux syntaxique, sémantique et pragmatique sont liés à celle-ci. C'est pourquoi, reprenant une comparaison de Cassirer, Staiger suppose que le lyrique relèverait de la syllabe, alors que l'épique serait le mot et le dramatique la phrase. La dimension préréflexive domine absolument la catégorie du lyrique jusqu'à pouvoir réduire le niveau sémantique. La cohérence de celui-ci, écrit Staiger, dépend alors davantage du rythme, de la cadence que de la cohésion signifiante. Nous voyons en arrière-fond l'idée essentialiste d'une «poésie sonore», qui véhiculerait un sens originaire sans signification, comme dans le cas de l'écoute d'un poème en langue étrangère :

> Si la traduction des vers lyriques est presque impossible, elle est aussi moins indispensable que celle des vers épiques et dramatiques. Car chacun croit y sentir ou y pressentir quelque chose, même s'il ignore la langue étrangère en cause. Il entend les sons et les rythmes et est affecté, en deçà de toute compréhension discursive, par la tonalité affective du poète. La possibilité d'une compréhension sans concept se profile. Le style lyrique semble conserver en lui-même le vestige d'une existence paradisiaque.[51]

Comme la signification du poème est fréquemment mise au second plan par rapport au sentir, Staiger semble renouveler la séparation radicale entre la lettre et le sens, avec les catégories de l'antéprédicatif et du prédicatif. Une telle dichotomie incite à voir dans le lyrique un intérêt prononcé pour la lettre alors que les autres catégories génériques sont axées sur la représentation sémantico-référentielle.

Certes, l'idée d'« alternance des tons » résout en partie l'accusation d'essentialisme, mais nous pouvons nous demander si les « catégories génériques » de Staiger permettent réellement de décrire le lyrique dans son fonctionnement empirique. Dans les propos de Staiger, la caractérisation des traits de style est sans doute plus rigoureuse, car elle semble dépasser des considérations purement idéalistes pour décrire le texte par dominantes. Tous les poèmes lyriques ne sont évidemment pas sans conjonctions logiques, mais ils *tendent* peut-être à les supprimer. C'est pour ces raisons que l'anthropologie poétique de Staiger nous laisse face à des ambivalences : d'une part, elle fait des apports pertinents pour l'étude stylistique des textes en les rapportant aux formes préréflexives de la conscience ; d'autre part, elle établit une mise à plat totalisante sur des domaines distincts (littéraires, sociologiques, psychologiques, philosophiques) qui nous semble périlleuse.

*
* *

Si le lyrique implique une manière d'être dans le monde, il convient de s'intéresser à la notion romantique de « lyrisme ». Comme nous l'avons mentionné en introduction, le débat sur cette notion a particulièrement préoccupé les poètes contemporains. Nombre d'entre eux ont proposé des théories à son sujet. Il est certainement inutile d'entrer dans le détail de ce débat qui détournerait le propos. Dans ce parcours critique, nous nous interrogerons uniquement sur les propositions de Jean-Michel Maulpoix, dans la mesure où elles participent à une compréhension de ce discours.

Lorsqu'il a publié *La Voix d'Orphée* en 1989, cet auteur a remis en avant la question du lyrisme. Les poétiques sur la poésie lyrique n'étaient pas absentes de la critique, mais le terme « lyrisme » était constamment employé de façon simplifiée. L'étude de Maulpoix a déstabilisé certaines certitudes trop bien ancrées dans la critique universitaire et a contextualisé la notion. Elle a surtout eu un impact sur le champ poétique actuel, marquant théoriquement le pôle d'un « nouveau lyrisme ». L'auteur a publié *Du Lyrisme* en 2000, qui reprend en partie sa thèse de doctorat et son essai de 1989. C'est sur cet ouvrage que se centre notre propos.

La réflexion de Jean-Michel Maulpoix ne vise pas à établir une poétique globale et une description du fonctionnement du discours lyrique, mais plutôt à saisir les fondements de l'imaginaire qui gravite autour du lyrisme romantique et post-romantique. Ces fondements, constitués de figurations de l'acte créateur, ont bien évidemment des incidences sur l'écriture lyrique. Toutefois, le propre de son étude est de saisir « la dimension fantasmatique » qui s'inscrit chez les poètes :

> [L]a nature de néologisme [« lyrisme »] fait de lui le lieu d'engrangement d'une tradition et d'un imaginaire, plutôt qu'un concept opératoire de la critique littéraire [...]
>
> Sans doute peut-on dire que parler du lyrisme, c'est tenir un discours « mythique » sur la poésie, non que l'on développe une fabulation sur une réalité inexistante, mais parce qu'on en parle alors poétiquement, en soulignant les tensions qui y sont à l'œuvre et en faisant valoir ses énigmes au lieu d'en rationaliser le savoir. Celui qui parle du lyrisme ne peut que rester solidaire de l'objet qu'il cherche à comprendre.[52]

Il serait vain de chercher une approche opératoire du lyrique chez cet auteur, car il s'appuie, en poète « critique » et non en « théoricien »[53], sur l'imaginaire du lyrisme. Il se consacre particulièrement à la naissance de ce néologisme et à l'entrelacs des « mythèmes » qui s'y rattachent (l'inspiration, la dépossession de soi, le sublime). En parcourant l'histoire de cet imaginaire de l'Antiquité à nos jours, il marque les changements et l'identité de cette notion à diverses époques. Sans doute est-ce pour cette raison qu'il se fonde davantage sur les esthétiques et les propos métapoétiques des auteurs que sur leurs textes ? Dans cette mesure, la critique d'Henri Meschonnic n'a certainement pas lieu d'être aussi virulente[54]. L'étude cherche en effet à entrer par la « méditation » dans « la part la plus secrète de la littérature », c'est-à-dire dans « l'état du lyrisme ».

Conformément à la tradition romantique, l'auteur de *La Voix d'Orphée* comprend ce terme comme une manière d'être, de parler ou d'écrire. Il s'éloigne ainsi d'une analyse d'un type discursif pour se concentrer sur les figurations esthétiques des auteurs. Cela, il le précise, n'est pas la poésie, mais son « vœu », c'est-à-dire son aspiration vers une beauté supérieure. Ainsi, Jean-Michel Maulpoix définit le lyrisme selon trois principes : « [il] peut être entendu comme le mouvement escaladant de la parole par lequel le sujet se fraie un passage vers l'idéal, comme une tentative de surmonter la déchirure ontologique et comme la passion ou le *ravissement* du sujet dans le langage.»[55] Il montre combien ces trois principes parcourent l'imaginaire des poètes, comment ils peuvent s'associer à certains genres (l'ode et l'élégie), au sublime ou à la catégorie rhétorique de l'épidictique.

Le lyrisme s'accompagne en permanence d'évaluations esthétiques, car cet «état», cet «instinct» vise la beauté suprême. Il ne «supporte ni l'à peu près, ni le médiocre»[56]. Il est lié à une hiérarchie des genres, qui le place au niveau le plus élevé. Cette surévaluation s'accompagne d'une forte dévaluation face aux abus de langage qu'il peut provoquer. Ces deux mouvements marquent bien les deux principales tendances esthétiques des poètes actuels. Le lyrisme se connote fortement et implique par son objectif des prises de positions tranchées. Toutefois, cette notion ne convient pas forcément à la description du discours lyrique, qui échappe en grande partie à ces figurations. La tentative d'observer les textes à partir du lyrisme est en effet périlleuse, car la figuration de l'acte d'écrire ne correspond pas aux productions elles-mêmes. Les trois fondements de cette notion ne peuvent être appliqués en tant que tels. L'élévation vers l'idéal, le dépassement de la déchirure ontologique ou le ravissement du sujet peuvent difficilement être observés stylistiquement. Dans le chapitre intitulé «Aspects d'une poétique»[57], Jean-Michel Maulpoix tente cette approche et élargit les composantes de cet imaginaire à une pratique littéraire. Même si par son titre ce chapitre ne cherche pas à être une poétique globale, les propositions qui y sont faites participent à cette méthode. C'est pourquoi nous entrons en discussion.

Jean-Michel Maulpoix associe en effet le lyrisme à l'emploi de l'image, à l'amplification de la description, aux exclamatives, au sublime, à l'épidictique. Il définit également un «objet lyrique». Ces remarques concernent indirectement la structuration discursive des textes lyriques. Or, sur chacun de ces traits, il nous semble que l'opérativité est difficile à obtenir. Sans doute parce que la définition même du lyrisme implique plus une figuration que des techniques poétiques.

Ainsi, le critique qualifie la description de lyrique «chaque fois qu'elle prend de l'altitude par rapport au sujet dont elle isole le caractère spécifique ou dont elle offre une vue préalable, complexe, panoramique.»[58] Dès qu'une description construit à partir d'une chose ou d'un endroit une vie psychologique, ceux-ci deviennent «une extension lyrique du sujet romanesque, [car], pour l'élaborer, le romancier a privilégié la part affective de sa perception du réel.»[59] Loin d'être une structuration logique particulière, le lyrique s'associe à «l'extension» psychologique d'un personnage sur le monde décrit. L'exemple de l'incipit d'*Eugénie Grandet* est donné par Jean-Michel Maulpoix. Or, la structuration logique de celui-ci est typiquement celle d'une description dans un récit classique. Elle bâtit à partir de la réalité des villes de province un monde dans lequel évoluera le personnage principal. Elle annonce certes des tonalités de l'abandon et de l'ennui, mais cela ne signifie pas pour autant que l'écrivain ait adopté un « angle lyrique ». La plupart des descriptions, quel que soit le cadre discursif, deviendraient alors lyriques, dans la mesure où elles signalent des traits caractéristiques des personnages. Dans son étude sur le descriptif, Philippe Hamon qualifie cette spécificité comme une « tendance verticale descriptive » en opposition à la tendance horizontale. La différence consiste en ce que la première entretient « des liens privilégiés avec des quêtes d'identité ou de savoir »[60]. En tant que tels, ces descriptions verticales ne sont pas lyriques, même si elles peuvent également appartenir à la structuration fictionnelle ou au savoir scientifique. Il est donc délicat de définir le lyrique sur les spécificités de l'extension descriptive.

De manière parallèle, l'association du lyrisme à l'image paraît excessive. Si les métaphores ou les comparaisons peuvent parfois être si vives qu'elles redécrivent le monde, marquent un régime du sujet, il paraît difficile d'en conclure que leur fonction substitutive renvoie au lyrique. Elles peuvent parfaitement servir un discours politique, un récit fictionnel, sans pour autant perdre de leur force, ni détourner le cadre intentionnel général. Or, Jean-Michel Maulpoix en vient à poser l'image comme « une *passion* du sujet : objet de sa soif, moyen parfois de son ravissement, elle invite à reconnaître [le sujet] dans sa dimension proprement lyrique, la plus débordante et instable »[61]. Même si l'image implique parfois une déstabilisation logique, celle-ci n'est pas toujours un signe du discours lyrique. Un énoncé comme « habiter en poète » peut appartenir tantôt au cadre lyrique d'un poème d'Hölderlin, tantôt au discours théorique de Martin Heidegger ou de Jean-Claude Pinson. L'emploi de l'image n'ouvre pas à elle seule un cadre discursif particulier.

Ce raisonnement vaut également pour d'autres aspects de la poétique. L'objet avec lequel le sujet a électivement instauré un lien[62] n'implique pas nécessairement une dimension lyrique. La casquette de Charles Bovary livre une part affective dans le rapport à l'objet, la séquence n'est pas pour autant inscrite dans une structuration lyrique. Par ailleurs, dans la dialectique de l'exclamative et du développement, Jean-Michel Maulpoix souligne l'oscillation entre le cri et le chant, entre le réel et l'idéal, entre la déchirure et l'unité qui serait « par essence » attachée au lyrisme[63]. Il considère également que le « lyrisme et [le] sublime se rejoignent, peut-être se confondent, en leur commun effet pour désigner à l'homme, en sa parole, un point vers lequel s'élever, s'arrachant ainsi à sa finitude. »[64] Dans ces deux propositions, l'extension d'un trait ponctuel à l'intégralité d'un cadre discursif nous paraît difficile à analyser précisément. Les textes d'André Frénaud ou de Jude Stéfan peuvent-il être considérés comme une mise en forme sublime, une dialectique de l'exclamative et du développement ? En outre, si ces caractéristiques sont vérifiables dans certains textes lyriques, elles ne déterminent pas pour autant le cadre intentionnel lié au discours.

Sans doute, le point de vue sur l'imaginaire du lyrisme n'est-il pas le meilleur appui pour élaborer une poétique, car la figuration esthétique des poètes ne décrit quasiment pas les fondements communicationnels de ce discours. Elle permet avant tout de saisir les enjeux historiques et sociologiques liés à la représentation théorique de l'art dans la société. Ces enjeux se constituent de manière singulière à partir de la fin du XVIIIe siècle pour tenir dans la notion de « lyrisme ». Si cette notion a une incidence dans les esthétiques d'écrivains, elle reste néanmoins peu opératoire dans la description des textes.

*
* *

Ce parcours des poétiques nous a permis de saisir les principales perspectives qui sous-tendent les théories du « lyrique ». Les questions de la généricité, de l'énonciation, de l'écart ou de l'être-au-monde développent des horizons différents de cette notion. Chaque perspective a engagé une pertinence dans sa compréhension, mais trop souvent les propos s'en tiennent à une vision théorique sans prendre en compte l'opérativité des propositions. Ainsi, les principales poétiques du XXe siècle semblent nous indiquer des voies de recherche, sans pour autant nous fournir un cadre global pour discerner et décrire le lyrique dans la textualité. Or, c'est bien un tel objectif qui anime notre démarche. C'est pourquoi il nous faut à notre tour chercher et proposer une construction, afin de répondre aux questions principales qui nous semblent en suspens.

Par ailleurs, la confrontation de ces poétiques nous a montré une hétérogénéité dans la classification générique du « lyrique » et dans les déterminations liées à ce concept. Il s'agit sans doute à présent de refondre les apports de chaque théoricien et d'écarter les positionnements qui nous paraissent déviants. En retenant les ouvertures et les limites de ces poétiques, nous pouvons tenter de forger un concept opératoire, tout en nous appuyant sur une tradition. Un longue histoire accompagne la notion de «lyrique» et il ne fait aucun doute que nos propositions reprendront de nombreux éléments qui ont déjà été pensés. Nous ne tenons pas à nier nos liens avec la tradition, mais au contraire à mieux les mettre en évidence par un renouvellement. Ainsi, la mise entre parenthèses des présupposés ne signifie pas un détachement complet de ceux-ci, mais elle engage des réactivations ou des sélections avec la prise en compte de notre situation. Nous espérons dès lors avoir une conscience historique pour poursuivre, reconsidérer ou remettre en question des cheminements antérieurs et pour reconstruire le concept du «lyrique» à partir de l'hypothèse du «pacte».

NOTES

[1] Gérard Genette, *op. cit.*, 1986, p. 140.
[2] *Ibidem*, p. 142.
[3] Jean-Marie Schaeffer, *Qu'est-ce qu'un genre littéraire?*, Paris : Seuil (Poétique), 1989.
[4] Gérard Genette, *op. cit.*, 1986, p. 143.
[5] Dominique Combe, *op. cit.*, 1992, p. 87-91.
[6] Mikhaïl Bakhtine, *Esthétique de la création verbale*, Paris : Gallimard (Bibliothèque des idées), 1984, p. 266.
[7] *Ibidem*, p. 287.
[8] Jean-Michel Adam, *Les Textes : types et prototypes : récit, description, argumentation, explication, dialogue*, Paris : Nathan (Fac. linguistique, Nathan Université), 1996.
[9] Dominique Combe, *op. cit.*, 1989.
[10] *Idem*.
[11] *Cf.* Dominique Combe, *op. cit.*, 1989.
[12] John R. Searle, *Sens et expression : études de la théorie des actes de langage*, Paris : Minuit (Le sens commun), 1982.
[13] Käte Hamburger, *Logique des genres littéraire*, Paris : Seuil (Poétique), 1986.
[14] *Ibidem*, p. 171.
[15] *Ibidem*, p. 208.
[16] *Ibidem*, p. 213.
[17] *Ibidem*, p. 214.
[18] *Ibidem*, p. 236.
[19] *Ibidem*, p. 235.
[20] *Ibidem*, p. 240.
[21] *Cf.* Dominique Combe, «La référence dédoublée : le sujet entre fiction et autobiographie», dans Dominique Rabaté, *op. cit.*, 1996, p. 39-63.
[22] *Modernités*, n° 8, *op. cit.*, 1996. Dominique Rabaté (éd.), *op. cit.*, 1996.
[23] Philippe Hamon, «Sujet lyrique et ironie», *Modernités*, n° 8, 1996, p. 19-20.
[24] Jean-Michel Maulpoix reprend son étude dans un ouvrage plus tardif : «La quatrième personne du singulier : éléments pour un portrait du sujet lyrique moderne», dans *La Poésie comme l'amour : essai sur la relation lyrique*, Paris : Mercure de France, 1998, p. 27-47.

[25] Roman Jakobson, *Essais de linguistique générale : 1. les fondations du langage*, Paris : Minuit (Double), 1994, p. 218.
[26] *Ibidem*, p. 216.
[27] *Ibidem*, p. 219.
[28] Paul Ricœur, *La Métaphore vive*, Paris : Seuil (L'Ordre philosophique), 1975.
[29] Roman Jakobson, *op. cit.*, 1994, p. 62-63.
[30] Roman Jakobson, «Notes marginales sur la prose du poète Pasternak», dans *Huit questions de poétique*, Paris : Seuil (Points essais), 1977, p. 51-75.
[31] Dominique Combe, *op. cit.*, 1992, p. 122.
[32] Roman Jakobson, *art. cit.*, 1977, p. 70.
[33] Roman Jakobson, «La dominante», dans *op. cit.*, 1977, p. 77-85.
[34] Karlheinz Stierle, «Identité du discours et transgression lyrique», *Poétique*, n° 32, 1978, p. 422-441.
[35] *Ibidem*, p. 437.
[36] *Ibidem*, p. 425.
[37] *Idem*.
[38] *Ibidem*, p. 427.
[39] *Idem*.
[40] *Ibidem*, p. 430.
[41] *Ibidem*, p. 431.
[42] *Ibidem*, p. 433-434.
[43] *Ibidem*, p. 435.
[44] *Ibidem*, p. 436.
[45] Emil Staiger, *op. cit.*
[46] Martin Heidegger, *Etre et temps*, Paris : Gallimard (Bibliothèque de philosophie), 1992.
[47] *Cf.* Raphaël Célis, «La poétique phénoménologique d'Emil Staiger», dans Emil Staiger, *op. cit.*, p. 181-199.
[48] *Ibidem*, p. 20.
[49] *Ibidem*, p. 40.
[50] *Idem*.
[51] Emil Staiger, *op. cit.*, p. 15.
[52] Jean-Michel Maulpoix, *op. cit.*, 2000, p. 289 et 294.
[53] «Encore convient-il de ne pas confondre critique et théoricien. L'un souffre des questions qu'il pose, l'autre se rassérène en systématisant ses réponses. La poésie n'est affaire ni de théorie ni de théoriciens». Jean-Michel Maulpoix, dans Bruno Grégoire, *La Poésie aujourd'hui*, Paris : Seghers, 1991, p. 113.
[54] Henri Meschonnic, «Le théâtre dans la voix», *La Licorne*, n° 49, 1998, p. 30-31.
[55] Jean-Michel Maulpoix, *op. cit.*, 2000, p. 17.
[56] *Ibidem*, p. 406.
[57] *Ibidem*, p. 219-285.
[58] *Ibidem*, p. 243.
[59] *Ibidem*, p. 244.
[60] Philippe Hamon, *Du Descriptif*, Paris : Hachette (Hachette supérieur ; recherches littéraires), 1994, p. 63.
[61] Jean-Michel Maulpoix, *op. cit.*, 2000, p. 275.
[62] Définition de l'«objet lyrique», *ibidem*, p. 266.
[63] *Ibidem*, p. 232-233.
[64] *Ibidem*, p. 241.

DEUXIEME PARTIE

DU PACTE DISCURSIF AU PACTE LYRIQUE

Chapitre 1
Qu'est-ce qu'un pacte discursif?

1. LE «PACTE» DANS LA CRITIQUE

La notion qui nous sert à étudier le lyrique est déjà utilisée par certains critiques. Néanmoins, le terme de «pacte» recoupe par synonymie ce que d'autres notions spécifient plus clairement (comme le «contrat de lecture», l'«adresse» ou l'«horizon d'attente»)[1]. Ce terme n'est pas inédit, mais il reste encore selon nous à le forger, à l'affiner pour qu'il devienne une catégorie claire, rigoureuse et qu'il ait une valeur opératoire propre dans la critique.

Le succès de cette notion est notamment lié aux premières études sur l'autobiographie de Philippe Lejeune[2]. En définissant le genre, Lejeune a mis en avant ce terme, qui contient des propositions nouvelles et intéressantes, mais qui, par d'autres aspects, confond des niveaux qu'il convient de distinguer. Ce critique a ainsi donné une véritable valeur à cette catégorie, mais sans l'exploiter en profondeur — préférant certainement se consacrer à l'autobiographie plutôt qu'à la poétique du pacte. Elle est donc à redéfinir, en partant de sa démarche et en la confrontant à des recherches récentes sur la question de la lecture.

Philippe Lejeune développe la notion de «pacte» dans ses premières publications. Nous la retrouvons dans *L'Autobiographie en France* (1971) et surtout dans *Le Pacte autobiographique* (1974). Elle entretient des rapports étroits avec la définition d'un genre littéraire particulier, ainsi qu'avec l'acte communicationnel entre l'auteur et le lecteur. La reprise que nous faisons de cette notion marque à la fois une continuité avec la démarche de ce critique et un éloignement notable. Nous maintiendrons en effet certains ancrages méthodologiques, tout en tentant de remédier aux confusions qu'engage cette notion chez lui. C'est pourquoi le terme de «pacte» nous inscrit dans une perspective déjà tracée, mais nous incite également à une redéfinition. Cela se vérifie d'autant plus qu'à aucun moment Lejeune ne semble suggérer la possibilité d'un «pacte lyrique». Une discussion sur les principaux points de convergences et de divergences avec cet auteur s'impose, afin de délimiter au mieux les champs conceptuels réciproques.

Nous trouvons de nombreuses définitions du «pacte» chez Lejeune, qui sont conceptuellement hétérogènes. En effet, entre les deux ouvrages susmentionnés, la notion semble s'élargir considérablement et participer de plus en plus à la constitution du genre. Dans *L'Autobiographie en France*, il définit le «pacte autobiographique» comme une «déclaration d'intention» :

> Le pacte autobiographique est nécessaire [car] nous n'admettons que les auteurs qui demandent eux-mêmes à être admis... La déclaration d'intention autobiographique peut s'exprimer de différentes manières, dans le titre, dans le «prière d'insérer», dans la dédicace, le plus souvent dans le préambule rituel, mais parfois dans une note conclusive (Gide), ou même dans des interviews accordées au moment de la publication (Sartre) : mais de toute façon la déclaration est obligatoire.[3]

A partir de cette définition, Lejeune organise une anthologie de pactes qui, indique-t-il, sont des «textes écrits par les autobiographes eux-mêmes»[4]. En fait, selon cette définition, le pacte serait l'acte par lequel l'auteur affirme son projet et prend des engagements vis-à-vis de son lecteur. Il correspond ainsi à ce que nous nommons aujourd'hui précisément l'«adresse» — que nous pourrions même qualifier d'«explicite» dans la mesure où elle appartient à une «déclaration d'intention». Philippe Lejeune semble également considérer l'«adresse implicite» dans sa notion de «pacte», bien que cela soit plus suggéré que défini : «Comme le "je" implique un "tu", [le récit personnel] mime une communication avec la personne à qui s'adresse le récit : dans l'étude de l'autobiographie, il est important de déterminer *qui* est cet *interlocuteur* (imaginaire) auquel le récit s'adresse, et quel type de relation le narrateur entretient avec lui (de la séduction au défi)...»[5] Des rapprochements sont donc possibles entre le «pacte» de Lejeune et l'«adresse» telle que la pose Vincent Kaufmann[6]. Dans les deux perspectives, l'auteur met en place un dispositif qui assied une figure de réception. Selon la définition de Kaufmann, «le terme d'adresse renvoie [...] non seulement aux interpellations directes ou explicites du lecteur, mais plus fondamentalement à une propriété du texte jusqu'ici peu analysée, qui est sa capacité de représenter sa propre règle de destination (celle-ci fût-elle paradoxale ou vouée au silence).»[7] Le texte participe ainsi à la *figuration* de l'acte contractuel qu'implique un discours spécifique. Le pacte, comme l'adresse, se construit sur la représentation et l'institution d'un contrat que l'auteur passe avec le lecteur[8].

Dans *L'Autobiographie en France*, Lejeune distingue ce qui est du ressort du «genre autobiographique» de ce qui relève du «pacte» — ce dernier étant compris de manière restreinte. Toutefois, il élargit la notion lorsqu'il écrit que le pacte autobiographique sert à « poser sa voix, choisir le ton, le registre dans lequel on va parler, définir son lecteur, les relations qu'on entend avoir avec lui »[9]. Si la dernière partie de la citation confirme les caractéristiques de l'adresse, la première semble nettement les dépasser : selon Lejeune, le pacte détermine la structuration du discours, car il est comme « la clef, les dièses ou les bémols en tête de la portée »[10]. Il a donc le rôle premier et déterminant de la tonalité qui marque la stratégie de l'auteur, le choix de l'agencement du discours, la relation au lecteur. Le « pacte autobiographique » est dès lors en lien étroit avec les traits qui caractérisent l'acte discursif et l'acte de lecture. Il dépasse de loin les « représentations » du contrat autobiographique. Philippe Lejeune approfondira ce point dans *Le Pacte autobiographique*.

Dans l'ouvrage de 1974, le critique associe étroitement le « contrat de lecture » à la définition du genre. Comme il l'écrit dans l'avant-propos, il tente de montrer que le « genre se définit moins par les éléments formels qu'il intègre, que par le "contrat de lecture", et qu'une poétique historique se devrait donc d'étudier l'évolution du système des contrats de lecture et de leur fonction intégrante »[11]. La définition du pacte s'étend alors à tous les éléments qui conditionnent la lecture, qu'ils appartiennent au texte, au paratexte ou au discours. Le genre se caractérise par des traits distinctifs qui doivent être appréhendés dans le système général de lecture d'une époque. L'ouvrage se divise en trois parties : 1. *Le Pacte*, où se trouve une poétique qui définit le genre en tenant compte du contrat de lecture ; 2. *Lecture*, où l'auteur analyse des textes autobiographiques ; 3. *Histoire*, où il médite sur la pertinence de la notion de genre et sur ses déterminations historiques. Certaines contradictions apparaissent clairement entre la première et la dernière partie. Toutes deux sont centrées sur des questions de poétique : l'une tentant d'élaborer une poétique de l'autobiographie et l'autre remettant en question une telle poétique. Il est donc à nouveau relativement difficile de saisir de manière univoque la théorie de Lejeune, qui se nourrit d'importants doutes. La notion de « pacte » est elle-même soumise à des variations qui la font passer d'une catégorie restreinte à une autre particulièrement large. Notre critique de Lejeune doit donc considérer une multitude de paramètres, qui unissent des propositions fort différentes, comme le montre le tableau suivant :

Définitions de P. Lejeune	*Catégories engageés*
entendons par pacte le pacte du titre ou le pacte liminaire (p. 30)	*contrat social du paratexte* *contrat de lecture par l'adresse*
«Contrat social» du nom propre et de la publication, «pacte» autobiographique, «pacte» romanesque, «pacte» référentiel, «pacte» fantasmatique, toutes les expressions employées renvoient à l'idée que le genre autobiographique est un genre contractuel (p. 44)	*contrat social du paratexte* *genre littéraire* *référence et vraisemblance* *contrat de lecture*
L'histoire de l'autobiographie, ce serait donc, avant tout, celle de son mode de lecture (p. 46)	*horizon d'attente*
Reste que l'autobiographie est un *tout* : on ne peut assumer sa vie sans d'une certaine manière en fixer le sens; ni l'englober sans en faire la synthèse... (p. 174)	*structuration discursive*
Pour le pacte, je voulais repérer tous les éléments qui conditionnent la lecture. Ceux qui tiennent à la forme même du texte, certes (voix narrative, objet du récit, etc.), mais surtout ceux qui dépendent de ce que Gérard Genette a depuis appelé le «paratexte»... La particularité de l'autobiographie est qu'elle affiche plus que d'autres genres son contrat de lecture. Aussi mon propos est-il moins de dire ce que, selon moi, serait l'auto-biographie, que d'analyser ce qu'elle-même dit qu'elle est, et l'effet que produit ce discours.	*structuration discursive* *effets littéraires* *réception historique* *thématique* *paratexte* *contrat de lecture* *adresse*

La confrontation de ces citations montre des emplois divers de la catégorie de «pacte». Tantôt liée aux questions de la publication, tantôt à l'adresse, parfois à la structuration discursive et à sa réception, cette notion ne recoupe pas un unique champ de questionnement. Parcourons donc les principaux points qu'elle entrelace et prenons position par rapport à eux.

Pour définir le genre autobiographique, Philippe Lejeune prend de nombreuses précautions théoriques, qui sont particulièrement pertinentes. Le critique part des textes comme un lecteur situé, c'est-à-dire qu'il n'opte pas pour la position dominante qui lui permettrait d'entrer dans l'intériorité de l'auteur ou qui l'autoriserait à établir *a priori* un système des genres. Il adopte une méthode prudente qui respecte les limites de toute attitude interprétative, fût-elle poétique. Il se déprend ainsi des illusions normatives, qui donnent à la définition un caractère idéalisé de permanence. Néanmoins, même s'il refuse théoriquement l'approche prescriptive, Lejeune en vient à poser les traits constitutifs de l'autobiographie de la manière suivante : «Est une autobiographie toute œuvre qui...»[12]. Cette position se nuance au fil de la critique des auteurs, lorsqu'il souligne les limites de sa propre définition.

Comme nous l'avons mentionné plus haut, Philippe Lejeune entrelace les constituants du genre autobiographique et les éléments autobiographiques dans un énoncé. Cette juxtaposition entraîne de nombreux problèmes. Si les incidences entre les deux niveaux de réflexion sont en effet importants, il convient malgré tout de les distinguer, car ils relèvent de questionnements différents — notamment dans la compréhension de l'acte de lecture. L'étude des genres littéraires renvoie avant tout au domaine des horizons d'attente, tel que l'a établi Hans Robert Jauss[13]. A la fois institutionnels et dépendants des usages d'une époque, les genres littéraires sont essentiellement ancrés dans un champ historique. Ils invitent le critique à s'interroger sur les problèmes de la réception dans l'histoire littéraire. Le genre entretient en effet des rapports «dialogiques» avec le public de chaque époque, qui l'insère dans le processus historique de l'accueil, de la mise en valeur ou du rejet. Il est ainsi fortement lié à la conscience esthétique de son temps, qui fournit les règles du jeu, l'horizon familier avec lequel le texte se construit. La compréhension du genre conduit le critique à sortir du texte pour entrer dans l'étude des représentations normatives et institutionnelles. Philippe Lejeune s'est engagé dans cette voie en restant attaché au genre autobiographique après son ouvrage de 1974.

Lorsqu'il traite du «pacte», Lejeune oscille entre les caractéristiques historiques liées au genre et celles — transhistoriques — liées à la factualité dans le discours, sans réellement les déterminer. Une structuration factuelle du monde du texte est une catégorie plus large et moins fluctuante historiquement. Elle préfigure les actes d'écriture et de lecture, comme le font les types ou les genres littéraires, mais de manière plus stable et plus radicale. Or, Philippe Lejeune passe d'un niveau à l'autre sans considérer le fait que cette structuration échappe considérablement aux représentations génériques : l'histoire de la factualité dans la textualité n'est pas forcément celle du genre.

Dans un jeu d'oppositions, Lejeune met en rapport le «pacte autobiographique» avec le «pacte romanesque». Le roman appartient clairement à ce que nous entendons par genre littéraire. Dans celui-ci peuvent se mêler le discours fictionnel ou le discours critique sans que pour autant soit fortement remise en cause la catégorie générique. Ainsi, lorsque Lejeune met en parallèle l'autobiographie et le roman, il comprend certainement le «pacte» comme constitutif du «genre» — ce qui autorise une distinction dans la même catégorie. Toutefois, Lejeune établit également un lien avec le «pacte référentiel» et «fantasmatique». Il entre alors dans le domaine de la vraisemblance, de la représentation de la réalité ou même de la «vérité» historique. L'interrogation relève de la constitution logique qui lie la *bio-* à la *-graphie*, le réel à la figuration. La question de la référence n'est évidemment pas située dans le champ des genres littéraires, même si elle peut servir à les différencier. A vrai dire, le «pacte» mérite certainement une redéfinition qui lui attribue une spécificité dans la typologie des genres littéraires et des discours, ainsi que dans le questionnement sur la représentation du réel. En fait, l'emploi du terme «pacte» par Lejeune semble avant tout lié à l'idée de contrat entre l'auteur et le lecteur à travers le genre. Mais cette idée, si pertinente soit-elle, engage une multiplicité d'interprétations possibles, parmi laquelle nous trouvons celle de «contrat de lecture». La synonymie entre «pacte» et «contrat» marque alors une équivalence dans les catégories, qui est générale dans la critique. Dans son ouvrage d'introduction à la lecture[14], Vincent Jouve définit le «contrat de lecture» selon une perspective commune à la critique :

> C'est d'abord en proposant au lecteur un certain nombre de conventions que le texte programme sa réception. C'est le fameux «pacte de lecture».
>
> A un niveau très général, l'œuvre définit son mode de lecture par son inscription dans un genre et sa place dans l'institution littéraire.
>
> Le genre renvoie à des conventions tacites qui orientent l'attente du public. Si le lecteur accepte sans peine de voir des morts ressusciter dans un récit fantastique, il s'offusquera du même événement dans un roman policier.[15]

Comme chez Philippe Lejeune, la notion de «pacte» ou «contrat de lecture» englobe de nombreux champs d'interrogation. Tout d'abord, il existe des contrats de lecture explicites lorsque l'auteur inscrit une adresse dans le texte. Un avant-propos peut orienter de manière déterminante la lecture, comme l'«avis au lecteur» chez Montaigne. Le contrat peut également être implicite, mais il est toujours l'initiative de l'auteur empirique qui tente de délimiter les cadres de la lecture : «il était une f o i s» est par exemple un embrayeur de fictionnalité. Ensuite, le contrat de lecture peut se situer au niveau du paratexte, avec ce que Lejeune nomme le «contrat social» du nom propre et de la publication. La critique entre alors dans des analyses le plus souvent sociologiques ou historiques pour saisir les représentations du texte à un moment donné. Enfin, nous trouvons également l'acte de lecture qui répond au contrat de lecture. Cet acte peut être saisi de manière potentielle, comme dans la théorie des effets de Wolfgang Iser, ou de manière historique dans les réceptions réalisées, comme chez Hans Robert Jauss. Lorsque Vincent Jouve traite du contrat entraîné par le genre littéraire, ces propos sont très proches de ce qu'englobe l'horizon d'attente, la dimension historique en moins. Les analyses de Lejeune ne clarifient pas davantage cette question, laissant le lecteur dans l'indétermination.

La notion de « contrat de lecture », fréquemment utilisée, est sans doute trop large. Elle est une catégorie littéraire qui nécessite d'être affinée, car elle regroupe une multitude de champs d'investigation. Nous allons utiliser le terme de « pacte », non plus simplement en synonymie au « contrat de lecture », mais comme une catégorie spécifique. La reprise du terme s'inscrit dans une refonte conceptuelle, afin d'avoir un nouvel outil d'investigation qui permet de mieux définir la spécificité du discours lyrique. En outre, la notion de « pacte », sans complément déterminatif, engage une interaction entre le texte et les sujets qu'il met en relation (sujet écrivant et sujet lisant). Par son étymologie, il implique « l'accommodement », « l'accord » et le fait de « fixer par une convention ». Or, c'est bien à une convention préétablie et sans cesse renouvelée que nous invite l'analyse du discours lyrique.

2. LE PACTE COMME CATÉGORIE PROPRE

Notre définition du pacte — nous ôtons à présent les guillemets — tente d'éviter les assimilations avec d'autres notions telles que l'« adresse » ou l'« horizon d'attente ». Nous éclaircissons à présent les caractéristiques de cette catégorie, en nous référant notamment aux écrits de Wolfgang Iser, de Paul Ricœur et de Jean-Marie Schaeffer. Pour parvenir à une définition du pacte, nous procédons à un développement en sept points.

a) Le pacte relève de la structuration discursive

La structuration due au pacte est une dynamique constitutive du discours. Elle participe à l'agencement singulier du langage afin qu'il soit communicable. En reprenant certaines réflexions de Gustave Guillaume, nous pouvons dire qu'elle se situe entre la « langue » et le « discours », entre le « pensable » et le « pensé », entre la « représentation » et l'« expression ». Pour Guillaume, rappelons-le, le champ de la « langue » est celui du code collectif, qui contient *en puissance* « une représentation intégrale du pensable ». Le « discours », quant à lui, est une actualisation du pensable, comparable à un événement : il correspond à une réalisation expressive de la «langue». Dans ce mouvement constitutif entre les deux pôles se trouve la structuration discursive. Ainsi, en modifiant légèrement la terminologie guillaumienne, nous posons cette structuration comme une articulation entre le formulable et le formulé, qui permet de rendre le discours communicable[16]. Avec le pacte, nous nous confrontons à la question du *dire* et surtout du *comment dire*, du *comment faire sens* dans le discours écrit[17]. Si nous choisissons le terme «structuration» (discursive) plutôt que «structure», c'est que nous tenons à indiquer le mouvement permanent de production de sens. Cette production implique l'établissement d'un horizon qui rassemble les signes et les met en rapport. Une sélection typique a lieu dans certains textes littéraires, qui caractérise la trame discursive et qui renvoie à des visées illocutoires précises. Les intentions d'exprimer et de comprendre s'inscrivent notamment dans la dynamique de structuration. Or, cette dernière ne trouve de fin momentanée que chez les destinataires, qui, par sélection, retiendront un horizon de sens et résoudront, peut-être, les tensions provoquées par la relation des signes. Ainsi, la structuration se trouve au cœur de la formation de la cohésion et de la cohérence. Le pacte appartient à ce vaste domaine d'interrogation, mais il n'en spécifie qu'une partie précise, sur laquelle nous porterons notre attention.

Comme il relève de la structuration discursive, le pacte se distingue nettement des genres littéraires. Ceux-ci s'insèrent dans un cadre institutionnel et historique, déterminé notamment par certains référents génériques. Or, comme l'a montré Jean-Marie Schaeffer[18], ces référents ont un caractère composite qui rend les genres difficilement comparables. Lorsqu'ils spécifient par exemple la fable à la fin du XVIIe siècle et l'ode pindarique à la même époque, ils ne relèvent pas d'un questionnement équivalent (les référents du récit, de l'allégorie et de la moralité ne correspondent pas à ceux du vers, du sujet héroïque et de la structure strophe, antistrophe, épode). Ils ne se fondent pas sur un système d'oppositions; la comparaison devient par là même difficile. *A fortiori*, ces critères divergent davantage si l'on compare la poésie du XVIIIe siècle et celle d'aujourd'hui, ou encore la tragédie et le roman policier au début du XXe siècle. Pour être rigoureux dans l'étude des genres littéraires, il faut à chaque fois pondérer les référents par leur situation historique et institutionnelle. Il s'agit donc de les considérer d'après les horizons d'attente. Jean-Marie Schaeffer démontre que ce que nous entendons par «genre» renvoie à deux ou trois référents déterminants issus de domaines d'interrogation différents. Il établit un classement de ces domaines avec l'arbre suivant :

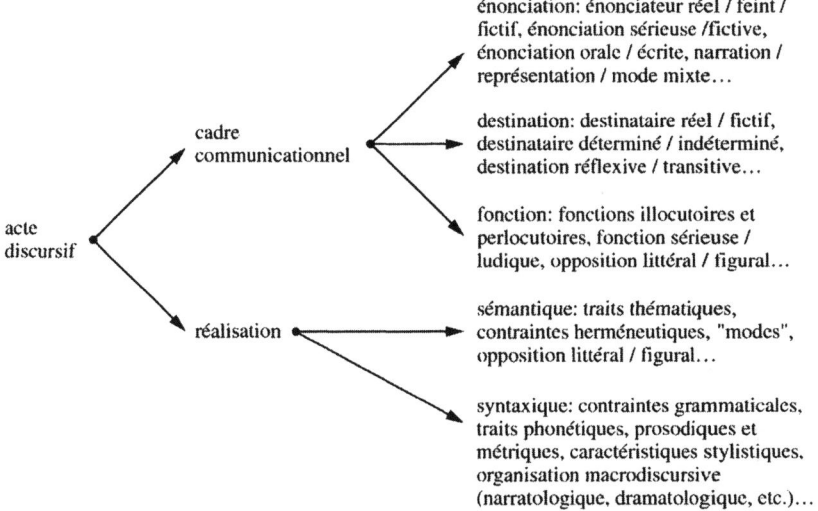

Nous avons vu dans le parcours critique sur le lyrique combien les fluctuations des référents étaient décisives d'un théoricien à l'autre. Même si chacun donne un impact général à son analyse, la perspective se limite à quelques traits spécifiques.

En nous appuyant sur l'arbre de Jean-Marie Schaeffer, nous posons la notion de «pacte» au niveau de l'«acte discursif». Comme il relève de la structuration du discours, le pacte a des incidences tant sur l'énonciation que sur les constructions syntaxiques ou la cohésion sémantique. Il se situe à un niveau plus radical que les référents génériques habituels — pensons par exemple à ceux de la nouvelle ou de l'élégie — car il oriente tous les critères. Lié à la structuration, il se soumet moins aux variations temporelles. Il possède en fait un caractère transhistorique, sur lequel nous reviendrons.

Le pacte, en tant que structuration discursive, ne se limite donc pas uniquement à la sphère du texte. Il renvoie à une interaction de celui-ci avec les auteurs et les lecteurs empiriques. Comme il préfigure de façon typique la constitution d'un horizon de sens, il cadre les deux parties en présence à partir du texte. L'auteur tente une expression communicable en se calquant sur certaines règles : il forme des configurations à partir du répertoire, entre dans des pactes, des types et des genres qui orientent ses stratégies textuelles. Le lecteur, quant à lui, produit des configurations à partir des perspectives typiques et singulières du texte, du genre et du pacte. Ce dernier possède ainsi une véritable intersubjectivité. Il est une articulation essentielle du processus de communication littéraire. Il implique certes des réalisations subjectives, tant de la part du sujet écrivant que du sujet lisant, mais celles-ci partent généralement d'une structuration discursive identifiable. Le pacte est une condition pour la communication effective d'un texte littéraire, car il détermine les actes configurants.

b) Le pacte détermine l'acte configurant

La structuration discursive engage un vaste domaine de questionnement qui ne suffit pas à circonscrire le pacte. D'importantes précisions doivent être ajoutées afin de le définir le plus clairement possible. Nous pouvons les établir à partir de la configuration.

L'« acte configurant »[19] consiste à mettre en relation des signes différentiels afin d'aboutir à une totalité signifiante autour d'un thème (*topic*). Il est un acte spécifique lié à une phénoménologie de la compréhension, qui se rapproche des caractéristiques du jugement chez Kant : les fonctions déterminante et réfléchissante servent l'opération du « prendre-ensemble ». Face à une multitude de points hétérogènes par rapport à une totalité, l'acte configurant permet d'orienter les infinies combinaisons textuelles dans une globalité intelligible. Le lecteur parvient ainsi à constituer une *forme* ou une *figure* (*Gestalt*) cohérente. Selon la phénoménologie de Wolfgang Iser[20], la compréhension dans l'acte de lecture se dégage par regroupement de moments signifiants. Contrairement à un déchiffrement linéaire de lettres et de mots, le lecteur, en interaction avec le texte, produit des assemblages formels, qui mettent en corrélation les signes de manière cohérente. Son point de vue se meut d'une unité signifiante à l'autre. Le lecteur élabore au fur et à mesure un horizon de sens, qui se transforme à chaque changement d'unité. La dynamique de la lecture met le sujet en avant de lui-même, car il doit remplir un horizon vide de significance (la protention), et parallèlement elle l'engage rétroactivement sur un horizon qui s'estompe (la rétention). Le lecteur est ainsi ancré dans un mouvement dialectique de progression compréhensive qui sédimente peu à peu une identité à partir des apports d'altérités signifiantes. Chaque nouvelle phrase peut dès lors engager un point de vue inédit, qu'il s'agira de coordonner à l'ensemble des moments antérieurs. Le présent de l'acte de lecture ne cesse de converger vers des synthèses en tenant compte du passé actualisé de la rétention et du futur actualisé de la protention. En outre, comme l'écrit Iser, l'acte de lecture n'est pas uniquement une épreuve temporelle, mais également une épreuve spatiale. Des déplacements, des stabilisations dans le monde du texte ont lieu, ainsi que des illusions d'une profondeur dans les corrélations des perspectives. Or, les dimensions spatiale et temporelle de la compréhension trouvent un aboutissement momentané dans le travail de configuration. Ce travail renvoie les perspectives textuelles non à des moments isolés, mais à des ensembles signifiants. Il est donc essentiel pour la compréhension du texte. D'après Iser, la configuration en tant que «noème de perception du texte rassemble les signes linguistiques, leurs implications, leurs relations réciproques ainsi que les actes d'identification du lecteur en une unité, et cela fait que le texte commence à exister dans la conscience comme forme»[21]. Pour reprendre des termes classiques de l'herméneutique, une première «épaisseur» de sens se résout dans l'acte de lecture par un «événement» de sens. Ce dernier permet au texte d'acquérir une véritable autonomie pour le lecteur. En effet, il n'est pas simplement un objet qui s'imprègne dans la conscience, mais *un monde* que le lecteur parcourt et découvre peu à peu. Or, l'acte configurant fonde cet événement de sens qu'est le monde du texte.

Dans l'acte de lecture, la configuration s'élabore par l'interaction du texte et du lecteur. Si celui-ci suit bien une structure textuelle de signifiance, la configuration n'en reste pas moins un acte propre qui affecte le lecteur. La constitution d'une forme n'est donc pas uniquement une production inédite de l'auteur, mais également — et à chaque lecture — une production inédite de compréhension. En fait, l'acte configurant se trouve au cœur de la communication littéraire. Pour parvenir à une configuration, le lecteur opère une *sélection* des points de vue, des articulations, des identifications pour former un horizon de sens. Cet acte consiste d'abord à retenir et à rejeter des éléments, en vue de construire une cohérence. Cette sélection est bien évidemment en partie déterminée par les stratégies textuelles et le répertoire avec lequel l'auteur a composé. Néanmoins, la configuration d'un lecteur empirique correspond rarement à l'idéal souhaité par l'auteur. Le partage communicatif, qui s'active à partir du texte, relève davantage de la rencontre entre deux altérités que de la fusion en une identité. Dans sa lecture empirique, le sujet lisant tendra à sélectionner ce qui convient à sa compréhension, pouvant écarter par là même des éléments parfois importants — qui marquent par exemple l'ironie. En fait, le sujet lisant ne développe pas la pensée d'autrui, d'un auteur, mais il tente de parcourir un monde qui ne lui est pas familier. *A fortiori*, les configurations peuvent faire coexister une pluralité d'éléments hétérogènes, qui rendent la compréhension complexe. Or, il est impossible de prévoir si les lecteurs auront les compétences ou le goût d'approfondir les perspectives premières. En outre, de nombreuses configurations s'appuient sur des éléments implicites, sur des connotations, sur le répertoire que le lecteur est censé avoir mémorisé. En somme, la lecture empirique offre un horizon infini de compréhensions subjectives. Malgré ces différences notables d'un point de vue empirique, l'acte configurant sert de lien privilégié à la rencontre. Certes, les configurations subjectives sont distinctes à chaque lecture, mais un acte intersubjectif les détermine en puissance. Sans cela, tout lien au texte serait purement individuel, n'autorisant aucune communication : chacun comprendrait l'intrigue de manière totalement divergente. Or, c'est bien par des processus de structuration communs — liés à l'acte d'intellection constitutif de configurations cohérentes — que les auteurs et les lecteurs peuvent s'entendre et se comprendre. Ces processus de structuration déterminent l'acte configurant. Dès lors, le cheminement sélectif qui mène à la configuration suit un espace d'avance délimité. Le texte possède en effet une potentialité configurante à partir de *formes radicales et ouvertes*. Seul le lecteur empirique sera apte à fermer les configurations potentielles, en mettant fin — s'il le souhaite — aux tensions provoquées par le réseau entre les signes linguistiques. Le pacte correspond à ce cheminement intersubjectif, qui structure les actes configurants.

Avant de développer ce qu'implique dans le détail le pacte, intéressons-nous aux dimensions extratextuelles et intertextuelles qui interagissent avec l'acte configurant. Ce dernier articule en effet un amont de *préfiguration* — nommé « répertoire » par Iser et « mimèsis I » par Ricœur — et un aval de *refiguration*[22]. Les trois domaines de figuration (préfiguration, configuration, refiguration) sont en étroite interdépendance et donnent l'impression d'une circularité permanente, puisque la refiguration renvoie à la préfiguration. L'acte configurant, qui se trouve au cœur de la textualité, sert donc de médiation entre le répertoire institué antérieurement et la réévaluation qu'implique une communication littéraire inédite. Ces deux domaines méritent aussi d'être éclaircis, car ils déterminent l'acte de lecture. Toute composition littéraire est ancrée dans des pré-compréhensions qui offrent des « modèles de réalité »[23]. Ces modèles sont des normes sociales situées historiquement ; ils constituent un sens du monde spécifique et marquent l'élaboration institutionnalisée de certaines expériences. Sans le répertoire, le texte ne pourrait être compréhensible, car la configuration ne renverrait à aucune forme stabilisée d'expérience. En outre, comme le souligne Iser, la littérature ne disposerait plus d'un cadre situationnel au dialogue texte/lecteur. Pour qu'une configuration soit intelligible, il est nécessaire qu'elle s'ancre dans un réseau conceptuel d'expérience. Ce réseau induit une familiarité avec une *compréhension pratique* institutionnalisée et donne une compétence pour appréhender la mise en forme textuelle de l'expérience. Une première préfiguration a lieu dans ce réseau conceptuel qui modélise par exemple l'« agir » ou le « pâtir ». Comment comprendre une intrigue dans un texte si le lecteur ne possède pas les compétences pour distinguer une action d'un mouvement? Afin de saisir une expérience dans un cadre littéraire, le lecteur doit à la fois comprendre le langage de cette expérience et la tradition culturelle d'où émanent les configurations typiques. C'est pourquoi nous nous accordons avec Paul Ricœur pour dire qu'une analyse structurale du récit ou du lyrique ne peut être menée sans une phénoménologie implicite ou explicite de l'expérience mise en forme[24].

Outre le réseau conceptuel, l'expérience est également médiatisée par un champ symbolique qui l'organise déjà dans des signes, des normes précises. Nous entrons par ce biais dans un domaine proche de l'anthropologie culturelle, car, selon la définition d'Ernst Cassirer, les formes symboliques sont des processus culturels qui articulent l'expérience entière. Une fois encore, la médiation symbolique offre une première lisibilité, car elle fournit une convention structurée qui guidera l'interprétation d'un geste (offrir des fleurs, saisir un couteau) dans une perspective signifiante singulière. Elle n'est donc pas uniquement un réservoir de significations immanentes, mais le lieu de formation des normes de description et de prescription. Par conséquent, le champ symbolique marque une première confrontation aux valeurs éthiques d'une société. Le système sémantico-référentiel d'une époque ne contient pas uniquement des normes extratextuelles. Il engage également des œuvres ou des traditions littéraires par des jeux intertextuels. Le répertoire se constitue dans l'entrelacs de normes inter- et extratextuelles. La plupart des genres littéraires se déterminent à partir de référents génériques qui sont dans cet entrelacs. Les allusions à la littérature du passé sont davantage qu'un simple renvoi, elles citent « des modes d'articulation d'intentions bien déterminés du texte qui, bien [que ces allusions] ne sous-tendent plus ce texte, n'en indiquent pas moins la direction à suivre pour trouver ce que celui-ci laisse entendre »[25]. Ainsi, la référence à l'« aube » dans la lyrique courtoise renvoie à une codification culturelle importante, qui montre combien le répertoire se trouve au cœur de l'interaction entre le texte et le lecteur.

Face aux préfigurations du répertoire, le texte propose des configurations singulières, qui actualisent et transforment des modèles d'une époque. L'auteur opère une sélection dans les normes extratextuelles et intertextuelles, en reprenant, rejetant, modifiant des éléments. Le travail de l'imagination l'incite à innover ou au contraire à sédimenter les valeurs issues de la tradition. Il joue avec cette dernière afin de produire des œuvres qui peuvent être univoques, dans un objectif idéologique, ou plurivoques, dans le but de complexifier la lecture. Dans sa concrétisation, la lecture impose sans cesse des choix vis-à-vis du répertoire.

L'autre versant de l'interdépendance de l'acte configurant est celui de la refiguration. Cette dernière est avant tout décrite par Paul Ricœur, dans la mesure où elle a des incidences éthiques importantes. Elle prolonge le dynamisme propre à la configuration et le conduit à son terme, momentanément. Avec la refiguration, nous entrons dans le domaine de la communication effective où se déploient les effets des tensions référentielles. «Par-delà le sens d'une œuvre, [ce qui est communiqué, en dernière instance, c'est] le monde qu'elle projette et qui en constitue l'horizon», écrit Paul Ricœur[26]. Un des enjeux essentiels des configurations textuelles est ainsi de reformuler des références et des expériences qui semblent stabilisées. L'aboutissement d'une œuvre peut consister alors à comprendre de manière nouvelle le monde. De cette façon, la refiguration restitue le texte au réel par des modélisations inédites de l'expérience. Elle est encore une interaction qui se déploie à partir des configurations et renvoie en partie à une réévaluation effective des préfigurations. Elle est ce passage des configurations à la réception de celles-ci.

Nous pouvons à présent spécifier la notion de pacte par rapport au travail de configuration. Comme nous l'avons écrit précédemment, le pacte détermine la sélection logique qui permet l'acte configurant. Il est en effet une *mise en forme typique d'expériences humaines radicales*. Par «mise en forme», il faut entendre les mouvements nécessaires pour constituer des configurations à partir d'exigences logiques précises de cohérence. Cette mise en forme dirige en puissance le cheminement sélectif de rassemblement et de rejet qui constitue un horizon de sens. Elle marque la dynamique d'agencement des signes, qui permet le passage d'une épaisseur à un événement de sens. Cette dynamique est préétablie par certains types de discours, qui engagent des expériences précises (agir, pâtir, évaluer). Ainsi, avec le pacte, nous nous interrogeons sur la réalisation et l'objet des intentions configurantes, qui relèvent de telle ou telle structuration discursive.

Comme il concerne des mises en forme d'expériences radicales caractéristiques, le pacte thématise certains éléments du répertoire. La sélection partira nécessairement de signes typiques qui formalisent l'expérience, d'articulations symboliques qui s'y rattachent, de structures imaginaires récurrentes, de règles de description et de valeurs éthiques. Le pacte actualise un nombre important de normes sémantico-référentielles préfigurées qui se répercutent sur l'acte configurant. Parallèlement, le pacte oriente les refigurations de l'acte de lecture. Les jeux de réévaluation des normes et des références sont en partie déterminé par lui. Tel pacte centrera le discours sur telles perspectives préfigurées et telles refigurantes. Même s'il caractérise avant tout l'acte configurant, il n'en a pas moins des incidences sur le répertoire et la référence. De cette manière, le pacte subit malgré tout les répercussions des représentations institutionnelles d'une époque. Comme nous le verrons plus bas, le *comment configurer* et son objet, qui caractérisent le pacte, se modifient dans l'histoire en gardant une identité forte.

Notre étude se centre sur le pacte et sa typique configurante. Toutefois, nous nous autorisons des incursions dans les interactions avec le répertoire et la refiguration du pacte. Ces considérations resteront toujours en lien direct avec la structuration, sans déborder la limite des stratégies et des effets. Ainsi, nous ne nous éloignerons pas du discours — ce qui pourrait être fait par des observations sociologiques —, mais le traiterons toujours dans sa puissance d'ouverture.

Au terme des deux premiers développements, nous tirons du pacte qu'il est une structuration discursive qui détermine la constitution logique de l'acte configurant. Notre objectif est d'accompagner et de rendre explicites les actes d'intellection particuliers qu'il exige. Le pacte n'a rien d'un expédient méthodologique, mais il participe à l'intelligibilité d'expériences par un agencement singulier de signes linguistiques. C'est pourquoi favoriser un pacte dans son écriture ou sa lecture détermine instantanément certaines intentions d'exprimer ou de comprendre.

c) Le pacte engage un cadre intentionnel d'expression et de compréhension

En tant que structuration possible du discours, le pacte implique des intentions typiques. L'auteur, tout comme le lecteur, adopte un cadre inhérent au pacte lorsqu'il aborde des textes littéraires. Il est un lieu pour la rencontre entre la production artistique et la production réceptive. Néanmoins, il ne s'agit pas de décrire, au nom du pacte, le vouloir-dire de l'auteur ni le vouloir-comprendre des lecteurs empiriques, selon une approche psychologique de la conscience. Nous voulons plutôt décrire le cadre intentionnel typique lié à la structuration qui oriente le vouloir-dire et le vouloir-comprendre. Le pacte, avec ses exigences logiques de cohérence, nous engage nécessairement dans cette perspective.

Du côté de la production artistique, le pacte donne des préstructurations avec lesquelles l'auteur compose. Il les reprend, les retravaille, les rejette pour mettre en forme, selon sa convenance et sa compétence, des expériences humaines. Or, le pacte implique certains cheminements sélectifs à partir d'expériences caractéristiques. En optant pour un pacte, l'auteur réalise certains de ces éléments. Il fournit alors à son texte un cadre intentionnel d'expression et de compréhension préétabli tout en se l'appropriant. Constitué de traditionalité et d'innovation, le pacte réalisé par un auteur est typique et singulier à la fois. Son identité se perpétue et se modifie au gré de ses actualisations. C'est pourquoi certaines singularités sont essentielles à sa compréhension. L'appropriation d'un cadre intentionnel par l'auteur est généralement l'objet de nombreuses stratégies qui peuvent être implicites ou explicites. Il est bien évidemment impossible de reconstruire ces stratégies, telles qu'elles ont pu advenir dans la conscience de l'auteur. Néanmoins, les considérations esthétiques explicites d'un écrivain (arts poétiques, préfaces, articles, correspondance, entretiens) peuvent servir de pôle privilégié pour décrire la rencontre entre le vouloir-dire et le pacte. Avec la prudence nécessaire, il est possible de comparer les stratégies explicites de l'auteur face au cadre intentionnel et les stratégies du pacte effectivement mises en œuvre par le texte[27].

Du côté de la production réceptive, le pacte oriente les configurations de l'acte de lecture. Il préfigure le mode de réception du discours par un *potentiel d'effets* qui oriente le processus de concrétisation du sens par le lecteur. Nous nous rapprochons ainsi de l'«esthétique des effets» de Wolfgang Iser avec sa notion de «lecteur implicite». Rappelons que la théorie des effets vise à suivre les instructions du texte qui permettent la constitution du sens. D'après Iser, cette dernière devrait être la perspective centrale de l'interprétation critique, plutôt que la recherche du sens du texte en tant que tel, car «le texte n'existe que pour l'acte de constitution d'une conscience qui la reçoit»[28]. Le critique doit davantage démontrer les conditions d'effets possibles d'une œuvre qu'expliquer celle-ci pour prétendre à la justesse du sens dégagé. Bien que co-fondateur de l'École de Constance, Wolfgang Iser se détache de l'approche historique de Hans Robert Jauss :

> L'effet esthétique doit être analysé à chacun des trois moments de sa dialectique que sont : le texte, le lecteur et leur interaction. L'effet esthétique, bien que suscité par le texte, mobilise chez le lecteur des facultés de représentation et de perception pour lui faire adopter des points de vue différents... Cela veut dire que le texte se conçoit comme une théorie de l'effet et non de la réception... En revanche, une théorie de la réception traite toujours du lecteur historiquement déterminé, et dont la réaction traduit une expérience de la littérature. Une théorie de l'effet est ancrée dans le texte, une théorie de la réception dans les jugements historiques du lecteur.[29]

Le pacte se fonde avant tout sur une théorie de l'effet et sur l'acte de jugement lié à la configuration potentielle du texte. En tant que structuration du discours, il implique une série de traits qui ont la possibilité de produire des effets typiques. Nous n'approchons le pôle des concrétisations du lecteur que sous l'angle du potentiel d'effets qu'engage le cadre intentionnel d'un pacte, en nous détachant du champ empirique de la réception. Nous restons de cette manière ancré dans la structuration discursive, en gardant l'ouverture potentielle du cheminement configurant. Nous nous interrogerons alors sur ce que peut éprouver le lecteur implicite lorsqu'il met en œuvre une structuration lyrique. Dans la lecture effective, le sujet lisant ne réalise qu'une partie des potentiels du pacte ou du texte, et il opère par là même des concrétisations subjectives. Mais celles-ci passent par une intersubjectivité première qui correspond au pacte et à ses effets. L'étude a nécessairement un caractère virtuel, car elle ne se réduit ni à la réalité technique du texte ni aux dispositions subjectives d'un auteur ou d'un lecteur empirique. Cette indétermination rend en outre compte de la dynamique qui constitue l'événement de sens, échappant ainsi à une rigidité structurale ou à une psychologie des sujets en présence.

Cette approche méthodologique engage la conception particulière d'un « lecteur implicite ». La critique distingue généralement le « lecteur idéal », qui est une construction, du « lecteur empirique », qui s'inscrit dans l'histoire de la réception. Or, parmi les constructions idéales, nous pouvons distinguer le lecteur « invoqué », visé par l'auteur, du lecteur qui ressort de la structuration textuelle. Ce dernier est qualifié d'« implicite » par Iser[30], qui le définit de la manière suivante :

> [...] lorsqu'il sera question du lecteur, il s'agira de la structure du lecteur inscrite dans le texte. A la différence [d'autres] types de lecteurs, le lecteur implicite n'a aucune existence réelle. En effet, il incorpore l'ensemble des orientations internes du texte [...] pour que ce dernier soit tout simplement reçu. Par conséquent, le lecteur implicite n'est pas ancré dans un quelconque substrat empirique, il s'inscrit dans le texte lui-même. Le texte ne devient réalité que s'il est lu dans des conditions d'actualisation que le texte doit porter en lui-même, d'où la reconstitution du sens par autrui [...] Le lecteur implicite est une conception qui situe le lecteur face au texte en termes d'effets textuels par rapport auxquels la compréhension devient un acte.[31]

D'après Iser, chaque texte offre un rôle qui ouvre un ensemble de perspectives liées à la structuration textuelle. Ce rôle sert à constituer l'horizon de sens propre à l'acte configurant : le lecteur implicite correspond à ce rôle. En cela, il est une condition d'entrée dans le monde du texte pour le sujet lisant[32] lorsqu'il accepte ce rôle intersubjectif. Du point de vue du pacte, le lecteur implicite s'inscrit dans la structuration discursive. Les effets typiques qu'elle peut produire ordonnent un cheminement configurant, impliquant par là même une forme potentielle de concrétisation. Le rôle offert par le discours est, dans un jeu de tensions, une première étape pour la production du sens par le sujet lisant.

Le terme de «pacte» s'impose pour qualifier la structuration discursive dont nous voulons traiter. Celle-ci correspond effectivement à un cadre intentionnel qui est un lieu de rencontre privilégié entre l'auteur et ses lecteurs empiriques, même s'il est virtuel. Tant le sujet écrivant, avec son vouloir-dire, que le sujet lisant, avec son vouloir-comprendre, intègrent les déterminations expressives et compréhensives liées à l'acte configurant en jeu. Nous rejoignons de cette manière la proposition de Michel Charles : «Une typologie des discours doit se doubler d'une typologie des lectures; une histoire des genres, d'une histoire de la lecture.»[33] Il y a bien «pacte», dans la mesure où les deux parties en présence se lient — implicitement le plus souvent — par des conventions qui permettent des communications littéraires typiques. Ces conventions forment un tout, le cadre intentionnel, et se composent de nombreux traits discursifs. Pour saisir le pacte, il convient donc de qualifier les traits généraux qui le composent et auxquels les sujets adhèrent s'ils acceptent en partie les rôles prédéterminés.

d) Le pacte se caractérise par des traits intentionnels typiques de configuration

Le cadre intentionnel ouvert par un pacte se compose de traits caractéristiques pour former des configurations. Des cheminements sélectifs sont établis par la structuration discursive. Ces cheminements parcourent des champs divers, mais se synthétisent dans un cadre spécifique. Pour décrire le pacte, il convient de relever les traits généraux, qui eux-mêmes conglomèrent des traits régionaux. Nous approchons les traits généraux à travers trois domaines : la formation sensible, la formation subjective, la formation référentielle. Ces trois domaines impliquent des exigences logiques de configuration, qui sont en étroite interaction. Il est en effet nécessaire d'associer la constitution du sens par la cohésion logico-sémantique de celle que produit la formation d'une identité subjective articulant le point de vue ou de celle liée à la construction d'un monde possible.

La description de la formation sensible est centrée sur la constitution du sens à partir d'éléments sensibles du langage. Il s'agit avant tout d'observer la formation typique de *cohésion* dans les structurations dans une globalité d'effets liée au sentir. Cette cohésion concerne des traits régionaux phoniques, graphiques, syntaxiques, prosodiques, allant jusqu'aux enchaînements logico-sémantiques qui marquent la mobilité du point de vue. La formation sensible agence ces éléments autour du rythme et de la coloration, selon les exigences logiques du sentir dans l'acte configurant. Pour la traiter, nous utiliserons avant tout des outils linguistiques.

L'étude du pacte nous engage également sur la formation d'une ou plusieurs identités subjectives. La structuration implique des points de vue, des voix, mais aussi des actants qui articulent les configurations. Il convient ainsi de s'interroger sur le statut logique de ces identités, qui servent fréquemment de pôle de figuration pour l'auteur et de pôle d'identification pour le lecteur. Ces identités engagent des situations de communication particulières. Nous nous inscrivons alors dans la logique du «*qui parle?*», «*à qui?*» et «*d'où parle-t-on?*» dans le texte. Pour prospecter ce domaine, nous nous intéressons aux phénomènes d'énonciation et de destination, ainsi qu'aux fonctions pragmatiques dans les situations de communication.

La formation référentielle quant à elle nous renvoie à l'expérience et à sa mise en forme. Comment telle expérience est-elle figurée dans le discours et surtout quel type de prédication induit-elle? L'acte configurant implique une formalisation de l'action ou du pâtir qui est caractéristique. Le rapport au monde, aux choses est ainsi en jeu. Le pacte implique une mise en forme singulière de l'expérience et exige une *cohérence* de celle-ci. A travers la construction de mondes dans le texte ou par la description sémantico-référentielle, les structurations se distinguent les unes des autres.

Ces trois domaines possèdent des traits intentionnels généraux qui fondent les stratégies du pacte. Ils peuvent être précisés par des traits régionaux multiples qui sont déterminants, mais nettement plus variables, pour l'acte configurant. En reprenant l'arbre de Jean-Marie Schaeffer, nous posons les traits de la manière suivante : le cadre intentionnel du pacte recouvre la formation sensible (avec les traits régionaux graphique, phonique, syntaxique, prosodique, logico-sémantique), la formation subjective (avec l'énonciation, la situation de communication et la destination), la formation référentielle (avec la prédication, le plan sémantico-référentiel et l'expérience-type).

e) Le pacte est une dominante discursive de la structuration textuelle

Le pacte donne un cadre intentionnel de structuration discursive, qui se compose de traits typiques. Ces traits sont autant d'exigences logiques de configuration. Or, un texte contient un cheminement propre de configuration. Il réalise ce cheminement en empruntant certains traits intentionnels typiques d'un pacte. En fait, il n'est que très rarement soumis intégralement à un seul pacte. Le cheminement configurant du texte allie généralement une complexité de traits appartenant à différents pactes. Toutefois, il appartient — à moins d'une importante complexification configurante — davantage à tel ou à tel cadre intentionnel. Une certaine structuration discursive soutient majoritairement, avec ses traits, la configuration textuelle. Un pacte devient dès lors « dominant » dans un texte, dans la mesure où il agence de manière plus accentuée un cheminement logique de constitution du sens.

Le concept de « dominante » a été développé par les formalistes russes, notamment Eikhenbaum, Tynianov et surtout Jakobson[34]. Il concerne principalement la théorie des genres dans son rapport avec les œuvres. Est considéré comme « dominant » le procédé générique auquel les autres sont soumis. Comme l'écrit Jakobson :

> La dominante peut se définir comme l'élément focal d'une œuvre d'art : elle gouverne, détermine et transforme les autres éléments, c'est elle qui garantit la cohésion de la structure. La dominante spécifie l'œuvre... Un élément linguistique spécifique domine l'œuvre dans sa totalité ; il agit de façon impérative, irrécusable, exerçant directement son influence sur les autres éléments.[35]

Nous étendons ce concept à la notion de pacte. Ainsi, l'étude de ce dernier à travers les textes nous incite à tenir compte de la réalisation de certains traits intentionnels types lorsqu'ils sont primordiaux dans la constitution du sens. Il ne s'agit pas de se centrer sur les textes et leur sens en tant que tels. Le pacte est une identité en constante formation qui se nourrit de nouvelles réalisations. Dans les textes, il s'entrelace avec d'autres pactes, qui se trouvent en arrière-plan par rapport à lui. Il y a ainsi un cadre intentionnel prédominant, même si tous ses traits ne se trouvent pas actualisés. L'étude d'un pacte dans les œuvres peut dès lors consister à montrer : 1) la prédominance d'un pacte par rapport à d'autres pactes en arrière-plan ; 2) les réalisations caractéristiques et inédites de certains traits intentionnels ; 3) la situation historique de certains cadres ou traits intentionnels.

f) Le pacte est une structuration transhistorique

La notion de « structure d'horizon » de Husserl peut nous aider à saisir la dimension structurante du pacte[36]. Ce concept et ses conséquences nous paraissent en effet tout à fait pertinents pour notre étude, à la condition toutefois de les réactualiser.

Le dilemme pour savoir si les réalisations artistiques ou les structures sont premières et constitutives reste sans doute sans réponse. La « structure d'horizon » permet de clarifier le débat, car elle compose une dialectique sans fin entre le particulier et le général, entre la chose et l'horizon. Toute visée spécifique engage un « halo » pré-tracé d'investigations. Ainsi est-il cohérent de passer de la micro à la macrolecture, de la macro à la microlecture par l'articulation des horizons (interne et externe). L'étude d'un trait de style lyrique chez un auteur renvoie à la fois à l'usage qu'il fait d'autres moyens linguistiques, aux réalisations semblables et divergentes d'autres auteurs, à une structure lyrique du discours. Inversement, la caractérisation du pacte lyrique renvoie aux multiples traditions et réalisations. Sans doute y a-t-il dans cet exemple un mouvement propre à la « structure des multiplicités » dont traite Husserl. L'interdépendance de ces éléments semble certes paradoxale, mais elle est pourtant indépassable. Aussi admettons-nous que certains traits stylistiques observés chez des auteurs *forment* le pacte lyrique, mais que celui-ci *forme* également les réalisations des auteurs et les actes de lecture. Ce mouvement permanent nous incite à poser des synthèses — en sachant qu'elles seront momentanées, mais qu'elles préfigurent d'autres réalisations. Dans cette mesure, le pacte correspond à l'horizon, qui n'est jamais saisissable de manière fixe et totale.

Soulignant l'identité de certains traits de style, le pacte n'exclut pas pour autant les différences entre les auteurs et les époques. Loin d'être une structure homogène, il rassemble le réseau de potentialités qui ne sont pas actualisées par la visée critique. Le premier plan d'une production lyrique met l'observateur en relation avec l'arrière-plan des autres œuvres : « tout horizon ouvert fait surgir de nouveaux horizons », écrit Husserl[37]. Les caractéristiques du pacte sont donc suffisamment larges dans leurs traits communs pour être transhistoriques et suffisamment souples pour saisir dans les réalisations la spécificité de chaque auteur. L'essentiel consiste évidemment à relever le *pôle d'identité* qui se dégage des actualisations et des potentialités de la chose observée. Une réflexion rigoureuse sur les exclamatives dans les textes lyriques d'un auteur peut ainsi permettre la compréhension des exclamatives chez d'autres auteurs et sur la structure de ces tournures dans le discours lyrique. Toutefois, la potentialité d'une remarque étant considérable, il s'agit également de l'inscrire en rapport avec la perspective et de la confronter empiriquement aux diverses réalisations. Sans cela, la moindre observation risque d'avoir des conséquences infinies : tout trait pourrait correspondre à une généralité potentielle. Ne perdons jamais de vue que l'horizon est pré-tracé, même s'il engage l'infini. Ainsi, lorsque nous comparons les démarches lyriques et que nous établissons une synthèse générale ou les spécificités d'un auteur, nous devons mettre l'accent sur *l'identité et les différences qui constituent le pacte*.

L'idée de généralité ne provient pas d'un *a priori*. Elle se fonde sur l'induction momentanée des expériences de lecture. Certes, dans ses premières formulations, elle est relativement opaque, mais elle s'affine au fur et à mesure des investigations. Elle offre ensuite la possibilité d'aborder les textes selon une perspective spécifique. Dès lors, une dialectique sans fin s'établit entre identité et différence, entre renouvellement et tradition du pacte. Les synthèses deviendront de plus en plus précises et complexes.

Le pacte lyrique est une «structure d'horizon» qui *dé-limite* l'espace littéraire. Il nous confronte à un excédent de matière, il nous donne la liberté de nous *mouvoir* dans la diversité littéraire, mais il permet surtout de poser un pôle d'identité — provisoire — de phénomènes stylistiques, pragmatiques semblables. L'objectif dans la constitution d'une structure est donc toujours modeste et ambitieux, utile et vain. Il peut néanmoins être capital pour la compréhension d'une matière qui paraissait auparavant n'être qu'éclatement et indétermination. Nous optons pour cet objectif, en tentant d'observer l'horizon interne des œuvres lyriques et en ouvrant l'horizon externe des autres structures du discours. Le pacte lyrique implique une infinité d'études possibles. La réalisation de ce travail consiste à poser une première limite, virtuelle, dans la recherche d'une identité lyrique.

*
* *

La structure d'horizon comporte de nombreux changements, des ruptures et des retours de paradigmes. Par les sédimentations et les renouvellements qu'elle propose, elle renvoie sans cesse au phénomène de la tradition. Elle engage une identité qui n'est ni totalement historicisée ni anhistorique. A vrai dire, la structure d'horizon offre une dimension *transhistorique*, c'est-à-dire que les ruptures n'occultent jamais l'horizon d'antériorité sur lequel elles s'appuient. En cela, comme l'écrit Paul Ricœur, cette structure de tradition «traverse l'histoire sur un mode cumulatif plutôt que simplement additif»[38]. C'est pourquoi nous interrogeons à présent le concept husserlien d'horizon dans son lien avec l'herméneutique de Hans Georg Gadamer[39]. Sa réflexion sur la méthode des sciences humaines a permis de questionner de manière rigoureuse l'historicité de toute interprétation par rapport à la situation du critique. Nous nous fondons en partie sur sa théorie pour définir le rapport de la structure du pacte à l'histoire de la tradition.

Il s'agit à nouveau de formuler avec la prudence nécessaire les conceptions d'un courant théorique par rapport à la notion de pacte. Nous n'adhérons pas entièrement à l'herméneutique de Gadamer. Nous lui trouvons avant tout des qualités opératoires dans son lien à la «structure d'horizon» de Husserl. Parmi celles-ci, nous soulignons l'explicitation temporelle de la saisie, l'élucidation de la situation de l'interprète, la transposition de la réflexion husserlienne au champ d'expérience textuel des sciences humaines. Ces trois points herméneutiques complètent la pensée phénoménologique de la structure. Tout d'abord, la spatialité de la terminologie husserlienne, et plus particulièrement celle de l'horizon, a des incidences sur la temporalité : Gadamer traite en effet de «distance temporelle». La perception des choses implique alors un cheminement de sens, spatial et temporel, à travers la tradition. Les caractéristiques d'actualité et de potentialité de la structure s'appliquent également à l'histoire. Cela nous paraît pertinent pour notre étude, car les œuvres et les auteurs s'inscrivent dans un horizon historique qu'il nous faut sans cesse avoir à l'esprit. Ensuite, l'organisation de l'horizon dépend de la situation du sujet. Les mouvements dialectiques de la mise hors de soi et du retour au propre explicitent comment l'interprète peut commenter un texte du passé pour actualiser son potentiel «vivant». Notre perspective du pacte lyrique permet ainsi de rapporter des œuvres éloignées à des considérations actuelles. Elle tente de montrer comment le lyrique d'une période peut avoir des effets communicables aujourd'hui, en respectant sa distance temporelle. Le pacte donne une perspective pour les analyses, il ouvre un «horizon de sens» transhistorique dans la multiplicité de la tradition grâce à la récurrence de certains phénomènes. Ces phénomènes dépendent certes de notre perspective, mais ils traversent empiriquement les époques sous des formulations diverses. Parallèlement, notre situation nous oblige à dé-limiter le champ historique. Elle nous incite à accepter le caractère restreint de nos connaissances et du corpus. Elle établit également l'infini des réalisations futures, tant pour les poètes que pour les théoriciens. Toutefois, notre situation, avec la perspective du pacte lyrique, nous engage à bâtir une «identité de sens» qui préfigure les potentialités des textes non étudiés ou à venir. Enfin, l'herméneutique de Gadamer spécifie de manière fructueuse la notion d'horizon par rapport à la tradition du texte dans les sciences humaines. Elle montre la démarche active d'une lecture rigoureuse, qui correspond au mouvement «existential» du comprendre.

D'autres enseignements pourraient être tirés de l'interprétation herméneutique de la «structure d'horizon». La théorie de Gadamer nous permet d'expliciter certains liens éthiques, ontologiques et historiques entre la tradition et l'interprète. Le concept husserlien s'élargit ainsi aux notions de temporalité et d'altérité, mettant en évidence les mouvements qui surgissent lors de toute *rencontre* qui vise à la compréhension.

A travers la phénoménologie et l'herméneutique, le pacte a pu être défini comme une structure qui est ancrée dans l'histoire et qui tient compte des variations de l'identité. Des phénomènes lyriques épars ont ainsi la possibilité d'être rassemblés en respectant leur caractère spécifique. Nous savons que nos synthèses seront provisoires, mais elles éclaireront peut-être ce qui paraissait auparavant obscur. Elles permettront alors de situer certaines œuvres par rapport à d'autres œuvres ou par rapport à la tradition littéraire.

g) Le pacte implique les clauses d'un contrat

L'étymologie du terme «pacte» renvoie à l'«accommodement» et à la «convention». D'une part, il engage une manière («quo pacto»), une façon singulière («tali pacto») d'être; d'autre part, il permet de conclure un accord. Le pacte fixe dans notre étude une convention de lecture par la configuration qui permet l'interaction et une communication littéraire. Or, si le pacte est un accord, il détermine, comme tout contrat, des objectifs, des devoirs et peut-être certaines sanctions dans les cas problématiques. Bien évidemment, le pacte est en littérature une convention implicite, qui est actualisée de façons différentes historiquement, mais elle lie, en tant qu'identité discursive, fortement et continuellement auteurs et lecteurs.

L'objet du contrat est la communication d'enjeux sur la réalité à partir d'une mise en forme textuelle). Il y a au moins deux parties contractantes autour du texte, qui sont dans des situations différées : l'auteur et le lecteur. Si le premier emprunte la convention d'un pacte pour s'exprimer en rejouant le réel et en provoquant des effets sur les lecteurs, ces derniers cherchent à comprendre l'épaisseur du texte d'après les effets potentiels pour reconstituer à leur manière le réel visé. Les deux parties passent donc par la connaissance et l'expérience d'une structuration du discours et de l'expérience pour saisir de quoi traite le texte et comment il le met en forme. Ces enjeux correspondent à ceux que nous mentionnions plus haut en décrivant le processus de configuration et d'interaction.

Plutôt que de revenir sur ce point, nous préférons évoquer les sanctions qui ont lieu lorsque la convention n'est pas intégrée ou respectée par une des parties. Le risque majeur tient en effet à un manque de compréhension partiel ou complet de la part des lecteurs. Dès lors, la mise en forme semble perdre sa pertinence et ne pas atteindre un effet général visé. Dans le cadre lyrique, cela peut renvoyer à un ensemble textuel qui ne fait pas ressentir les dimensions affectives de l'existence, comme nous le verrons. Si l'échec de la communication littéraire peut consister en un manque de connaissance de part et d'autre de certains éléments de la convention, il est clair que cette dernière est constamment actualisée par des applications, des contestations ou des innovations. Chaque auteur et chaque lecteur redéfinit en termes nouveaux la convention. Le problème peut toutefois tenir dans une difficulté à identifier le pacte engagé, notamment avec la question de la dominante. D'aucuns chercheront par exemple des effets typiques d'un pacte qui seront réduits dans un texte placé sous une autre dominante. Sans entrer dans le détail des possibilités qui marquent un échec du contrat lié au pacte discursif, nous pouvons en revanche spécifier la sanction habituelle qui en résulte. Le lecteur jugera l'œuvre peu compréhensible, avec une intensité d'effets moindre, sans voir l'objectif visé. La lecture sera par conséquent détachée, et la construction d'un monde, d'un système de valeurs ou d'une disposition sera d'autant plus difficile à établir. Cet écueil portera sur la garantie d'une identification discursive, en deçà de la qualité littéraire de l'ensemble ou de sa reconnaissance institutionnelle — même si ces dernières peuvent inciter le lecteur à davantage d'investissement pour accepter la complexité des stratégies mises en œuvre.

Face à ce contrat implicite, on saisit l'importance de la critique littéraire comme d'une médiation. L'acquisition des identités discursives, de leur entrelacement et la complexité de certains textes par rapport aux habitudes de lecture engagent des lectures critiques approfondies qui permettent aux lecteurs communs, plus pressés ou ayant moins de connaissances du répertoire, de parvenir plus aisément au seuil de la compréhension. Les critiques endossent fréquemment le rôle de rappeler les règles implicites d'un pacte, leur évolution, pour que le lecteur moins informé ait la possibilité d'entrer dans les contrats discursifs proposés par les textes. C'est là tout l'intérêt de définir de manière globale et détaillée les différentes configurations discursives et leurs effets principaux.

*
* *

Parvenu à la fin de notre développement en sept points, nous posons à présent la définition du pacte, qui nous guidera pour l'étude du lyrique.

3. LA DÉFINITION DU PACTE DISCURSIF

Le pacte permet la mise en forme caractéristique d'expériences fondamentales particulières. En tant que structuration discursive, il fournit un cadre intentionnel typique qui détermine radicalement le cheminement logique de l'acte configurant. Ce cadre est un lieu de rencontre privilégié entre l'horizon artistique de l'auteur et l'horizon réceptif du lecteur, car il contient certaines stratégies de structuration et peut produire une série d'effets à partir d'elles. Le pacte se constitue de traits intentionnels typiques qui agencent de manière dominante le texte. En tant que structuration transhistorique, il offre à la fois un pôle d'identité pour la configuration du discours et il permet de saisir les différentes actualisations faites par les auteurs et les lecteurs de diverses époques. Il revêt les termes d'un contrat implicite qui détermine l'identification et la compréhension d'une dominante discursive dans les textes.

NOTES

[1] Le terme «pacte» peut être employé de manière non critique par certains théoriciens, comme chez Jean-Paul Sartre, *Situations II*, Paris : Gallimard, 1948, p. 105.
[2] Philippe Lejeune, *L'Autobiographie en France*, Paris : Armand Colin, 1971 ; *Le Pacte autobiographique*, nouvelle édition augmentée, Paris : Seuil, 1996 ; Le développement est poursuivi dans : *Moi aussi*, Paris : Seuil, 1986.
[3] Philippe Lejeune, *op. cit.*, 1971, p. 25.
[4] *Ibidem*, p. 148.
[5] *Ibidem*, p. 24.
[6] Vincent Kaufmann, *Le Livre et ses adresses : Mallarmé, Ponge, Valéry, Blanchot*, Paris : Méridiens, Klincksieck, 1986.
[7] *Ibidem*, p. 8.
[8] Toutefois, chez Lejeune, le pacte peut être extratextuel, comme dans un entretien radiophonique.
[9] Philippe Lejeune, *op. cit.*, 1971, p. 72.
[10] *Idem*.
[11] Philippe Lejeune, *op. cit.*, 1974, p. 8.
[12] Philippe Lejeune, *op. cit.*, 1974, p. 14.
[13] Hans Robert Jauss, *Pour une esthétique de la réception*, Paris : Gallimard (Tel), 1990.
[14] Vincent Jouve, *La Lecture*, Paris : Hachette (Contours littéraires), 1998.
[15] *Ibidem*, p. 47.
[16] Nous remplaçons le «pensable» et le «pensé» par le «formulable» et le «formulé», dans la mesure où la structuration ne s'exerce pas uniquement sur le champ sémantique, mais également de façon parallèle sur les champs sensible et pragmatique du discours. Nous utilisons donc le radical de la «forme/formule» pour rendre compte du travail de structuration.

[17] Les différences entre le discours oral et le discours écrit sont cruciales, même s'ils engagent tous deux un événement discursif. Pour le détail et l'enjeu des différences, je renvoie aux développements de Paul Ricœur, « Le paradigme du texte », dans *Du Texte à l'action : essai d'herméneutique II*, Paris : Seuil (Essais, Points), 1998, p. 206-221.

[18] Jean-Marie Schaeffer, *Qu'est-ce qu'un genre littéraire ?*, Paris : Seuil (Poétique), 1989.

[19] Cette notion d'« acte configurant » est empruntée à Paul Ricœur, qui lui-même la reprend, en la transformant, à Louis O. Mink. Ricœur l'étend à « tout le champ de l'intelligence narrative ». Nous l'étendons à notre tour au champ d'intellection lié à la compréhension textuelle. *Cf.* le développement de Paul Ricœur dans *Temps et récit : 1. L'intrigue et le récit historique*, Paris : Seuil (Essais, Points), 1991, p. 276-286.

[20] Wolfgang Iser, « Phénoménologie de la lecture », dans *op. cit.*, p. 195-286.

[21] Wolfgang Iser, *op. cit.*, 1986, p. 220.

[22] Les termes judicieux de « préfiguration » et de « refiguration » sont empruntés à Paul Ricœur.

[23] L'expression « modèles de réalité » est de Hans Blumenberg, cité par Iser.

[24] Paul Ricœur, *op. cit.*, I, 1991, p. 111.

[25] Wolfgang Iser, *op. cit.*, 1986, p. 146.

[26] Paul Ricœur, *op. cit. I*, 1991, p. 146.

[27] Nous étendons la notion de « stratégies du texte » de Iser à celle de « stratégies du pacte » liées à la structuration discursive.

[28] Wofang Iser, *op. cit.*, 1986, p. 49.

[29] *Ibidem*, p. 14.

[30] De nombreux critiques ont interrogé le lecteur inscrit dans le texte. Nous trouvons ainsi l'« archilecteur » de Michael Riffaterre, le « lecteur informé » de Stanley Fish, le « lecteur abstrait » de Jaap Lintvelt, le « Lecteur-Modèle » d'Umberto Eco. Parmi la multitude de lecteurs issus de la structuration textuelle, nous choisissons celui d'Iser, qui nous paraît le mieux adapté à notre démarche. *Cf.* Wolfgang Iser, *op. cit.*, 1986, p. 60-76.

[31] *Ibidem*, p. 70.

[32] Désormais, nous qualifions le lecteur réel qui reçoit historiquement le texte de « sujet lisant » ou de « lecteur empirique ». Lorsque nous traitons du « lecteur » sans qualificatif, nous renvoyons au concept de « lecteur implicite ».

[33] Michel Charles, *Rhétorique de la lecture*, Paris : Seuil (Poétique), 1977, p. 287.

[34] Roman Jakobson, « La dominante », dans *op. cit.*, 1977.

[35] *Ibidem*.

[36] *Cf.* Edmund Husserl, *Méditations cartésiennes*, Paris : Vrin, 1992 ; *Expérience et jugement*, Paris : Presses universitaires de France (Epimethée), 1991 ; voir également la reprise qu'en fait Michel Collot dans *op. cit.*, 1989.

[37] Edmund Husserl, *La Crise des sciences européennes et la phénoménologie transcendantale*, Gallimard (Tel), 1989, p. 193.

[38] Paul Ricœur, *op. cit.*, II, 1991, p. 276-286.

[39] *Cf.* Hans Georg Gadamer, *op. cit.*

Chapitre 2
Le pacte lyrique

1. LES TROIS PACTES LITTÉRAIRES

Nous pouvons établir une pluralité de pactes qui se situent au même niveau d'interrogation générique que le lyrique. Il s'agit de les présenter, de les mettre en rapport, en soulignant leurs différences. Nous restreignons l'étude des pactes au domaine littéraire. Par ce terme, nous entendons un champ historique de discours écrits, ayant reçu une reconnaissance institutionnelle plus ou moins grande[1] en tant qu'œuvres artistiques. Nous considérons également dans ce domaine la « paralittérature » des genres populaires. Ainsi, nous évitons d'entrer en matière sur les questions de la « littérarité », de ce qui fait une œuvre littéraire en tant que production artistique. Nous voulons par là même échapper aux critères qui valorisent ou dévalorisent les textes ; c'est pourquoi nous considérons l'espace littéraire comme un espace historique. Il serait tout à fait possible d'étudier les pactes hors du champ littéraire. Notre approche pourrait dès lors consister à observer les discours scientifiques (philosophiques, historiques[2], etc.). La description des cadres intentionnels pourrait également sortir de l'espace du discours, en tant qu'acte issu du langage, pour traiter d'autres champs artistiques : pensons aux structurations cinématographiques ou chorégraphiques[3].

De nos connaissances historiques et théoriques sur la littérature, nous tirons trois pactes principaux qui sont une première synthèse de nos observations. Il est possible, malgré les précautions et la volonté d'être rigoureux, qu'un pacte nous ait échappé ou que nos définitions soient incomplètes. Nous nous devons néanmoins de les poser et de les caractériser, car cela est indispensable pour l'étude opératoire du lyrique. Nous distinguons dans l'espace littéraire trois pactes que nous nommons : le lyrique, le fabulant et le critique. Chacun d'eux a un cadre intentionnel typique, avec des traits spécifiques et un effet global. Ils ont une identité commune, car ils déterminent tous trois des structurations discursives. Ils se distinguent néanmoins par le jeu des différences. Loin d'être conçus dans un système d'oppositions, les trois pactes sont plutôt complémentaires en littérature. Ils impliquent des configurations typiques et balisent les divers cadres intentionnels des textes littéraires. Un auteur peut tout à fait composer une œuvre avec plusieurs cadres, avec des traits multiples, complexifiant de cette façon l'acte de structuration. Ainsi, les différences entre les pactes marquent des pôles identitaires empiriquement observables. Elles ne sont pas des conceptions abstraites qui permettraient d'atteindre un système de pactes.

Un autre point sur lequel nous voulons insister est celui de l'horizontalité de ces trois pactes. Il n'y a pas de pacte premier d'un point de vue esthétique ou éthique. Tel pacte n'est pas en lui-même supérieur à un autre ou plus expressif. Chacun nous dit quelque chose de différent sur la réalité. La valorisation n'entre dès lors pas en compte : les pactes impliquent des cadres intentionnels divergents, plus ou moins privilégiés dans certaines cultures, mais cela n'engage pas la qualité expressive et compréhensive du monde. Les associations d'un pacte avec les origines du langage ou de l'être ne nous paraissent pas pertinentes pour l'étude. Aucun pacte ne nécessite la valorisation ou la dévalorisation de ceux qui les étudient ou les ignorent. Ils nous incitent à saisir le monde avec des configurations diverses, mais ils ne spécifient pas la pertinence de ce qui est dit sur le monde. Nous espérons ainsi éviter d'une part les écueils d'un système de pactes, d'autre part le parti pris affectif pour l'un d'entre eux.

Nous avons défini le pacte comme un cadre intentionnel qui permet une *mise en forme* (caractéristique) *d'expériences radicales* (particulières). Notre définition implique deux spécificités : celle de la mise en forme et celle de l'expérience radicale. Néanmoins, ces deux spécificités sont si fortement associées qu'elles en deviennent presque tautologiques. Certes, on aurait pu, pour limiter la redondance, restreindre la définition aux caractéristiques de la mise en forme, laissant dans l'implicite le filtre radical de l'expérience du réel. Mais la question du *comment faire sens* engage instantanément une forme de représentation du rapport au monde, qu'il nous paraît indispensable de développer, quitte à redoubler la définition[4].

D'après nous, le lyrique est centré sur l'affectif, le fabulant sur l'action et le critique sur l'évaluation. Pour être plus précis, nous les spécifions avec les deux éléments de la définition : *le pacte lyrique articule une mise en forme affective du pâtir humain, le pacte fabulant une mise en intrigue de l'agir humain, le pacte critique une mise en critique de valeurs humaines*. La définition du pacte fabulant[5] correspond, même si nous en modifions certains termes, à celle qu'Aristote donne du poétique. Chez lui, la mise en intrigue est une *mimèsis* de l'action, l'expérience étant représentée par le *muthos*. Néanmoins, il nous semble que les fondements de la définition, comme un cadre d'agencement discursif typique d'une expérience radicale, concernent également le lyrique : la représentation de l'expérience et la mise en forme répondent alors à l'ordre de l'affectif et non de l'action. Nous éclaircirons plus bas ce que nous entendons par «affectif», sous la perspective phénoménologique — le terme «pâtir» étant fortement lié à lui. Enfin, dans le pacte critique, la mise en forme représente des valeurs, des normes en vue de les rediscuter. Ces valeurs sont généralement esthétiques, éthiques ou ontologiques : elles se rattachent à des réalisations concrètes (constructions, œuvres, actions) ou abstraites (normes, idées, concepts). La mise en critique engage un agencement singulier avec des argumentations, des évaluations. Dans la présente étude, nous limitons ce pacte à l'espace littéraire, tout en sachant que la frontière est parfois floue avec les discours des sciences humaines.

Notre référence à Aristote ne signifie évidemment pas une adhésion complète à sa poétique, qui prend position par rapport aux productions de son époque. Il serait en outre vain d'entrer en matière avec lui sur d'autres pactes que le fabulant, puisque le philosophe grec semble réduire la *poiêsis* à celui-ci. En revanche, la définition aristotélicienne nous paraît articuler de manière heureuse la mise en forme à l'expérience radicale. Nous reprenons donc le rapport mimétique qu'instaure cette définition, en le réactualisant. Ainsi, même si notre définition du pacte fabulant est proche de celle d'Aristote, nous renvoyons davantage aux développements de Paul Ricœur sur cette question qu'à ceux du Stagirite[6].

A chaque pacte, à chaque cadre intentionnel correspond un effet global. Par «effet global», nous entendons un acte potentiel que la mise en forme vise à faire accomplir lors de la lecture. L'acte provoqué par l'interaction des formations sensible, subjective et référentielle est issu des règles génériques constituantes. Il marque l'effet communicationnel potentiel qu'engage le cadre intentionnel et l'objectif des intentions productives et réceptives que celui-ci implique. L'effet global se rapproche de la théorie des «actes illocutoires» d'Austin et Searle. Toutefois, les présupposés sont modifiés, car nous les intégrons à ceux de la phénoménologie et de l'herméneutique dans le lien au monde, aux autres et au langage. Dans le pacte fabulant, l'agencement d'actions dans une intrigue vise à faire parcourir une histoire — ce qui correspond à l'effet global du pacte. De la même manière, l'agencement affectif du pâtir cherche à faire sentir et ressentir les rapports pathiques au monde[7]. Quant à la mise en critique, elle consiste à remettre en question certaines valeurs, dans le but de convaincre — de manière explicite ou non — le lecteur d'une autre valorisation. Ces effets globaux sont inhérents à chaque actualisation du pacte.

Il est temps à présent d'esquisser les cadres intentionnels des trois pactes. Il apparaît d'emblée que le fabulant a davantage occupé la critique et qu'il a par conséquent été plus détaillé que le lyrique ou le critique. Dans ce chapitre, nos propositions ou synthèses sembleront certainement trop sommaires pour ceux qui voudraient un catalogue complet des caractéristiques de chaque pacte. En effet, nous ne désirons qu'introduire de manière rigoureuse le statut du lyrique, sans pour autant nous livrer à une poétique de tous les pactes. Nous réalisons dès lors une esquisse — répétons-le — des trois cadres, dans l'objectif de saisir brièvement les identités et les différences entre eux. Nous développerons bien évidemment le lyrique plus bas. En ce qui concerne le fabulant, il sera aisé de se référer aux diverses études narratologiques ou aux auteurs que nous avons cités en référence. Quant au pacte critique, il est pour l'instant l'objet de peu de travaux de poétique. Il restera donc dans une certaine pénombre.

Pour caractériser les cadres intentionnels, nous partons des définitions, des effets globaux et des trois formations discursives que nous avons distinguées plus haut (formation sensible, formation subjective, formation référentielle).

Le **pacte lyrique** articule la mise en forme affective du pâtir humain. Son effet global consiste à faire sentir et ressentir des rapports affectifs au monde. La formation sensible a une importance accrue dans ce pacte. La configuration repose fréquemment sur la dynamique de la formation sensible. Le sentir et l'affectif sont fortement ancrés dans la constitution de la matière signifiante. Les traits régionaux de la formation sensible peuvent être répartis entre ceux qui ont un effet rythmique et ceux qui ont un effet de coloration, même si ces deux pôles sont en étroite interaction. La formation sensible donne ainsi une «incarnation» matérielle à la voix de l'énonciation. De la configuration générale résulte une forme affective générale que le lecteur peut identifier, par la formation subjective, à une voix rattachée à un ou plusieurs sujets (le locuteur principal, les personnages, les personnifications) ou à une «aire pathique» sans sujet explicite, mais figuré notamment par les paysages, les choses ou les thèmes (paradis, aube). L'énonciation lyrique se pose aussi bien dans un statut de fiction que dans un statut factuel. Elle adopte tant les traits de l'autobiographie que ceux de la feintise dans la mesure où ils organisent une affectivité générale qui correspond à l'effet global du pacte. Dans la formation référentielle, la stratégie de l'évocation guide les dimensions de la prédication et de la référence dédoublée. Du côté de la prédication, le pacte lyrique implique une dominante de la prédication métaphorique, telle qu'elle a pu être définie de manière large par Paul Ricœur dans *La Métaphore vive*. Une causalité affective redécrit le monde selon une logique inédite qui instaure de nouveaux rapports entre sujet et prédicat. De nombreux principes logiques sont ainsi remis en question. La référence dans le pacte lyrique est fréquemment dédoublée, c'est-à-dire qu'elle est autoréférence (poéticité) et monstration des liens du sujet au monde. Le lyrique met en forme le pâtir humain ; il renvoie ainsi aux dimensions du sentir et de l'affectif dans l'être-au-monde. Avec ces caractéristiques, nous avons esquissé le cadre intentionnel du pacte lyrique par rapport à son effet global.

Le **pacte fabulant** articule quant à lui la mise en intrigue de l'agir humain. Son effet global vise à faire parcourir une histoire. Le fabulant est nettement moins centré que le lyrique sur la formation sensible. Toutefois, même si la formation sensible n'est pas aussi déterminante pour la configuration que dans le pacte lyrique, le rythme de l'intrigue reste important : les accumulations, les accélérations, les ruptures participent à la configuration générale. En revanche, dans ce pacte, la formation subjective a une fonction importante dans la constitution des intrigues. La diversité des voix et des sujets donne une complexité à la mise en forme[8]. Que ce soit le narrateur, la voix narrative, les points de vue ou les personnages, il y a dans le fabulant une pluralité subjective qui fait en partie sa richesse, car elle articule le récit et l'histoire dans le jeu du temps et de l'espace afin de (re)créer des mondes. La fiction en tant que statut logique de feintise ne caractérise pas le pacte fabulant. La mise en intrigue de l'agir peut parfaitement se référer à des éléments factuels, historiques. La formation référentielle suit d'ailleurs une prédication narrative qui correspond à une causalité traditionnelle (le fantastique ne rompt pas la stabilité logique du récit, mais plutôt celle de la réalité commune[9]). Le fabulant privilégie la mise en forme de l'agir. Ce dernier est à caractériser selon une phénoménologie de l'action, qui la distingue du simple mouvement. L'agir se structure également par rapport à certains termes dans le champ de la compréhension : l'agent, le but, le moyen, la circonstance, l'hostilité, le conflit, le succès, etc. Notre esquisse du pacte fabulant peut en rester à ces conceptions assez larges, mais qui délimitent déjà un horizon de structuration et un cadre intentionnel.

Le **pacte critique** articule enfin la mise en critique de valeurs humaines. Son effet global consiste à remettre en question de certaines normes et à convaincre les lecteurs d'une nouvelle valorisation. Dans ce pacte, la formation sensible a une faible incidence sur la configuration générale. Les jeux de signifiance sont peu importants. Les rythmes de l'argumentation participent à la structuration, mais influent de manière réduite sur la constitution du sens. Ils déterminent certains mouvements de la forme critique : rapidité, développement, construction, reprise. Par rapport aux autres pactes, le critique est également moins centré sur la formation subjective : le point de vue est fortement lié à celui de l'auteur, il y a rarement une complexité de voix, les personnages — s'il y en a — incarnent différentes positions de l'argumentation, dont une au moins représente généralement le point de vue auctorial. Ainsi, la mise en critique s'agence peu par rapport à la formation de diverses voix subjectives, même si les débats (citation, défense, critique) engagent une intersubjectivité et une intertextualité. Le pacte critique se fonde en outre rarement sur le statut de fiction, si ce n'est pour illustrer sa réflexion (le mythe, des personnages légendaires) ou pour imaginer des points de vue autre que celui de l'auteur. Il est généralement ancré dans le factuel, pour instaurer un contrat de réalité ou de vérité avec les lecteurs. En fait, le pacte critique se fonde sur une formation référentielle normée qui détermine considérablement la mise en forme. La prédication suit généralement les règles de la logique de l'argumentation, même si elle peut intégrer les mouvements de l'ironie. Si elle est correctement appliquée, la causalité critique est celle de la tradition logique. Le poids de la mise en forme dépend fortement de la maîtrise de ces règles. De plus, la formation référentielle vise avant tout des valeurs qui ont cours dans la communauté, qu'elles soient éthiques, esthétiques ou ontologiques. La manière de rendre compte de ces valeurs dans le débat importe d'autant plus qu'elle fonde la crédibilité de la critique.

Avec l'esquisse des cadres intentionnels, nous comprenons mieux les différences entre chaque pacte, tout en saisissant qu'ils se situent au même niveau de réflexion générique. Il s'agira dès lors de se centrer sur le lyrique.

*
* *

En tant que structurations discursives, les pactes ont un rapport dominant dans certains genres littéraires. Il est évidemment artificiel de classer systématiquement un genre par rapport à un pacte, car chaque texte compose avec le lyrique, le fabulant et le critique. Il est néanmoins possible dans l'histoire des genres de trouver des récurrences et des éloignements par rapport aux dominantes. On serait tenté de créer des identités qui associeraient le lyrique à la poésie (post-)romantique, le fabulant au roman réaliste ou au drame classique, le critique à l'essai. Nous aimerions montrer que les associations génériques ne sont pas si simples.

Si nous considérons par exemple le cas de la poésie, il paraît clair qu'historiquement elle n'a pas toujours été orientée par le cadre intentionnel lyrique. Depuis le romantisme, les poètes ont certes favorisé cette dominante, mais nous trouvons aux XIXe et XXe siècles de nombreuses œuvres poétiques qui sont minimalement, voire nullement, lyriques. En comparant trois textes qui nous paraissent régis par trois dominantes différentes, nous pourrons percevoir les enjeux de la distinction entre le questionnement des pactes et celui des genres littéraires. Ainsi, *Le Grand Combat* d'Henri Michaux pourrait actualiser le cadre lyrique :

Il l'emparouille et l'endosque contre terre ;
Il le rague et le roupète jusqu'à son drâle ;
Il le pratèle et le libucque et lui barufle les ouillais ;
Il le tocarde et le marmine,
Le manage rape à ri et ripe à ra.
Enfin il l'écorcobalisse.
L'autre hésite, s'espurdrine, se défaisse, se torse et se ruine.
C'en sera bientôt fini de lui ;
Il se repise et s'emmargine... mais en vain
Le cerceau tombe qui a tant roulé.
Abrah ! Abrah ! Abrah ! [...][10]

Dans ce poème — sur lequel nous reviendrons —, nous voyons le cadre intentionnel lyrique particulièrement activé. Tout en respectant les règles syntaxiques, ce texte donne à sentir, par ses néologismes, par le rythme et la coloration, un combat. L'intrigue n'a que peu d'importance, même s'il s'agit de mettre en scène des actions. Cette empoignade est davantage vécue sous l'angle du pâtir, de la mise en forme affective. Le pacte lyrique semble intuitivement dominant.

Lorsque nous lisons *Une Vie ordinaire* de Georges Perros, nous nous confrontons la plupart du temps à des poèmes autobiographiques qui se placent dans un cadre fabulant :

Elle avait
du goût pour ce genre Un beau soir
elle m'invita dans sa chambre
du côté des Champs-Elysées
Elle était très belle Roumaine
et je savais qu'elle avait eu
pas mal d'amants assez connus
l'un d'entre eux m'était des plus chers
Nous nous couchâmes sur le lit
tout habillé Je l'embrassai
de toute ma barbe Soudain

quelle froideur dessous ses fesses
rompit mes élans...
J'en ai gardé bon souvenir[11]

L'extrait ci-dessus illustre ce que peut être une mise en intrigue poétique. Avec sa ponctuation, ses blancs et ses mètres, ce texte versifié a les caractéristiques d'un poème, alors qu'il met en scène l'histoire d'un souvenir. Certes, il y a des enjeux affectifs dans la narration et la configuration générale, mais la mise en forme semble avant tout celle de l'intrigue du pacte fabulant.

Il est également possible de trouver des poèmes dont la dominante est critique. Les arts poétiques et les poèmes «engagés» actualisent fréquemment ce cadre intentionnel. Nous allons prendre deux exemples pour illustrer cette dominante. Tout d'abord, un petit poème en vers de Jacques Prévert :

Vous allez voir ce que vous allez voir

Une fille nue nage dans la mer
Un homme barbu marche sur l'eau
Où est la merveille des merveilles
Le miracle annoncé plus haut ?[12]

Ce texte met avant tout en jeu une confrontation entre les plaisirs terrestres incarnés par la jeune fille et le dogme religieux figuré par le Christ. Le doute que pose l'interrogation finale oriente le lecteur vers une valorisation des charmes féminins : le miracle et le sacré pourraient relever de la nageuse plutôt que de l'«homme barbu» qui marche sur l'eau, fût-il le fils de Dieu. Le lien contextuel avec les autres poèmes du recueil confirme cette orientation.

Un poème en prose de Norge se calque sur l'entrelacement des structurations critique et fabulante :

Un mariage

Un garçon comme ça se rencontre rarement : bon comme le pain, vif comme la poudre, fort comme un Turc, doux comme un mouton. Et une fille comme ça : belle comme le jour, fraîche comme la rose, pure comme l'or se rencontre rarement. Eh bien, ils se rencontrèrent. Ils ont une fille laide comme un pou et un vie bête comme chou.[13]

Ce poème, proche de la fable, se développe à partir d'une série de comparaisons lexicalisées, qui conduit à une opposition majeure entre le potentiel des fiancés et la réalisation des mariés. La morale concerne non seulement les affres de la généalogie, mais remet également en question la causalité populaire dans les affaires amoureuses.

Ces exemples montrent combien il est périlleux de réduire un pacte à un genre. Or, ce qui est observable pour la poésie l'est également pour le roman ou le drame. Il suffit de comparer la *Fête des arbres et du chasseur*[14] de René Char avec le *Dom Juan* de Molière ou l'*Entretien entre d'Alembert et Diderot*. De manière plus large, il est également possible de se demander si la structuration des autobiographies relève davantage de la mise en intrigue que de la mise en critique : l'enjeu de la configuration générale est-il de montrer un destin à travers une série d'actions ou de (re)valoriser certains actes de son existence ? Ces questions restent insolubles tant qu'on s'en tient à une vision poéticienne qui traiterait des genres *in abstracto*. En revanche, elles deviennent pertinentes par rapport à des séquences ou à l'intégralité d'un texte, lorsqu'on veut indiquer les éléments majeurs de sa structuration discursive. Comme le pacte n'est qu'une dominante du texte, les discussions peuvent néanmoins demeurer infinies. En observant les *Rêveries du promeneur solitaire* de Rousseau, d'aucuns souligneront davantage l'intrigue, d'autres la critique, certains la mise en forme affective. Le statut ouvert de la dominante implique ce caractère fluctuant, qui ne peut être résolu que par des accords intersubjectifs.

2. PHÉNOMÉNOLOGIE DE L'AFFECTIF

Le travail sur l'identité générique du pacte nous a permis de poser la définition, l'effet global et d'esquisser le cadre intentionnel du lyrique. Il s'agit à présent de développer les caractéristiques de ce type de discours. Notre qualification du lyrique s'établit avant tout sur la notion d'affectif, tant du côté de la mise en forme (car il s'agit d'une mise en forme affective) que de celui de l'expérience radicale (celle du pâtir). Nous devons donc définir clairement ce qu'engage ce terme. Pour cela, nous nous fondons sur la tradition phénoménologique et sur l'anthropologie philosophique qu'elle établit. Ce courant s'est en effet particulièrement intéressé à cette question et il nous semble qu'il l'a fait de manière rigoureuse, tout en se distinguant des perspectives psychologiques ou psychanalytiques qui traitent des affects. Nous accordons une place importante à ce développement philosophique dans la mesure où il est un pilier de notre étude et permet de fonder notre approche opératoire des textes, car si, comme le dit Ricœur, on ne peut comprendre le récit sans une phénoménologie de l'action, on ne peut saisir le lyrique sans une phénoménologie de l'affectif.

Nous ne voulons pas réduire la pluralité de la phénoménologie à un champ homogène qui poserait de façon univoque l'affectif. Tous les grands penseurs de ce courant ont traité de cette question avec des présupposés communs, mais leurs pensées aboutissent parfois à des considérations différentes. Il suffit de comparer les théories du sujet transcendantal chez Edmund Husserl avec celles du *Dasein* chez Martin Heidegger pour se rendre compte de cette complexité. Nous tenons néanmoins à proposer *une* phénoménologie de l'affectif pour construire le lyrique. Loin de nous égarer dans les subtiles observations d'un historique du mouvement, nous préférons élaborer à partir de cette tradition une construction personnelle de ce que nous entendons par affectif. Cela vient notamment du constat qu'aucun penseur ne dit exactement ce que nous voulons poser et que la pensée d'un phénoménologue nourrit celle de l'autre. Ainsi, nous ne réduirons pas la notion d'affectif à la perspective d'un seul philosophe, mais choisissons de la composer en dialogue avec les penseurs qui ont traité de cette question. Nous essaierons de le faire avec le plus de rigueur possible, en étant conscient des écueils que cette démarche implique.

La question de l'affectif a été largement occultée par la tradition philosophique au profit de systèmes fondés sur la raison. Fréquemment relégué métaphoriquement dans l'obscurité et signant les troubles de la conscience, ce domaine a été pour tout un mouvement métaphysique le contrepoint à la pratique et à la connaissance du vrai, du beau, du juste et du bien. Cette dévalorisation a laissé en suspens une approche anthropologique approfondie de l'affectif. La pensée existentielle, notamment celle de Kierkegaard[15], est certes centrée sur cette problématique, mais n'aboutit pas à une véritable anthropologie. C'est avant tout par les développements de la psychanalyse que l'affectif s'est trouvé au cœur d'un questionnement sur le sujet. Partant d'un constat de malaise (subjectif et social), Sigmund Freud a montré combien la vie affective est structurante de la construction psychique. Toutefois, si la psychanalyse a démontré le rôle central de l'affectif dans la constitution, elle n'a pas posé ses bases anthropologiques par rapport à l'être-au-monde. Elle présuppose en fait certaines positions philosophiques traditionnelles — sans toujours les discuter — dans sa conception du sujet, du corps et de leur relation à l'altérité[16]. C'est à partir d'elles qu'elle établit une certaine logique de l'affectif. Or, la phénoménologie modifie de manière profonde ces conceptions, en se centrant sur une nouvelle anthropologie philosophique. Par ces termes, nous renvoyons à la distinction établie par Kant entre «anthropologie au point de vue physiologique» (qui englobe la biologie, la psychologie cognitive) et l'«anthropologie au point de vue pragmatique» qui s'interroge sur ce qui constitue par nature l'homme en tant que citoyen de l'univers. Conduisant à nouveau cette distinction, Otto-Friedrich Bollnow soumet une question pour guider la démarche anthropologique : «Quelle doit être la nature de l'homme dans sa totalité pour qu'un phénomène donné dans la réalité de la vie puisse y être saisi comme élément censé indispensable ? »[17].

De manière générale, la phénoménologie considère l'affectif comme un fondement de notre être-au-monde. Il est considéré comme le « sol » sur lequel s'appuient la perception, l'action, la connaissance objective, les considérations morales et religieuses. C'est en effet à partir de l'affectif qu'est mise en jeu la réceptivité de la prédonation du monde ou de l'être. Dès lors, toute forme de direction dans la sensibilité, l'entendement ou la raison s'articule autour de lui. Il est le lieu premier de la rencontre de soi avec l'altérité et le monde.

La phénoménologie s'intéresse à cette question sous trois perspectives : l'affection esthésique, les tonalités affectives et l'affectivité. La première désigne une tradition plutôt husserlienne qui s'interroge sur les rapports de « réceivité » entre la corporéité, la sensibilité et le monde prédonné dans la constitution du sujet. Les pensées de Maurice Merleau-Ponty[18] et d'Erwin Straus[19] pourraient se situer dans cette perspective. Issues de la tradition heideggerienne sur la *Befindlichkeit*, les réflexions traitant des tonalités affectives (*Stimmungen*) s'intéressent à la coloration, au filtre humoral (angoisse, euphorie) qui prédispose le *Dasein* dans sa relation à l'être et au monde. C'est dans cette perspective que s'inscrit l'étude d'Otto-Friedrich Bollnow. Quant à l'affectivité, elle concerne la première saisie de soi, la fondation de l'*ipséité*. Elle engage une réflexion sur l'auto-affection de soi qu'on retrouve chez les auteurs susmentionnés.

Dans la tradition phénoménologique, ces trois perspectives sont fréquemment en tension, notamment lorsqu'il s'agit de déterminer les éléments premiers de l'affectif[20]. Le thème de l'origine est en effet le lieu de nombreux débats : le comprendre précède-t-il l'appartenance sensible au monde ? L'auto-affection n'est-elle pas préalable à toute tonalité affective, à toute affection esthésique ? Avec ce thème, la tradition phénoménologique semble se morceler en plusieurs approches. Même si les présupposés restent proches, les considérations sur la primauté dans la constitution divergent. Toutefois, certains phénoménologues ont proposé des points de passage entre ces courants. Ainsi, Merleau-Ponty s'achemine-t-il dans *Le Visible et l'invisible* vers une ontologie de la chair. Bollnow insiste dans son anthropologie sur le lien entre les tonalités affectives et la réceptivité esthésique :

> Les états corporels sont d'une importance extraordinaire pour la tonalité affective. Les troubles du bien-être corporel et leur élimination influent immédiatement sur l'« état de tonalité affective... », même si celui-ci ne dépend pas simplement du bien-être corporel ; de son côté, la tonalité affective [...] a aussi ses répercussions sur l'état du corps.[21]

Ces deux auteurs rapprochent avec prudence dans l'ordre de l'affectif ce qui paraissait scinder la phénoménologie transcendantale et la *Daseinanalyse*.

Pour notre part, nous ne nous interrogerons pas sur ce qui est originaire dans l'affectif, mais nous en resterons à un ensemble d'interactions qui nous paraît le fondement de la vie psychique. Cela implique de mettre en relation des théories qui ne sont pas contradictoires, mais complémentaires. Nous partons en effet du présupposé que *le corps (se) sent et (se) comprend affectivement*, entrelaçant les approches ontiques et ontologiques. L'être-au-monde, l'ipséité et peut-être l'intersubjectivité s'inscrivent dans un même moment esthésique et «ekstatique». Nous posons ce présupposé dans le but de parvenir à un concept cohérent et clair, sans pour autant simplifier le propos. Ce concept doit en effet avoir une opérativité suffisante pour approcher les textes. Il est d'ailleurs intéressant de constater que lorsque l'«affectif» est utilisé de façon opératoire par les phénoménologues, il concilie les tensions issues de la spéculation théorique. C'est le cas par exemple chez Ludwig Binswanger et dans la psychiatrie phénoménologique. Dans ce domaine, les visions théoriques ont montré des preuves d'efficacité. Or, il apparaît que la question de la primauté a été délaissée au profit d'une compréhension globale de l'affectif : le corps, l'ouverture de l'espace et du temps, l'appartenance, les tonalités se complètent dans l'étude des psychopathologies. Nous aimerions arriver à une telle opérativité de l'affectif dans le champ littéraire. Pour cela, nous procédons à un cheminement de chaque perspective, puis à une saisie globale du concept.

a) Le sentir et la chair

Les développements d'Erwin Straus et de Maurice Merleau-Ponty sur l'affection esthésique nous paraissent particulièrement intéressants. Ils poursuivent les développements d'Husserl qui pose l'affection après réduction des jugements réflexifs, des actions et de la perception[22]. Elle correspond à une dimension «préréflexive» qui instaure un lien premier et global avec le monde. Elle est une réceptivité initiale qui fonde notre constitution. L'affection esthésique est la première évidence phénoménologique, mais qui reste difficile à décrire avec le langage métaphysique — engageant alors le paradoxe. Straus et Merleau-Ponty s'inscrivent dans cette perspective en approfondissant et en modifiant certains points. Ils lient également leurs réflexions aux recherches de Binswanger et aux tonalités affectives.

Du Sens des sens est l'ouvrage de Straus d'où nous tirons principalement le concept du «sentir». L'auteur dégage deux moments dans la constitution : le *moment gnosique*, qui vise et tente de révéler réflexivement les propriétés de l'objet (perception, connaissance), et le *moment pathique* où sujet et monde sont sur un mode de participation, de co-appartenance. Le moment pathique, celui de l'affection esthésique, fonde d'après lui la subjectivité humaine. Il prend ainsi le contre-pied d'une tradition issue des présupposés cartésiens, qui distingue l'objet du sujet, le corps de l'esprit, la *res extensa* de la *res cogitans*. Avant tout *cogito*, il y une relation affective au monde, il y a un être-en-devenir dans l'espace et le temps. Le corps sentant se meut dans l'*ici et maintenant* de l'expérience. Cette étape précède toute connaissance du corps perçu et objectivé. Le sujet pathique est en deçà d'un sujet psycho-physiologique ou d'un sujet transcendantal. La douleur sert d'exemple à l'auteur :

> Lorsque nous éprouvons une douleur, il nous arrive quelque chose. Celui qui éprouve de la douleur n'est certainement pas une observateur calme qui reçoit des impressions dans un état de passivité intéressée, car tout en lui se met en mouvement ; le monde l'assaille et menace de l'écraser. Sentir une douleur signifie toujours pour quelqu'un faire l'expérience vécue immédiate d'une perturbation dans sa relation avec le monde.[23]

En prenant position par rapport aux présupposés cartésiens, Straus va également à l'encontre des objectivistes. Ces derniers donnent d'après lui une confiance naïve aux *data* sensoriels. Par une démonstration minutieuse, il défait les points d'ancrage inadéquats qui régissent les théories sensualistes, atomistes, cognitives des *stimuli* et des mouvements. Sans entrer dans le détail de ce renversement critique qui occupe quelques centaines de pages, nous décrivons directement les enjeux du sentir.

La dimension pathique est une relation d'*immédiateté* au monde. Sujet et objet sont indivis, en appartenance, sans médiation réflexive. Ainsi, il n'y a ni intériorité ni extériorité, ni apparence ni essence : «il y a» — *es gibt* —, et cela institue la première affection. Celle-ci passe par le corps, dans la mesure où il est sentant et non perceptif. La perception implique en effet une visée objectivante qui réduit le sentir au profit de la connaissance. Dans le pathique, le rapport d'immédiateté s'actualise en permanence. Le sujet est ancré dans le «maintenant», qui n'a aucun contenu statique et appartient à la totalité en présence. En outre, pour Straus, ce temps «ne caractérise pas... un moment objectif et général comme tel, mais bien chaque moment comme étant le mien»[24]. Le *maintenant* du sentir souligne une relation au monde comme devenir.

Le sentir constitue une compréhension immédiate de phénomènes *expressifs*, à partir d'un monde commun. Ces phénomènes suivent toujours le contexte du mouvement et de son orientation téléologique. En cela, ils se distinguent des signes isolés qui objectivent de manière fixe un concept. Dans le pathique, il n'y a pas encore saisie de l'objet et de ses propriétés. Prises dans leur orientation, les expressions adoptent les directions générales de l'union et de la séparation qui organisent la compréhension pathique. En effet, tout mouvement est orienté par le rapprochement ou l'éloignement, dans des tonalités fondamentales. La compréhension reste immédiate et réactive face aux indices expressifs, ce qui n'enlève rien à la complexité de ce qui est en jeu. Comme le remarque Straus, il est difficile de décrire avec précision ce qui se passe dans l'affection douloureuse. Cette difficulté tient sans doute au fait que le système de communication commun — avant tout réflexif — correspond mal à l'immédiateté et aux nuances du sentir. La compréhension pathique est d'après l'auteur «prélogique», «antéprédicative», «alinguistique». Nous reviendrons plus bas sur ces qualifications, mais nous mentionnons d'emblée qu'elles ne correspondent pas en tant que telles à notre démarche. D'après nous, le pathique ouvre une autre logique que la logique traditionnelle; il instaure des rapports prédicatifs différents, mais n'est pas pour autant «antéprédicatif» ou «alinguistique». Chez Straus, la compréhension échappe surtout à la causalité logique traditionnelle ou à la clôture des concepts. Ainsi, le ton, le débit, les répétitions, les rythmes font sens dans le sentir, alors qu'ils ont une incidence moindre dans une attitude réflexive. Dans le pathique, la compréhension du monde se fait «empathique», orientant les mouvements soit vers le pôle de l'union soit vers celui de la séparation. L'em-pathie n'est pas à confondre avec la «symbiose», comme le précise Straus :

> Le sentir est donc une expérience d'empathie. Il est orienté vers les caractères physiognomiques de ce qui est attrayant ou effarouchant. Il a les caractères de l'expérience de la «communion» et de «l'éloignement». Rien n'est plus éloigné de ma conception que d'interpréter l'empathie du sentir de façon sentimentale comme étant l'expression d'une harmonie universelle. L'empathie est le concept le plus large qui englobe à la fois les actes de séparer et de réunir, ceux de fuir ou de suivre, l'effroi et l'attrait qui inclut donc aussi bien le sympathique que l'antipathique.[25]

Retenant les remarques de Max Scheler[26], Straus ne confond pas l'empathie avec la fusion affective. Le sentir maintient constamment la rencontre avec l'altérité, les limites et l'horizon. Le sujet sentant s'éprouve certes comme partie du monde, mais en même temps il se meut en lui. Cette conciliation est possible grâce à la «perspective» donnée par l'accord empathique. De cette manière, il se forme un espace-temps constitué de tonalités particulières : «Tout ce qui est clair, spacieux, frais et alerte — l'*allegro* du langage musical — exerce sur nous un effet libérateur. [...] Au contraire, tout ce qui est sale et visqueux adhère à nous et réduit notre liberté vitale.»[27] Cette image de l'*allegro* musical renvoie, comme nous le verrons, l'esthésique aux tonalités affectives.

Pour distinguer la compréhension empathique de la compréhension conceptuelle, Erwin Straus emploie la comparaison du paysage et de la géographie. Avec le comparé implicite de l'espace, il pose le sentir comme appartenance du sujet au monde. Le paysage possède un horizon, un relief, il implique une situation, avec des faces cachées. Le sujet adhère à cet espace dans lequel il se meut et qui se modifie avec son mouvement. Il est toujours dans une relation d'ensemble. C'est pourquoi l'expérience du paysage peut être rapprochée de celle du pathique. La géographie, en revanche, engage une élévation de la conscience qui fixe un système abstrait, universel et absolu de coordonnées. Il n'y a ni ancrage situationnel ni horizon. La géographie ordonne un espace et un temps objectifs, qui renvoient à une compréhension conceptuelle du monde. Or, les concepts arrêtent des significations univoques, détachées du moment de leur apparition. Ils visent l'en-soi et les propriétés des objets. Ils deviennent identifiables, reproductibles et généraux, contrairement au pathique dont le sens donne le monde *pour moi*, c'est-à-dire un monde particulier, unique et lié à ma perpective.

Pour Straus, paysage et géographie servent également à distinguer le sentir de la perception. D'après lui, «le monde de la perception est un monde de choses avec des propriétés fixes et changeantes dans un espace et un temps objectif et universel. Cet espace n'est pas donné originellement. L'espace du monde de la sensation est plutôt à celui de la perception comme le paysage est à la géographie.»[28] La perception possède en effet une structure intentionnelle réflexive qui objective les choses. C'est pourquoi elle scinde le sujet du monde.

Le paysage correspond à l'espace-temps d'un être en mouvement. Il articule sujet et objet selon la perspective, offrant ainsi une direction, une cohésion et une limite dans un horizon ouvert. Dès lors, les gestes se suivent, partis d'un mouvement révolu et préfigurant un mouvement futur. Dans cette dimension, le mouvement en soi n'existe pas, il est pour moi, dialectique de l'*ici* et du *là*. Il participe à un espace-temps pathique qui se différencie de celui de la psychologie physiologique traditionnelle[29]. Loin d'être homogène, définitif, le premier est accordé à la cohésion hétérogène du *maintenant*. Le pathique ressemble à l'expérience du glissement selon Straus : il est durée, sans halte, confirme ce qui précède et anticipe ce qui suit. Il n'est pas un espace mesurable, comme l'espace euclidien ni un temps morcelable comme celui de l'horloge. Le sujet sentant devient avec le monde sans l'objectiver. Les sensations ont néanmoins une orientation qui peut se rapporter à celle de la fusion ou du rejet.

Le concept de «chair» de Maurice Merleau-Ponty[30] est proche de celui du «sentir» de Straus, car il désigne également l'affection esthésique qui entrelace sujet et objet, existence et essence. Le philosophe français part du fait que le corps a deux feuillets : d'une part, il est sentant (voyant, touchant) par le truchement des sens, d'autre part, il est sensible (visible, tangible), appartenant au monde qu'il parcourt. L'articulation de ces deux feuillets constitue la chair. D'après Merleau-Ponty, celle-ci n'est ni matière, ni esprit, ni substance, elle est «l'enroulement du visible sur le corps voyant, du tangible sur le corps touchant, qui est attesté notamment quand le corps se voit, se touche en train de voir et de toucher les choses, de sorte que simultanément, *comme* tangible il descend parmi elles, *comme* touchant il les domine toutes et tire de lui-même ce rapport, et même ce double rapport, par déhiscence ou fission de sa masse»[31]. La chair a cette double appartenance d'être chose parmi les choses et d'être celle qui s'affecte dans le monde. Elle incorpore le sujet au sensible, ce qui lui permet d'«habiter»[32] l'épaisseur des sensations.

Merleau-Ponty semble relier la chair aux tonalités affectives lorsqu'il prétend que le *regard* perceptif fixe l'objet, alors que le voir du sujet sentant-sensible «erre alentour» de la chose en reprenant une existence «atmosphérique»[33]. Cette atmosphère affective n'est pas chaos ou contingence, elle est une «épaisseur» de l'être-au-monde, de l'être du monde[34]. Or, pour Merleau-Ponty, l'épaisseur n'est pas uniquement éloignement, elle est également lien, rapprochement aux choses. Elle correspond à un moyen de communication, non simplement à un obstacle. De fait, ce moyen de communication adopte deux orientations radicales : celle de l'approche et celle de l'éloignement. Nous retrouvons les mouvements de l'affection en lien avec une double tonalité.

Maurice Merleau-Ponty envisage les orientations dans un rapport à l'ontologie, car d'après lui la chair est un «élément de l'Être». C'est dire qu'elle est «une *chose générale*, à mi-chemin de l'individu spatio-temporel et de l'idée, sorte de principe incarné qui importe un style d'être partout où il s'en trouve une parcelle»[35]. La chair est ouverture d'un espace-temps au fondement de la facticité, du *il y a*. Elle permet également la première saisie de l'ipséité et de l'altérité, ainsi que de l'intercorporéité. Pour qualifier le sens de la chair, Merleau-Ponty emploie les expressions judicieuses d'un «style d'être» et surtout d'une «cohésion sans concept». Nous retrouvons le glissement logique dont traitait Straus, mais développé d'une manière qui rassemble davantage le sentir et l'idée dans une ontologie. Comme il l'écrit, il y a un lien entre la chair et l'idée, car cette dernière «n'est pas le contraire du sensible, qui en est la doublure et la profondeur»[36]. L'idée dont parle l'auteur donne des axes, une profondeur, des limites à l'espace et au temps, sans être étrangère à la chair. La cohésion sans concept marque une alliance du visible ontique et de l'invisible ontologique. La compréhension affective est ainsi lacunaire, elliptique, et ne peut être confondue avec une pensée positive. L'idée permet dès lors l'articulation du sentir et du sens. Par ce rapprochement, Merleau-Ponty souligne la saisie propre au pathique.

Toutefois, les réflexions sur le corps-en-mouvement peuvent être enrichies par la théorie des tonalités affectives, car cette dernière détaille les colorations liées aux orientations de l'affection esthésique.

b) Les tonalités affectives

Martin Heidegger a repris le terme de *Stimmung* à la tradition romantique allemande (Novalis, Hölderlin). Il travaille cette notion dans son analytique du *Dasein* en lien avec l'ouverture ontologique. Ce terme est généralement traduit par «tonalité affective»[37], ce qui rend bien les idées musicales d'accord, de ton, de résonance, d'unisson qui l'accompagnent. Les phénoménologues composent d'ailleurs souvent des concepts en dérivant sur le mot (*gestimmt, abgestimmt, übereinstimmung, Gemütsstimmung, verstimmen, bestimmt*...). La traduction par «coloration affective» est également intéressante dans la mesure où elle fait comprendre instantanément que la *Stimmung* agit comme un filtre dans la constitution de la réalité. Heidegger place en effet les tonalités affectives dans l'ouverture au monde du *Dasein*, dans sa situation ontologique première, celle de la *Befindlichkeit*. Utilisant le double sens de ce terme, il marque à la fois le côté topique de «se-trouver-en-situation» et le côté humoral de «se-sentir-dans-telle-disposition». La *Befindlichkeit* correspond à l'affectif dans son sens général. Elle désigne l'ouverture de l'espace-temps dans laquelle l'homme peut se mouvoir et s'orienter dans la perspective tonale qui délimite ses possibles. Avec Heidegger, l'affectif occupe une position privilégiée dans l'origine de la révélation ontologique. C'est pourquoi il insiste fortement pour distinguer les tonalités affectives des sentiments (regroupant les états d'âme, les passions ou les humeurs ontiques). Liées à la *Befindlichkeit*, les tonalités «accordent» la relation sujet-monde, sa situation et son horizon avant toute action, toute saisie réflexive. Elles prédisposent le *Dasein* dans son appropriation de l'être, dans ses premières affections et dans son auto-affection. La *Befindlichkeit* marque la découverte d'être-jeté dans le monde, d'être-au-monde et d'être concerné par la rencontre qui a lieu :

> La [*Befindlichkeit*] ne découvre pas seulement le *Dasein* dans son être-jeté et son être-relié au monde chaque fois découvert avec son être, elle est elle-même le genre d'être existential dans lequel le *Dasein* se livre constamment au « monde », où il se laisse concerner par lui mais de telle sorte que cela s'esquive en quelque façon devant lui.[38]

Les sentiments n'exercent pas ce rapport ontologique. Ils se développent dans le prolongement des tonalités, mais relèvent avant tout de la subjectivité. Ils sont en effet dans un rapport *intentionnel* avec les objets, fixant des déterminations sur le monde et réagissant à certaines de ses propriétés. Comme ils sont dans des visées précises, les sentiments n'ont pas la constitution « atmosphérique » des tonalités. Dès lors, nous pouvons dire que les sentiments sont à l'affectif ce que la perception est au sentir. Ils sont sentiment *par rapport* à quelque chose, dans un face-à-face déterminé du sujet et de l'objet. Alors que « les tonalités affectives proprement dites se distinguent... par le fait qu'elles représentent un état fondamental, traversant uniformément l'homme tout entier depuis les couches inférieures jusqu'aux plus élevées, état qui donne à tous ses mouvements une certaine coloration particulière. »[39]

Otto-Friedrich Bollnow travaille le concept de *Befindlichkeit* sous la perspective d'une anthropologie philosophique. Son apport consiste avant tout à proposer des classifications des tonalités et à décentrer l'affectif de la tonalité angoissée sous laquelle l'a placé Heidegger[40]. Bollnow distingue également les tonalités des sentiments, dans la mesure où les premières pénètrent entièrement l'homme en donnant à « son activité psychique un certain style : un certain rythme... et une coloration propre »[41]. Les sentiments ne se développent qu'à partir du thème régulier des tonalités, qui délimitent les champs d'expériences possibles. Elles ouvrent un horizon qui favorisent certains vécus et en exclut d'autres, parce qu'ils ne sont pas compatibles. Si, par exemple, la tonalité déprimée domine, il paraît difficile de se livrer à la communion insouciante des danses festives. Les rapports au temps et à l'espace s'adaptent à la coloration, déterminant ainsi les rapports à soi, aux autres et au monde. En cela, les tonalités affectives ne sont pas en elles-mêmes des troubles de la conscience ; elles sont avant tout des modes d'être-au-monde. Elles constituent une approche de *ce qui est là* dans une compréhension affective globale.

Liées à la *Befindlichkeit*, les tonalités instaurent un rapport d'immédiateté, d'instantanéité dans la saisie de la réalité. La distinction sujet-objet n'intervient pas. Elles marquent l'accord dans une situation identique à celle du sentir. L'instant réactive l'horizon passé (vécu) et l'horizon futur (projeté) dans l'articulation du maintenant. Le passé est un «agent du présent» qui s'insère dans celui-ci pour le soutenir ou l'entraver. L'avenir est contenu dans le présent comme projet, désir. L'instant n'existe pas en tant que tel, isolé, mais toujours en rapport avec les dimensions du passé et du futur. Si ces éléments interviennent dans la structure profonde des tonalités affectives, ces dernières n'en possèdent pas moins des différences notables dans la formation de l'espace-temps. Elles ne livrent pas toutes le même filtre et le même *tempo*. L'homme serein et l'homme angoissé ne vivent pas le rapport à soi et à l'altérité de la même façon. Comme le note Ludwig Binswanger, «la joie de quelque chose a un tout autre *tempo* immanent à l'expérience de la douleur de quelque chose, [...] à quoi s'ajoutent dans chaque cas particulier de très grandes différences selon le genre du quelque chose.»[42] Le temps vécu n'engage pas des contenus homogènes, même s'il se fonde sur l'instant. Il accélère ou ralentit selon le genre de tonalité et d'expériences. L'espace vécu subit lui aussi des variations entre le large et l'étroit, entre le solide et le friable. C'est pourquoi il convient de détailler les tonalités et les différences de coloration, de rythme qu'elles engagent.

Comme pour le pathique, nous posons deux pôles d'orientation : les tonalités de l'union et celles de l'étrangeté. C'est à partir de ces orientations, qui sont en lien, que nous précisons quelques traits des tonalités fondamentales. L'orientation de l'union implique un rapport confiant au monde. L'homme se sent relié à un espace qu'il peut habiter de manière stable. L'union marque le lieu de la familiarité, de la proximité avec les choses et avec soi. Le monde ressemble à une vaste demeure dans laquelle l'homme peut s'épanouir. L'orientation sympathique parcourt un espace ouvert, solide, un temps régulier et agréable. L'impression est donnée d'un ordre implicite des éléments avec lequel l'homme est en complicité. Parfois symbolisées par l'imaginaire paradisiaque, les tonalités de l'union interagissent de manière heureuse avec la prédonation du monde. Il y a une entente radicale et l'homme sent qu'il a sa place. Il saisit affectivement ses possibles comme des épanouissements. Dans le pathique, l'union renvoie à la quiétude, à l'expansion, au repos, à la clarté, à la douceur. En contrepoint, les tonalités de l'étrangeté impliquent un souci existentiel. Le monde est senti comme antipathique, dans un rapport d'écart et de séparation. L'étrangeté engage des expériences de tension, de lutte, voire d'abattement. Le sol se fragilise, les espaces se réduisent, le monde devient écrasant. La complicité avec celui-ci n'a pas lieu. S'installent alors des rapports de défiance et de méfiance. Le temps est vécu comme un fardeau et l'avenir est envisagé comme un danger ou une impasse, car le devenir lui-même est rendu plus difficile. Fréquemment ressentie comme hostile, l'altérité est source de rejet, de dégagement ou d'agressivité. Les atteintes du monde sont le signe d'une inadaptation radicale, qui sème un certain déséquilibre, symbolisé notamment par la chute. Dans le pathique, ces tonalités impliquent des expériences du resserrement, de l'obscurité, de la rugosité, de la douleur, de l'inquiétude, de l'effort.

Ces deux orientations sont opposées, mais il convient de les concevoir comme les pôles d'un *continuum* à partir duquel peuvent s'établir les tonalités affectives. Nous ne pensons pas qu'un classement précis soit adapté à notre étude. Nous ne retenons que les tonalités profondes qui régissent l'affectif[43]. Cela permet d'envisager les horizons et les situations qu'elles ouvrent. Afin de les illustrer, nous citons quelques textes poétiques ancrés dans ces tonalités. La pensée existentielle a particulièrement bien détaillé les tonalités de l'étrangeté. Elle s'est notamment concentrée sur l'angoisse et le désespoir. Nous reprenons certaines analyses, tout en apportant quelques modifications. Dans l'étrangeté, nous posons deux orientations principales : les tonalités angoissées et les tonalités dysphoriques (nostalgiques et mélancoliques). Pour les décrire, nous employons des qualificatifs courants qui désignent le contenu de certaines expériences vécues sous leur filtre.

Les *tonalités angoissées* marquent une étrangeté au monde. Liées à l'insécurité, à l'instabilité, elles signent l'effondrement des repères. Le sol commun semble se disloquer et les sensations de vertige, d'oppression apparaissent. Les tonalités angoissées provoquent une pluralité de réactions qui vont de l'agitation à la frénésie, de la fuite à la syncope. Les expériences de l'espace et du temps en sont caractéristiques. L'avenir est senti comme un champ infini de possibles, indéterminé, qui a une coloration menaçante. Le passé engage un fardeau, mais c'est surtout la projection en avant qui est problématique dans le maintenant. Ce qui est à venir adopte les figures du danger, de l'attraction pour le néant. Le *tempo* angoissé est typiquement rapide, en *crescendo*. Ces éléments correspondent aux phénomènes corporels qui se manifestent en état d'angoisse : agitation intellectuelle, confusions, vertiges, sensation de constriction, de resserrement de la région épigrastrique, accélération du rythme cardiaque et de la respiration. Dans ce type de tonalités, tout atteinte rétrécit finalement les possibilités du devenir, engageant parfois des réactions de panique. Le texte de Jean Tardieu intitulé *Exorcismes* donne à sentir la confusion propre à cet état :

> Un seul je suis, je veux être un et je suis toutes choses
> un seul je vais à ce miroir et ne vois rien

> qui porte un nom, mon nom je ne vois rien
> qu'un toit de zinc un arbre aux yeux de loup
> un meuble sournois et cruel une vitre
> par une branche heurtée, ou simplement
> une qualité d'air une couleur
> une vibration du silence
> comme si tout était là depuis toujours sans moi...[44]

Les *tonalités dysphoriques* quant à elles désignent des filtres qui impliquent peu de mouvements dans le temps et l'espace. Elles vont des tonalités nostalgiques aux colorations mélancoliques. Il est possible de regrouper sous les premières les expériences qui marquent une légère étrangeté. Mêlant des sentiments de regret, de peine, de perte et de chagrin, les modalités nostalgiques correspondent à une faible dépression. L'homme se trouve dissocié de lui-même et de l'altérité, sans pour autant se sentir totalement séparé. Les temps passés activent le *maintenant* d'une absence, qui devient prédominante. L'horizon se couvre d'impossibilité à aller de l'avant, par la crainte de la différence, par la charge trop lourde d'un bien-être révolu. Les espaces projetés se réduisent, mais la confiance n'est que peu mise à mal. De nombreuses élégies mettent en forme cette tonalité :

> Notre histoire est noble et tragique
> Comme le masque d'un tyran
> [...]
> Passons passons puisque tout passe
> Je me retournerai souvent
>
> Les souvenirs sont cors de chasse
> Dont meurt le bruit parmi le vent[45]

Les tonalités mélancoliques accentuent radicalement cette disposition. Les sentiments de lourdeur, d'abattement, de tristesse marquent une soumission aux événements du monde. Leur temporalité est une exclusion du maintenant, dans la mesure où tout semble figé dans un passé révolu que l'on désire retrouver à l'identique. Elles n'ont de salut qu'à invoquer la part absente par la figure destinale, afin de redonner sens à l'épaisseur injustifiée du monde. Elles engagent une dépossession de soi qui les rend nettement plus aiguës que les tonalités nostalgiques. L'existence est saisie selon un horizon unique, déterminé par une néantisation. L'espace est écrasant, hermétique comme dans la première strophe du *Spleen* de Baudelaire :

> Quand le ciel bas et lourd pèse comme un couvercle
> Sur l'esprit gémissant en proie aux longs ennuis,
> Et que de l'horizon embrassant tout le cercle
> Il nous verse un jour noir plus triste que les nuits.[46]

Le maintenant déprimé n'est que fardeau du passé, sans perspective de changement. Tout semble s'être figé dans une perte irréparable.

L'homme se trouve séparé de lui-même, écarté d'un monde qui lui fait ressasser une même oppression, une même plainte. Le *tempo* est lent, lourd, marqué. Il n'engage quasiment aucun mouvement contrairement à la profusion excessive dans l'angoisse. L'espace-temps n'incite pas aux déplacements, aux désirs, au devenir[47]. Les phénomènes physiques liés à la mélancolie sont bien connus : épuisement musculaire, fléchissement du tonus neuro-psychique, prostration, anaphrodisie.

Les tonalités de l'étrangeté fondent l'éloignement dans l'épaisseur. Toutefois, même si une coloration mélancolique fige une étrangeté au monde, elle n'en détermine pas pour autant le contenu des expériences. Une perspective s'ouvre dans la situation affective comme un filtre. Le contenu d'une agitation anxieuse sera déterminé par les vies psychiques individuelles. En outre, d'aucuns répondront à cette agitation par le repli, d'autres par la violence ou le refus. L'antipathique peut activer de nombreuses réactions, qu'il est impossible de systématiser par rapport à une coloration.

Peu de réflexions existentielles s'intéressent aux tonalités de l'union. En tant que telles, elle semblent en effet impliquer des rapports moins problématiques au monde[48]. Nous posons deux orientations principales dans ce domaine : les tonalités sereines et les tonalités euphoriques. Nous les qualifions à partir de certaines expériences vécues sous leur filtre.

Les *tonalités sereines* engagent une sympathie avec les événements du monde, sous le signe de l'apaisement. Un accord apparaît qui permet le calme, le recueillement, la tranquillité. Avec ces colorations, l'homme a un sentiment de sécurité, qui peut se manifester par une confiance en ce qui est là, présent et à venir. Il a l'impression d'avoir sa place parmi les choses et de s'accomplir. Le *tempo* serein est lent à modéré dans une économie de mouvements. L'espace paraît largement ouvert et clair. Les limites ne semblent point hostiles ; elles sont adaptées au devenir. Elles incitent à aller de l'avant sans frénésie. L'homme se sent présent à lui-même et au monde. Il est ancré dans le maintenant, qui articule de manière harmonieuse un horizon de rétention et un horizon de protention. Passé et avenir sont envisagés selon une perspective d'épanouissement. Les épreuves vécues et les possibles ouverts paraissent s'intégrer à l'orientation. L'homme se trouve ainsi dans une quiétude qui correspond dans le pathique à la douceur, à la légèreté et à la régularité. De nombreuses odes s'inscrivent dans ces tonalités en célébrant le monde. Un équilibre affectif semble en effet trouvé, comme dans ce texte de Philippe Jaccottet :

> La terre tout entière visible
> mesurable
> pleine de temps
>
> suspendue à une plume qui monte
> de plus en plus lumineuse[49].

Les colorations sympathiques peuvent également être plus dynamiques, comme dans les *tonalités euphoriques*. Mêlant joie et ivresse, elles impliquent une communion avec le monde. Celui-ci paraît adhérer totalement aux orientations. Propices à la jovialité, à la frivolité ou à la gaieté, ces tonalités adoptent la plus grande légèreté. Le *tempo* est rapide. L'espace est entièrement ouvert, quasi sans horizon. La perspective devient englobante : tout fusionne dans une identité symbiotique. Les obstacles sont à l'arrière-plan, occultés par la vaste liberté. Le *maintenant* est pleinement senti, parvenant même à réduire le passé et le futur dans un éternel bien-être. La rétention annonce cette félicité et la protention la voit se prolonger. Le temps s'écoule sans heurts. L'insouciance prend le dessus, pouvant aller parfois jusqu'à l'inauthenticité. La légèreté devient alors artificielle et perd son fondement de confiance. Les véritables tonalités euphoriques engagent une communion avec les éléments du monde et avec soi. Corporellement, elles se manifestent par une excitation, une accélération du rythme cardiaque et une poussée du désir. Dans un texte de Norge sur le printemps, on ressent particulièrement cette communion euphorique :

> *Mars*
>
> Tu giboules, giboulée
> Et la terre est roucoulée
> De cent mille colombées.
>
> Et la terre est en amour.
>
> Tu giboules, giboulée
> Et la terre est fleuronnée
> De cent mille cerisaies.
> [...]
>
> Tambour, couleur et bonjour,
> Et la terre est en amour ![50]

La perspective ouverte des tonalités de l'union ôte les craintes de l'avenir et le fardeau du passé. Une concordance a lieu dans l'affectif entre le monde et l'homme. Une palette d'expériences est envisageable à partir de ces deux tonalités, sans pour autant leur appartenir systématiquement.

En parcourant ces quatre tonalités fondamentales, nous avons détaillé les orientations bi-directionnelles du pathique (le haut et le bas, le large et l'étroit, le clair et le sombre, le léger et le lourd, l'ascension et la chute, l'ouvert et le clos, le calme et le bruyant...). Nous possédons à présent une compréhension plus fine des colorations et des rythmes qui constituent notre rapport affectif au monde. Cela nous servira dans l'observation du pacte lyrique. Soulignons également que les tonalités nous maintiennent dans l'hétérogénéité tout en nous accordant à l'espace-temps. Leur dimension « atmosphérique » unifie ce qui est distinct, sans pour autant annihiler les différences constitutives — contrairement à la connaissance rationnelle qui par ses objectivations rend le monde plus homogène. Cette saisie atmosphérique aura une importance centrale lorsque nous traiterons de la question de l'évocation dans la formation référentielle lyrique. La présente constitution des « tonalités pathiques » nous amène à aborder le thème de l'affectivité comme auto-affection de la chair.

c) L'affectivité

L'importance de l'auto-affection originaire, du « se sentir soi-même » se retrouve dans les différentes réflexions phénoménologiques que nous venons de poser. Tout rapport au monde et aux autres implique un fondement d'affectivité qui constitue l'ipséité. La concordance entre affection, coloration et affectivité est alors des plus intéressantes, tant le sentir et les tonalités révèlent dans leurs mouvements et filtres les saisies de soi. Cela se produit non par une « réflexivité » affective, mais par un lien global et immédiat à soi en tant qu'être-au-monde.

Erwin Straus spécifie particulièrement ce point lorsqu'il écrit que « dans le sentir, le sujet sentant s'éprouve soi-même *et* le monde, soi *dans* le monde, soi *avec* le monde »[51]. Le sujet n'est ni un être perdu dans l'espace-temps, incapable de se situer, ni un sujet solitaire. Dans la phrase de Straus, la conjonction exprime bien le rapport de proximité ou de séparation entre les deux pôles. La préposition « avec » marque un sentir qui éprouve dans l'empathie les mouvements et la transformation du lien de l'ipséité à l'altérité. Le « dans » souligne quant à lui l'insertion spatiale et temporelle du sujet, qui existe en tant qu'ouverture d'un champ d'expérience[52]. Ainsi, le sentir implique une appartenance et une confrontation nécessaire pour toute orientation. Se mouvoir dans le monde n'est en effet pas simplement un problème physiologique, mais concerne la constitution de soi dans son monde environnant (*Umwelt*). Le déplacement d'*ici* à *là* souligne une structure dans laquelle la situation d'ipséité est toujours liée à la perspective de l'altération. C'est pourquoi sentir, c'est *se* sentir au monde.

Maurice Merleau-Ponty insiste également sur ce point, à partir de l'auto-affection du voyant qui se voit, du touchant qui se touche. Cette expérience propre au mode charnel précède toute hypothèse, tout doute, toute pensée : «Se toucher, se voir..., ce n'est pas se saisir comme ob-jet, c'est être ouvert à soi, destiné à soi [...] Le sentir qu'on sent, le voir qu'on voit n'est pas pensée de voir ou de sentir, mais vision, sentir, expérience muette d'un sens muet.»[53] Avec la chair, on saisit simultanément trois champs : le monde senti, le corps sentant et une présence à soi qui est aussi absence à soi selon le philosophe. L'ipséité pathique n'est pas possession complète de soi-même, mais implique une latence permanente. L'immédiateté de l'auto-affection renvoie encore à la perspective du *il y a*, de cette présence qui est à la fois abîme et fond sans fond (*Abgrund*).

La tonalité affective prend dès lors une importance considérable, car elle est un filtre ontologique. La *Befindlichkeit* découvre l'être-au-monde dans son intégralité. Elle nous permet d'habiter ou d'être habités par la tonalité. Selon Heidegger, elle est une saisie de sa propre situation dans le monde, du «comment on *se* sent[54]». Sous une tonalité angoissée, on se trouvera dans un lien d'étrangeté à l'être, à soi dans le monde. Ainsi, l'affectivité peut également être abordée par les tonalités pathiques.

3. FORME AFFECTIVE DE L'EXPRESSION ET DE L'EXPÉRIENCE : LE NŒUD MIMÉTIQUE

Notre définition du pacte articule deux pôles que sont la mise en forme et l'expérience humaine radicale. Dans le cas du lyrique, la qualification de ces deux termes passe par l'affectif. Cela redouble la définition, mais il est nécessaire de marquer le pôle de l'expression et celui de l'expérience par cette qualification. Il y a en effet une dialectique constante entre le dit et ce qui est à dire, qui fait que chaque pacte met en forme de manière singulière la réalité. La description phénoménologique de la dimension affective de l'existence permet de mieux situer notre propos. Aussi convient-il de revenir à la dynamique mimétique entre la mise en forme et l'expérience. Comme nous l'avons posé précédemment, la première désigne l'agencement des signes qui produit selon un mouvement intentionnel un horizon de sens. Elle dirige en puissance la constitution configurante du discours à partir de certains cadres et exigences logiques. Quant à l'expérience, elle est non seulement le fait de rencontrer et d'éprouver la réalité, mais elle lui donne une direction de sens. La racine indoeuropéenne *per-* renvoie à la dimension d'«aller de l'avant, de pénétrer dans». L'expérience est une traversée de l'épaisseur du réel qui développe par la découverte des limites (*péras*) le possible en un mouvement cohérent. Il y a une proximité entre ces deux pôles qui permet une dynamique constante dans toute forme de compréhension. Il est donc nécessaire de nous interroger sur ce lien — plus particulièrement lorsqu'il se trouve placé sous le signe de l'affectif.

Par pâtir, nous entendons une expérience radicale dans le monde, qui correspond à la dimension pathique de l'existence telle que la développe la phénoménologie. Cette dimension donne un filtre à des expériences réflexives comme les perceptions, les sentiments, les actions ou les idées. Elle s'exerce selon des tonalités, des colorations qui sont autant de cadres de sens (« sens » en tant que direction et cohérence). La dynamique de l'émotion, comme « mise hors de soi », correspond au mouvement de déstabilisation de la réflexivité de l'*ego*, et elle plonge le sujet dans l'abîme pathique. En tant que filtre intentionnel, le pâtir est une expérience radicale qui renvoie à notre disposition (*Befindlichkeit*) dans le monde. Il fonde ainsi une logique particulière dans un cheminement sélectif fait de rassemblements et de rejets. La traversée de l'épaisseur du monde produit dans un mouvement singulier une concaténation identifiable des fragments de l'épreuve. Ordonné par rapport à l'ouvert et à la clôture, à l'union et à l'étrangeté, le pâtir livre en effet des rythmes et des associations logiques selon les tonalités en jeu. Tout comme l'action, il engage une anthropologie philosophique, qui permet une identification par la description explicative et compréhensive. Il est possible d'observer des rapports structuraux pathiques à l'espace et au temps, comme nous le ferons plus précisément. Or, il existe de nombreuses études qui permettent l'approche des tonalités, notamment dans la disposition mélancolique. Les contributions sur cette dernière sont un exemple typique et opératoire de ce qui peut être mené dans ce domaine. Que ce soit dans des critiques thématiques[55], dans des approches psychanalytiques[56], phénoménologiques ou psychiatriques[57], l'analyse des tonalités nous paraît répondre à certaines questions profondes de l'anthropologie philosophique, à savoir : comment lire dans telle expérience le cheminement configurant typique à telle disposition ? Quels sont les rythmes et les enchaînements imaginaires liés à tel développement pathique, voire pathologique ? L'exploration du pâtir est infinie et se nourrit de multiples nuances, tant dans ses liens à la matière, à l'élémentaire, aux sensations que dans la constitution de l'identité ou du lien social.

Le pacte lyrique n'incite pas à traiter davantage du sentimental que de l'action. En tant que tel, l'amour a autant d'intérêt pour le pâtir que la lutte. Il n'est qu'à lire *Le grand Combat* d'Henri Michaux. Une compétition sportive peut avoir des enjeux pathiques, tout comme la contemplation d'un paysage. Néanmoins, il est vrai que la tradition a historiquement concentré l'exercice lyrique sur des thèmes sentimentaux ou sur des thématiques particulières (la rose, l'absence, le paysage...). Il est de toute manière artificiel de scinder les sentiments des motifs d'une action ou du développement d'une pensée, car un entrelacement complexe tient ces différentes sphères. Aussi, en étant centré sur la dimension affective, le lyrique développe selon une spécificité radicale chaque champ d'expérience dans l'objectif de les donner à sentir. De la même manière, le filtre radical de l'agir développe dans le cadre du pacte fabulant divers possibles sentimentaux ou d'intellection, en les rassemblant selon un cheminement intentionnel différent de celui du pâtir. En outre, l'évaluer du pacte critique traverse d'une façon profonde tous les champs de l'expérience. Nous voyons dès lors les implications de la radicalité de l'expérience.

*
* *

Si le pâtir est le référent par excellence du discours lyrique, la mise en forme affective est également le paradigme discursif par excellence du pâtir. De la sorte, l'affectif n'est pas uniquement une référence pour les textes dominés par ce pacte. Dans la dynamique mimétique, il n'y a pas un ordre du vécu qu'il s'agirait de dire, car une dichotomie irréductible entre l'expérience et la mise en forme ne se vérifie jamais. Cela signifie que, du point de vue herméneutique, l'anthropologie, centrée sur le *bios*, est en constante interaction avec la sémiotique axée sur le *logos*. Dès lors, les conflits entre une approche physicaliste d'un côté et une appréhension mentaliste de l'autre se résolvent en une dialectique sans fin. L'œuvre littéraire n'est pas une transcription d'un texte préétabli. De manière inverse, l'expérience vécue ne réduit pas le texte à une transparence d'imitation. De la sorte, nous évitons les écueils d'un psychologisme ou d'un sociologisme qui chercheraient à identifier des structures de la conscience ou du champ social à travers une textualité sans épaisseur. Nous nous dégageons également d'une lecture sémiotique de l'existence qui ferait de la réalité une grille de codifications systématiques.

En cela, l'étymologie des termes « expérience » et « expression » nous éclaire. En retenant les racines *per-* et *pres-*, il est possible d'observer la complexité des relations. Si les langues grecque et latine s'accordent sur la traversée liée au *per-*, elles divergent en revanche quant au mouvement indiqué par le préfixe. L'*experientia* latine organise la rencontre du réel à partir d'un sujet percevant qui se confronte à ce qui lui fait face. Alors que l'*empeiria* grecque consiste en un mouvement d'intégration du cheminement dans la présence[58]. Par notre définition de l'expérience affective, nous sommes tenté de voir un va-et-vient constant entre l'extériorisation et l'intériorisation. De manière parallèle, la racine *pres-* du resserrement discursif peut recevoir deux préfixes qui la lie à l'expérience. D'une part, nous pouvons sentir une *impression* dans laquelle le pâtir à une dimension passive de réception. Cette impression entretient des rapports étroits avec l'*empeiria* grecque par son préfixe. D'autre part, l'expression semble un corollaire où le pâtir devient producteur. Situer précisément dans ce nœud les mouvements de formation de sens est une démarche périlleuse. Mais sans doute convient-il d'éviter la simplification d'une linéarité causale de ce type : l'expérience de l'auteur provoque une impression passive qui le conduit à une expression active ; celle-ci provoque à son tour une impression passive qui renvoie à l'expérience vécue du lecteur. Les enjeux entre *bios* et *logos* sont autrement plus complexes.

A travers le pacte, les possibles de l'expression et les possibles de l'existence s'entrelacent de façon permanente, s'éclairant l'un l'autre. Aussi, le cheminement logique livré par l'expérience pathique et les resserrements signifiants d'une forme affective sont-ils interdépendants tout en étant distincts. Les deux pôles du *per-* et du *pres-* se conjuguent dans la recherche des déterminations, des possibles de l'existence — l'un traversant l'épaisseur du monde, l'autre l'épaisseur du langage. Ils forment un nœud où chaque pôle renvoie à lui-même et simultanément à l'autre[59]. Le propre du pacte est de livrer un cadre d'organisation logique dans la dialectique de ces deux pôles. L'acte configurant qu'il propose intensifie la correspondance entre leurs mouvements typiques. Pour le pacte lyrique, il s'agit d'un cadre intentionnel centré sur l'affectif. En ce sens, ce pacte n'engage pas un épanchement pathétique, mais il livre les conditions premières pour une *pathématique* spécifique de l'existence, tout comme le pacte fabulant donne les cadres pour une connaissance par l'intrigue de l'agir.

C'est entre autres dans *L'Agamemnon* d'Eschyle que l'on trouve la fameuse formule «pathei mathos»[60], qui peut être traduite comme une «connaissance par l'épreuve». Si Platon l'oppose dans le Théétète à l'*epistemé* (la science)[61], c'est parce qu'il la considère comme une connaissance fondée sur les impressions et non sur la raison. Mais c'est sans doute la tradition métaphysique elle-même qui tient à constamment dévaloriser un tel mode de connaissance. Néanmoins, force nous est de constater que la pathématique nous dit quelque chose sur la réalité de manière pertinente. Elle lie intensément l'expérience à l'expression selon les cadres des pactes. Pour le lyrique, il s'agit d'une connaissance qui passe par la mise en forme affective. Les traits rythmiques et imaginaires révèlent les directions des tonalités pathiques. Mais ces traits, bien que différents, maintiennent une identité homologique tant dans la chair du monde que dans celle des mots. La pathématique n'implique pas une symbiose entre auteur et lecteur, mais demande pour être communicable le passage commun par l'épreuve. L'auteur s'éloigne d'une immédiateté expressive pour que sa mise en forme ait les diverses caractéristiques du mouvement affectif. Les épreuves de l'écriture, faites de corrections, de biffures, de reprises, manifestent le travail afin que le dit et ce qui est à dire correspondent intensément jusqu'à livrer de manière puissante les potentiels pathiques. Le pouvoir-être affectif se trouve de la sorte incarné par le texte, dans la confluence des mouvements de l'expérience et de ceux de l'expression. Le dit se dégage des conditions de sa production pour devenir une trace hors d'une situation initiale d'énonciation. Il est alors suffisamment ouvert pour inviter la compréhension empathique du lecteur. Celle-ci devient elle-même productrice de sens par la dialectique de l'expression et de l'expérience. Mais sans doute abordons-nous par ce point la question du style qui synthétise notre réflexion.

*
* *

Par « style », nous n'entendons pas une récurrence de procédés littéraires qui se retrouvent chez un auteur ou dans un courant déterminé. Cette notion renvoie plutôt au nœud entre expérience et expression, en appartenant aux deux domaines. Elle est à la fois un moyen d'identification et de différenciation entre eux. En cela, notre compréhension du style se rapproche de celle de Maurice Merleau-Ponty qui en fait une configuration typique tant dans l'expérience du monde que dans celle du langage[62]. Il s'agit en effet pour ce philosophe de désigner les phénomènes de compréhension par la sédimentation d'un sens, qui se font de manière *homologue* dans les deux dimensions. L'enjeu de la communication intersubjective met en évidence la construction du style. La communication ne se fait pas à partir d'un stock de représentations disponibles, mais selon des gestes signifiants. Ces derniers sont des mouvements dans l'épaisseur de la chair (du monde et des mots) qui font sens avec le rassemblement « incarné » de l'acte configurant. Ces mouvements et l'événement de sens qu'ils induisent donne un style d'être dans et avec le monde, dans et avec le langage. Ils révèlent ainsi des directions pathiques identifiables qui produisent du sens en tant que signification et cohérence.

Toutefois, dans le domaine de l'expérience, les configurations maintiennent généralement le sens dans un état épars. C'est le propre des synthèses passives que de délaisser une part importante du flux de vécu et de le garder à l'état d'*Erlebnis*. L'expérience de ce point de vue offre certes des directions typiques, mais elle donne des possibilités moins puissantes de compréhension que dans les synthèses actives de l'expression. Passant à l'état d'*Erfahrung*, les éléments de l'expérience se resserrent autour de directions intentionnelles plus précises. L'expression donne alors une puissance sensible et significative aux synthèses passives. Elle devient un moyen de voir nos manières typiques d'habiter le monde :

> C'est donc [...] la même transmutation, la même migration d'un sens épars dans l'expérience, qui quitte la chair où il n'arrivait pas à se rassembler, mobilise à son profit des instruments [du langage] déjà investis, et les emploie de telle façon qu'enfin ils deviennent pour lui le corps même dont il avait besoin pendant qu'il passe à la dignité de signification exprimée.[63]

Dans le cadre de la vie affective, cela renvoie l'expérience passive et fuyante du pâtir à la consistance pathématique de la mise en forme. La connaissance par l'épreuve consiste bien à produire des synthèses actives. Le risque d'une telle conception du style est de laisser croire à une transparence du langage face à l'expérience du monde, comme si la réalité investissait totalement le modèle linguistique. Or, chez Merleau-Ponty, le sens de l'expérience est latent, constitué en épaisseur. Certes, il est lié à l'épreuve de la compréhension et du langage, mais il engage également une irréductible autonomie. De manière parallèle, le philosophe retient notamment de l'enseignement de Saussure la diacriticité du signe. Le langage engage une réflexivité dans ses articulations, qui le détache d'une désignation directe du monde : « C'est parce que d'emblée le signe est diacritique, c'est parce qu'il se compose et s'organise avec lui-même, qu'il a un intérieur et qu'il finit par réclamer un sens. »[64] S'il y a bien un va-et-vient entre l'expérience et l'expression, celui-ci n'occulte pas la profondeur opaque de chaque domaine. Ainsi, le langage n'est pas une technique de déchiffrement de la réalité par des significations entièrement préétablies. A aucun moment, il n'engage un sens pur qui rendrait une pensée à traduire. La pensée se construit à même le mouvement énonciatif, selon une « gesticulation éloquente ». Le sens n'apparaît pas dans les rapports latéraux des signes pris isolément, mais dans la configuration globale qui les traverse. Aussi, c'est par la flexion, les articulations, les réseaux de relations internes de la chair verbale que l'énoncé donne corps à un sens. Ce dernier ne va jamais de soi, selon une immédiateté et une intégralité, mais se construit par les mouvements. C'est pourquoi il ne relève pas en tant que tel du « je pense », mais davantage d'un « je peux » dans la chair verbale. L'intention de signifier, précise Merleau-Ponty, est un tâtonnement dans l'épaisseur du langage qui en vient à dégager une direction de sens. La thématisation du signifié, rendue possible par les vertus mêmes du signifiant, est le résultat de l'expression et non d'une pensée préétablie. Dès lors, exprimer fait prendre conscience au sujet parlant de ce qu'il vise : «L'intention significative se donne corps et se connaît elle-même en se cherchant un équivalent dans le système des significations disponibles que représente la langue que je parle et l'ensemble des écrits et de la culture dont je suis l'héritier.»[65] C'est en prenant appui sur les puissances du système linguistique (moyens morphologiques, syntaxiques, lexicaux...) que s'établit une signification inédite en acte. Les repères communs sont une entrée dans l'emploi inédit de tournures et de significations qui se dégagent d'un style. De la sorte, l'expression parlante est «ce moment où l'intention significative encore muette et tout en acte s'avère capable de s'incorporer à la culture, la mienne et celle d'autrui, de me former et de le former en transformant le sens des instruments culturels»[66]. La conception de l'acte configurant chez Merleau-Ponty dépasse ainsi les dichotomies entre les visions formalistes et idéalistes de l'expression. C'est par le resserrement intense des moyens expressifs autour d'un style, engageant réflexivité et monstration, que se trouvent signifiés les traits épars de l'expérience. Les actes configurants de la mise en forme deviennent un *homologon* des synthèses passives de la vie de la conscience.

L'intention significative déploie les relations sensibles et intelligibles selon une direction de sens. Or, la communication intersubjective passe par la reconnaissance de ces directions. Aucune communication ne peut se faire de manière intégrale par le déchiffrement de chaque signe. C'est plutôt par la configuration globale, avec ses sous-entendus et son cheminement sélectif, que peut se faire la compréhension. La symbiose directe avec un style est impossible, dans la mesure où il engage des parts expressives inédites et particulières. La communication ne peut qu'être initialement empathique, si le lecteur dépasse les gestes linguistiques préétablis pour caractériser le style comme familier au sien. Il identifie les mouvements qui donnent corps à l'expression, en ressentant et en comprenant l'intention significative. Pour accéder à cette altérité, il prend appui sur le système orienté commun et approche progressivement les variations, les hasards, les surprises de la configuration particulière. Il y a dans toute communication littéraire deux actes expressifs : l'acte d'écriture et l'acte de lecture. *L'interaction repose sur la rencontre d'un style qui s'écrit et d'un style qui se lit.* Le lecteur reprend le cheminement de sens tout en gardant actif son horizon culturel et d'expérience. C'est pour cette raison que le pacte a une importance cruciale dans la possibilité d'une telle rencontre. En tant que cadre intentionnel, il permet l'identification partielle des intentions de signifier, selon des habitudes de lier l'expérience et l'expression. Le nœud entre la traversée passive du *per-* et le resserrement actif du *pres-* rassemble constamment des phénomènes linguistiques à une anthropologie littéraire. Le pacte permet une orientation du style, à condition que l'on entende par ce dernier les mouvements configurants qui renvoient les recherches formelles à la vie de la conscience. En cela, le pacte, comme cadre du style, vaut autant pour le sujet écrivant que pour le sujet lisant.

Dans le lyrique, l'acte configurant s'organise selon les tonalités pathiques. Ces directions de sens traversent les pôles des signes pour révéler des signifiances pathématiques. Ces dernières manifestent des homologies entre le cheminement affectif dans la mise en forme et le pâtir dans notre rapport au monde. Le pacte n'est pas un ensemble de stratégies stockées, utilisables pour rendre des représentations. Il engage des potentiels d'actes configurants typiques, que chaque sujet écrivant et lisant actualisera selon des styles particuliers.

L'observation des traits d'un pacte mène au seuil d'un rapport homologique typique. Aucune formation (sensible, énonciative, référentielle) ne peut être analysée sans tenir compte du lien mimétique global. Aussi, la stylistique des effets, typique de l'étude des pactes, vise à décrire les cadres de rencontres potentielles à travers des formes d'expression. L'horizon de l'expérience interagit avec l'analyse stylistique, non selon un psychologisme, mais dans la mesure où il fonde certaines directions de sens des textes.

NOTES

[1] Cette reconnaissance est avant tout établie par l'édition et la critique de la littérature.
[2] Par sa perspective centrée sur le temps dans le récit, Paul Ricœur ne se limite pas au champ littéraire, mais considère également l'intrigue dans le domaine des sciences historiques.
[3] Des études sur la mise en intrigue dans ces domaines ont déjà eu lieu. Pour le cinéma, voir André Gaudreault et François Jost, *Le Récit cinématographique*, Paris : Nathan (Fac-cinéma), 1990, et Francis Vanoye, *Récit écrit, récit filmique*, Paris : Nathan (Fac-cinéma), 1994. Pour la danse, voir Michèle Febvre, «L'Economie du récit chorégraphique», dans *Danse contemporaine et théâtralité*, Paris : Chiron, 1995, p. 111-141, et Lisa de Rycke, *Le Récit en danse contemporaine — Esthétique de l'évocation : réflexion autour de* Rosa *de Anne Teresa de Keersmaeker*, mémoire de maîtrise en arts du spectacle-danse, Saint-Denis : Université de Paris VIII, 1998.
[4] Nous développerons plus bas cette question du nœud mimétique, *cf. infra*, p. 115-122.

[5] Par «fabulant», nous entendons le pacte qui par la formation d'intrigues sert à raconter des histoires. Ce terme élargit ceux de «récit» — que nous comprenons comme un «type», un «genre du discours» comme le «descriptif» — de «narration» fortement lié à l'énonciation d'un mode narratif. Le pacte fabulant ne correspond pas à la «fable» en tant que genre littéraire. Il peut en effet se rapporter à des autobiographies, à des récits historiques aussi bien qu'à de la science-fiction.

[6] Sur le rapport mimétique, nous nous référons à Paul Ricœur. La compréhension classique du mimétique en tant qu'imitation ne correspond pas à la nôtre. Nous allons plutôt dans le sens d'une «mise en forme» qui dit quelque chose au sujet du réel. Nous caractériserons plus bas la représentation affective qu'implique le pacte lyrique et entrerons dans le détail de l'argumentation, *cf. infra*, p. 115-122.

[7] Nous développerons plus bas la relation «pathique» au monde, telle que la définit la phénoménologie.

[8] Nous ne nous étendons pas sur ces thèmes qui sont largement balisés par la narratologie et par la critique littéraire.

[9] *Cf.* Joël Malrieu, *Le Fantastique*, Paris : Hachette (Contours littéraires), 1991.

[10] Henri Michaux, *Œuvres complètes I*, Paris : Gallimard (Bibliothèque de la Pléiade), 1998, p. 118.

[11] Georges Perros, *Une Vie ordinaire*, Paris : Gallimard (Poésie), 1988, p. 56-57.

[12] Jacques Prévert, *Paroles*, Paris : Gallimard (Folio), 1999, p. 180.

[13] Norge, *Poésies (1923-1988)*, Paris : Gallimard (Poésie), 1992, p. 133.

[14] René Char, *Les Matinaux*, Paris : Gallimard (poésie), 1995, p. 11-19.

[15] *Cf. Le Concept de l'angoisse, Traité du désespoir*, Paris : Gallimard (Tel), 1990.

[16] Les théories freudiennes de l'affect en restent par exemple à une dualité de l'affect et de la représentation. Dans la tradition lacannienne, l'affectif est relégué à l'Imaginaire.

[17] Otto-Friedrich Bollnow, *Les Tonalités affectives : essai d'anthropologie philosophique*, Neuchâtel : La Baconnière (Être et penser), p. 12.

[18] Maurice Merleau-Ponty, *Phénoménologie de la perception*, Paris : Gallimard (Tel), 1994 ; *Le Visible et l'Invisible*, Paris : Gallimard (Tel), 1995.

[19] Erwin Straus, *Du Sens des sens : contribution à l'étude des fondements de la psychologie*, Grenoble : Millon (Krisis), 1989.

[20] En employant le terme «affectif», nous regroupons les trois perspectives en un ensemble général.

[21] Otto-Friedrich Bollnow, *op. cit.*, p. 37.

[22] Une synthèse de la généalogie de la logique se trouve dans *Expérience et jugement*, Paris : Presses universitaires de France (Epiméthée), 1991. Cette question est particulièrement présente dans *Recherches logiques*, 2 tomes, Paris : Presses universitaires de France (Epiméthée).

[23] Erwin Straus, *op. cit.*, p. 48.

[24] *Ibidem*, p. 400.

[25] Erwin Straus, *op. cit.*, 329-330.

[26] Max Scheler, *Nature et formes de la sympathie : contribution à l'étude des lois de la vie affective*, Paris : Payot (Petite Bibliothèque), 1971.

[27] Erwin Straus, *op. cit.*, p. 352-53.

[28] *Ibidem*, p. 511.

[29] Erwin Straus, *op. cit.*, p. 610-11, donne les quatre points d'ancrage des conceptions traditionnelles : 1. réification de l'espace-temps sans que le percevant soit inclus dans celui-ci ; 2. subordination de l'espace-temps au jugement, à la pensée et à l'imagination ; 3. séparation de la représentation de l'espace et du temps ; 4. les sensations sont mises en relation avec un espace-temps objectif et homogène.

30 Maurice Merleau-Ponty développe cette notion dans *Le Visible et l'Invisible*, notamment dans le chapitre intitulé «L'entrelacs et le chiasme», et dans les notes qui suivent le texte dans l'édition susmentionnée.
31 Maurice Merleau-Ponty, *op. cit.*, p. 191-92.
32 Sur l'incorporation et l'habitat qu'il implique, *cf. ibidem*, p. 179.
33 *Ibidem*, p. 174.
34 Nous trouvons un développement semblable chez Straus sous le terme «distance», *op. cit.*, p. 612.
35 Maurice Merleau-Ponty, *op. cit.*, 1995, p. 184.
36 *Ibidem*, p. 195.
37 Sur la justification de cette équivalence, *cf.* les notes des traducteurs d'Otto-Friedrich Bollnow (Lydia et Raymond Savioz) et d'Emil Staiger (Raphaël Célis et Michèle Gennart).
38 Martin Heidegger, *Etre et temps*, Paris : Gallimard (Bibliothèque de philosophie), 1992, p. 184.
39 Otto-Friedrich Bollnow, *op. cit.*, p. 28.
40 O.-F. Bollnow écrit sur le lien des tonalités à la temporalité ceci : «L'angoisse, comme tonalité affective exceptionnelle sous certains rapports, ne livre pas à elle seule et de soi déjà la structure complète de la temporalité, à partir de laquelle il faut comprendre tout autre mode de la temporalité comme une forme moins complète, mais toute tonalité affective particulière comporte en soi sa structure propre du temps, son expérience propre et originale du temps, et il n'est absolument pas légitime de transposer sans autre les notions du temps tirées de cette seule tonalité affective fondamentale, aux autres tonalités.» *Ibidem*, p. 171.
41 *Ibidem*, p. 30.
42 Ludwig Binswanger, *Sur la Fuite des idées*, Grenoble : Millon (Krisis), 2000, p. 154.
43 Le classement de Bollnow est intéressant dans la mesure où il incite à poser diverses tonalités profondes. Néanmoins, son descriptif nous paraît peu convaincant dans le détail. De nombreuses confusions ont lieu entre sentiments et tonalités.
44 Jean Tardieu, *Le Fleuve caché*, Paris : Gallimard (Poésie), p. 194.
45 Guillaume Apollinaire, «Cors de chasse», dans *Alcools*, Paris : Gallimard (Poésie), 1990, p. 135.
46 Charles Baudelaire, *op. cit.*, p. 54-55.
47 Pour plus de détails sur cette tonalité et ses liens avec l'écriture, *cf.* notamment notre étude, «"Depuis longtemps nous ne sommes plus d'ici" : paradis et mélancolie», *Revue de Belles-Lettres*, 3/4, 2001, p. 149-160.
48 Cette remarque est à nuancer, car il existe des psychopathologies comme la manie qui peuvent se rapprocher des tonalités euphoriques.
49 Philippe Jaccottet, *Poésie*, Paris : Gallimard (Poésie), 1991, p. 132.
50 Norge, *Poésies*, Paris : Gallimard (Poésie), 1990, p. 108-109.
51 Erwin Straus, *op. cit.*, p. 565. C'est moi qui souligne.
52 Les trois termes du lien homme/monde deviennent bancaux en cas d'«apathie», comme dans certaines psychopathologies. On assiste dès lors à des formes de dépersonnalisation.
53 Maurice Merleau-Ponty, *op. cit.*, 1995, p. 303.
54 Martin Heidegger, *op. cit.*, 1992, p. 238. C'est moi qui souligne.
55 Pensons notamment aux fameuses études de Jean Starobinski, Julia Kristeva, Gaston Bachelard, Jean-Pierre Richard.
56 Sans doute est-il inutile de donner des ouvrages de référence, tant il y en aurait sur cette question. Précisons néanmoins qu'il est possible d'aborder la question des dispositions par l'imaginaire collectif et symbolique d'un C.G. Jung tout comme par l'analyse

pulsionnelle d'un Lipót Szondi. Des démarches psychanalytiques plus explicatives alimentent bien évidememnt la compréhension des tonalités.

[57] Les rapports entre psychiatrie et phénoménolgie nous paraissent particulièrement intéressants : voir Ludwig Binswanger, Pierre Fédida, Henri Maldiney ou encore Erwin Straus.

[58] *Cf.* Henri Maldiney, *op. cit.*, 1974, p. 21.

[59] Nous partons d'un schéma développé par François Recanati, *La Transparence et l'énonciation*, Paris : Seuil (Poétique), 1979.

[60] Eschyle, *Agamemnon*, v. 177.

[61] Platon, *Théètète*, 186 d.

[62] Sur ce sujet, voir les diverses contributions dans Nicolas Castin, Anne Simon (dir.), *Merleau-Ponty et le littéraire*, Paris : Presses de l'Ecole Normale supérieure, 1998, ainsi que les développements de Nicolas Castin, *Sens et sensible dans la poésie moderne et contemporaine*, Paris : Presses universitaires de France (Ecriture), 1998.

[63] Maurice Merleau-Ponty, *La Prose du monde*, Paris : Gallimard (Tel), 1995, p. 67.

[64] Maurice Merleau-Ponty, *Signes*, Paris : Gallimard (Folio essais), 2001, p. 66.

[65] *Ibidem*, p. 147.

[66] *Ibidem*, p. 149.

TROISIÈME PARTIE

CONFIGURATION ET INTERACTION LYRIQUES

Chapitre 1
La forme affective générale

L'observation du cadre intentionnel lyrique engage sans cesse un flux et un reflux entre le général et le particulier, entre les détails stylistiques et leurs déterminations sur l'acte configurant. Aussi devons-nous concilier une approche synthétique autour du thème (*topic*), des traits régionaux dans les formations sensible, subjective, référentielle et une approche analytique qui délimite par des exemples les propositions stylistiques. La conjugaison d'une théorie d'ensemble et d'études de cas nous a paru le meilleur moyen pour fournir des outils d'analyse de textes qui s'intègrent à une réflexion plus large. Comme notre perspective traite de l'intégralité de la structuration discursive, notre construction aura fréquemment un caractère introductif. Nous ne pouvons aborder de manière trop détaillée les questions énonciatives, rythmiques, syntaxiques, prédicatives, pragmatiques. Chacune d'elles mériterait un traitement singulier qui relèverait minutieusement les déterminations lyriques. Par la synthèse importante qu'il incite à faire, notre objectif offre un point de vue global sur le lyrique. L'important reste à nos yeux de montrer l'incidence des différents traits stylistiques sur le cheminement logique de l'acte configurant. Les spécialistes d'un domaine pourront dès lors être déçus du traitement qui est réservé à certaines questions. Néanmoins, il nous semble important d'échapper à la fragmentation première qu'a subie cette structuration discursive, afin d'échapper aux apories de certaines poétiques du XXe siècle. Cela peut certes provoquer un manque d'exhaustivité ou de nuances, mais un tel risque est inévitable pour notre démarche. Aussi tenterons-nous d'être le plus rigoureux possible, tout en poursuivant l'effort de synthèse.

Les propositions d'outils d'analyse et la réflexion globale qui les dirige nous incitent à fournir à chaque fois des exemples qui donnent mieux à comprendre les enjeux des traits stylistiques. Pour illustrer notre argumentation au fur et à mesure, nous avons fait appel à l'ample tradition lyrique moderne. Nous avons choisi des textes de différents écrivains pour montrer la variété des possibilités dans la tradition lyrique. A chaque fois, il nous a semblé que l'ensemble du texte relevait d'une dominante lyrique relativement manifeste, qui n'engageait pas de doutes majeurs. La mise en forme affective, le traitement du pâtir se font de manière condensée et correspondent majoritairement à l'effet global de ce pacte. Toutefois, il est clair que la validité de chaque texte nécessiterait une argumentation étoffée, qui ne pourrait être faite qu'en connaissance de l'intégralité du cadre intentionnel. Or, c'est justement ce dernier que nous voulons établir et détailler. Au lieu de renoncer à toute illustration, nous préférons maintenir ce principe qui donne mieux à comprendre nos propositions. Aussi demandons-nous au lecteur de ne pas juger les exemples pour savoir s'ils relèvent ou non du lyrique, avant d'avoir parcouru l'ensemble des trois formations. Qu'il les considère dans un premier temps uniquement comme une illustration d'un trait de style. Arrivé à la fin de notre poétique, il pourra sans doute mieux comprendre les déterminations multiples qui ont orienté nos choix.

Avant de détailler chaque formation, nous allons poser une catégorie primordiale du cheminement logique, qui permet d'articuler les différents outils. La notion de «forme affective générale» ressemble en effet à une clé de voûte de la configuration. Elle sert de fondement et d'aboutissement à son développement, d'objectif et de réalisation pour le cadre intentionnel.

La forme affective générale se rattache à l'«acte configurant» et constitue par conséquent un élément central pour le cheminement logique qui mène au rassemblement thématique. Rappelons que l'acte configurant ordonne l'épaisseur textuelle en une totalité organisée et intelligible[1]. Sa fonction synthétique réunit chaque événement dans un horizon de sens selon une sélection de signaux pertinents. Par les mouvements de rétention et de protention, cet horizon s'organise et se maintient par le jugement synoptique, qui produit un «prendre ensemble» caractéristique de l'opération configurante. Le lecteur parcourt ainsi la série d'incidents, de continuités ou de ruptures du texte, en réalisant des conclusions partielles ou définitives qui redistribuent de manière intelligible les événements de sens et leurs relations. Cette saisie synthétique n'occulte pas le cheminement séquentiel, mais elle l'ordonne de manière qu'il soit sous-tendu par une direction de sens compréhensible.

Le thème (*topic*) se constitue avant tout à partir des niveaux sémantique et référentiel de l'énoncé. La forme affective générale se distingue du *topic* en ce qu'elle est issue de tous les niveaux de structuration discursive. Elle intègre la signifiance relative à la formation sensible, dans laquelle le rythme intervient de manière cruciale. Ainsi, elle touche aussi bien le domaine de la mise en forme affective que celui du pâtir. Elle englobe les signes pertinents liés à la cohésion et à la cohérence pour leur donner une orientation de sens précise. Si le terme «forme» indique qu'il s'agit d'un horizon signifiant, il faudrait lui adjoindre implicitement le fait que cette forme est toujours en formation. Elle peut sans cesse être reprise, reconfigurée. En tant que forme compréhensive, elle ne clôt jamais l'espace du sens, mais le délimite dans des moments donnés pour qu'il ait une unité. Aussi relève-t-elle d'une interaction permanente entre les stratégies textuelles et les possibilités de lecture. Chaque lecteur investira les incidents du texte de manière différente, mais nous pouvons supposer que la plupart des cheminements logiques mèneront potentiellement à des configurations plus ou moins semblables. L'apprentissage de la lecture, les capacités d'investissement, la disponibilité interviennent dans le travail configurant. C'est pourquoi la forme affective générale n'est pas une affaire de description objective issue d'une science du langage. Bien qu'elle soit un fondement et un aboutissement de l'acte configurant, elle ne peut être rapportée de manière exacte et indiscutable. Elle relève davantage de l'intersubjectivité propre aux sciences humaines. C'est sans doute grâce à la forme affective générale qu'une œuvre littéraire ne peut être réduite ni par une science linguistique, ni par une narratologie ou une lyricologie, ni par une psychologie. Même si ces méthodes positives sont utiles pour la compréhension des textes, elles s'intègrent dans l'expérience de lecture au mouvement plus vaste de l'acte configurant. Ainsi, les effets stylistiques du texte et le rassemblement de sens qu'engage l'acte de lecture sont considérés à partir d'une situation potentielle, plus intersubjective que personnelle, car distanciée par le regard critique. La forme affective générale relève principalement de la critique littéraire, dans la mesure où elle lie de manière rigoureuse la compréhension à l'interprétation. Elle se trouve au cœur de la réflexion sur les textes, comme nous allons le montrer tout au long de nos analyses.

Dans le pacte lyrique, la forme liée à l'acte configurant est centrée sur la dimension affective. Elle caractérise tant la mise en forme que l'expérience radicale en jeu. L'orientation pathique détermine le filtre de sélection qui permettra de constituer un rassemblement de sens pertinent parmi la multitude de possibilités. Ainsi, comme nous l'avons traité pour le nœud mimétique, les configurations de l'expérience et de l'expression se rejoignent autour de certaines directions de sens. Dans le lyrique, ces directions sont déterminées par les tonalités pathiques qui entrelacent les champs des affections sensibles, des tonalités affectives et de l'affectivité. Distincte et englobant le *topic*, la forme affective générale se constitue à partir de tous les signes pathiques pertinents dans la structuration discursive. Prenons pour exemple un poème de Saint-John Perse afin de mieux la donner à comprendre :

Vendredi

Rires dans du soleil
ivoire! agenouillements timides, les mains aux choses de la terre...
Vendredi! que la feuille était verte, et ton ombre nouvelle, les mains si longues vers la terre, quand, près de l'homme taciturne, tu remuais sous la lumière le ruissellement bleu de tes membres!
— Maintenant l'on t'a fait cadeau d'une défroque rouge. Tu bois l'huile des lampes et voles au garde-manger; tu convoites les jupes de la cuisinière qui est grasse et sent le poisson; tu mires au cuivre de ta livrée tes yeux devenus fourbes et ton rire, vicieux.[2]

Renvoyant à la relation entre l'homme occidental civilisé, Crusoë, et le «bon sauvage», Vendredi, ce poème pourrait avoir pour thème la «transformation perverse de Vendredi, le sauvage innocent». Le titre du texte aurait alors une fonction thématique qui centre la progression autour de ce personnage. Ce thème limité ne parvient pas pour autant à circonscrire les enjeux affectifs du poème et la signifiance de la mise en forme. C'est dans cette mesure que le renvoi à la «forme affective générale» devient opérant. Cette dernière peut en effet rassembler une diversité d'éléments pathiques pertinents pour donner un horizon de sens affectif. Un des premiers apports va tenir dans la relation du personnage Vendredi avec Crusoë, «l'homme taciturne», qui est en même temps associé au sujet de l'énonciation. La transformation perverse du «bon sauvage» entraîne la nostalgie et la rancœur du locuteur. Les caractéristiques élégiaques face à la perte deviennent dès lors prédominantes, tant dans la temporalité que dans les modes d'énonciation. La première phrase est uniquement constituée par une tournure nominale, qui donne l'impression d'un suspens temporel et d'une succession d'événements comme à l'état naissant. L'appel à Vendredi ouvre ensuite une séquence axée sur le regret d'un monde intense et pur où l'homme était en harmonie avec la nature («que la feuille était verte», «les mains si longues vers la terre»). L'imparfait accentue la résonance actuelle de ce temps perdu, qui anime la nostalgie du sujet de l'énonciation. Celui-ci donne d'ailleurs l'effet de totalement adhérer à son propos, par la série d'exclamatives. La rupture intervient au dernier paragraphe, par l'emploi du tiret, du changement de temps (accompli du passé composé, présent de l'indicatif, adverbe temporel «maintenant»), par la dévalorisation morale constante des comportements de Vendredi («convoites», «fourbes», «vicieux»...), par le passage des phrases exclamatives aux phrases assertives qui provoquent une distanciation critique du locuteur. En outre, comme cela est fréquent chez Saint-John Perse, la couleur intervient comme un filtre humoral face au monde. L'opposition entre la pureté bleue de la nudité première et la corruption rouge de la défroque marque certainement un renversement pathique important. Tous ces signes énonciatifs, sémantiques, sensibles engagent une dimension signifiante bien plus large que celle du thème (*topic*), «la transformation perverse de Vendredi». Ils impliquent l'inscription d'une voix, d'un point de vue (celui de «l'homme taciturne») dans l'énonciation, qui manifeste les enjeux affectifs de cette transformation pour la relation. Aussi, la forme affective générale intègre-t-elle l'ensemble des signes pathiques pour davantage considérer l'orientation affective globale du discours. Dans le cas présent, elle pourrait correspondre à la proposition suivante : «Nostalgie et rancœur d'un locuteur, semblable à Crusoë, face à la corruption de Vendredi, figure de l'innocence sauvage». La forme affective générale, en tant qu'acte configurant du discours lyrique, met le double mouvement pathique du locuteur (nostalgie et rancœur) en parallèle au changement explicitement thématisé de Vendredi (innocence et vice). Cette brève analyse pourrait laisser supposer qu'elle consiste à considérer la dimension subjective de l'énonciation, dans la mesure où elle recentre la configuration sur la relation. Toutefois, comme nous le verrons par la suite, elle peut se détacher de tout sujet pour donner à lire des orientations affectives à même la description d'un objet ou d'un paysage. Sous un filtre affectif, l'acte configurant dépasse la simple problématique du sentir chez un sujet énonciateur. Il couvre tous les traits de la structuration discursive qui ont une pertinence par rapport aux orientations pathiques. Si nous avons qualifié la forme affective issue de l'acte configurant de «générale», c'est d'une part parce qu'elle traite de l'intégralité des traits stylistiques dans le discours et, d'autre part, parce qu'elle ne se réduit pas à la dimension personnelle d'un sujet énonciateur associé au sujet écrivant. En ce dernier sens, elle se lie à la problématique de la «forme» qui renvoie à une configuration, à des orientations, sans se limiter à la vie personnelle d'un sujet.

La forme affective générale engage une intersubjectivité et une médiation culturelle pour la compréhension, en se rattachant à la dynamique de la préfiguration et de la refiguration. Pour sélectionner les traits pertinents dans l'acte configurant, il est nécessaire de posséder des pré-compréhensions des expériences pathiques. Une modélisation préalable du pâtir détermine le cheminement logique, tout comme une certaine connaissance de la tradition lyrique, de l'intertextualité, des valeurs communes. Sans cela, le passage des exclamatives aux assertives, du bleu au rouge, la référence à Vendredi dans le texte de Saint-John Perse restent opaques. Les stratégies textuelles offrent dès lors des actualisations des répertoires, en les sédimentant ou en les innovant. Les actualisations peuvent provoquer des compréhensions nouvelles de ce que peut être une direction pathique singulière ou le pâtir lui-même. L'acte configurant se lie aux traditions extratextuelle et intertextuelle, en engageant une intersubjectivité dans la compréhension des expériences. Cette dimension correspond à une incidence majeure de l'utilisation du langage commun dans l'expression du pâtir. Pour que la configuration soit compréhensible, il est nécessaire que l'interaction entre le texte et le lecteur s'établisse sur une intellection partagée de l'expérience.

Si le pacte lyrique implique une forme affective générale, le pacte fabulant engage une « forme fabulante générale », le pacte critique une « forme critique générale ». Sous le filtre du pacte fabulant, l'acte configurant se rattache à l'argument de l'intrigue dans son sens synoptique. La forme fabulante générale donne des directions de sens aux diverses actions, descriptions ou sentiments. Elle rend compréhensible dans un ensemble la succession des séquences particulières. Elle ne se confond pas avec une approche positive du texte, qu'elle soit narratologique, linguistique ou psychologique, comme le montre Paul Ricœur, pour la configuration du temps dans le récit, avec son analyse de *Mrs. Dalloway*[3]. Après avoir analysé les liens de chaque personnage du roman à la temporalité, notamment par rapport au temps objectif et monumental donné par *Big Ben*, Paul Ricœur conclut son propos en évoquant une configuration générale du temps dans cette intrigue :

> Au total, peut-on parler d'une expérience une du temps dans *Mrs. Dalloway*? Non, dans la mesure où les destinées des personnages et leur vision du monde restent juxtaposées ; oui, dans la mesure où la proximité entre les « cavernes » visitées constitue une sorte de réseau souterrain qui *est* l'expérience du temps dans *Mrs. Dalloway*. Cette expérience du temps n'est ni celle de Clarissa, ni celle de Septimus, ni celle de Peter, ni celle d'aucun des personnages : elle est suggérée au lecteur par le *retentissement* [...] *d'une expérience solitaire dans une autre expérience solitaire*. C'est ce réseau, pris dans son entièreté, qui est l'expérience du temps dans *Mrs. Dalloway*.[4]

Les analyses des temps verbaux ou de la temporalité chez chaque personnage peuvent ainsi être rapportées à une forme fabulante générale qui synthétise en un ensemble l'intrigue par rapport à une expérience complexe identifiable. Chaque personnage, avec ses diverses actions et réflexions, offre une part de l'expérience en jeu.

Il est clair que la constitution d'une forme affective générale peut être rendue particulièrement ardue par l'éclatement de la cohésion du texte. De nombreux écrits à dominante lyrique mettent en avant une pluralité de directions qui sont difficiles à synthétiser. En outre, il arrive parfois que la forme affective générale puisse se confondre avec le thème (*topic*) tant ils sont proches. Néanmoins, il nous paraît nécessaire de poser cette catégorie qui se situe aux frontières de la compréhension et de l'interprétation. Grâce à elle, il nous est possible de coordonner les différents traits stylistiques, les divers mouvements de structuration à partir d'une ou plusieurs orientations pathiques. Ils acquièrent de la sorte une pertinence dans le cheminement logique de l'acte configurant. Dans notre observation du cadre intentionnel, nous ramènerons chaque trait à cette catégorie, selon une dialectique entre le détail stylistique et l'horizon pathique à partir duquel il entre en signifiance.

Le reproche d'un manque d'objectivité pourrait être posé sur cette catégorie, car il est évident qu'elle ne se confond avec aucune approche positive. La forme affective générale relève d'une méthode herméneutique centrée sur l'interaction entre le texte et les effets potentiels sur le lecteur. Notre description du cadre intentionnel ne manquera pas d'employer des approches positives comme la linguistique et nous tenterons même d'élaborer une « lyricologie ». Néanmoins, ces divers éléments n'ont de sens dans le pacte lyrique qu'à être rapportés à l'acte configurant sous le filtre de la dimension pathique. C'est pourquoi la forme affective générale nous semble la clé de voûte de la configuration et une nécessité pour l'étude littéraire du lyrique. Nous pouvons dès lors nous intéresser aux différentes formations qui structurent le discours, afin de détailler le cadre intentionnel dans sa généralité.

NOTES

[1] *Cf. supra*, p. 69-88.
[2] Saint-John Perse, *Eloges* suivi de *La Gloire des Rois, Anabase, Exil*, Paris : Gallimard (Poésie), 1992, p. 19.
[3] Paul Ricœur, *op. cit.*, II, 1991, p. 192-212.
[4] *Ibidem*, p. 211-212.

Chapitre 2
La formation subjective

Dans cette partie, nous nous centrons sur les traits qui touchent la formation des identités. Elle concerne en premier lieu le repérage d'entités subjectives dans le texte à partir de leur statut logique. La formation subjective est une étape majeure de l'acte configurant qui s'associe fortement à la forme affective générale, dans la mesure où elle concerne les voix, les personnes et les situations de communication. Elle s'articule autour des questions de l'identité dans le texte, qui animent implicitement ou explicitement l'acte de lecture : *qui parle ? qui oriente la vision ? d'où parle-t-on ? qui sent et qui agit ? à qui parle-t-on ? à partir de quelles situations ?* Bien évidemment, les réponses à ces questions varient à chaque texte, mais certains traits se distinguent particulièrement dans la structuration lyrique. Parmi ceux-ci se trouvent la problématique du «sujet lyrique» qui, depuis 1996, est un des points les plus discutés de la formation subjective[1]. Même si, comme nous l'avons exposé précédemment, de nombreuses indéterminations subsistent à partir de ces ouvrages collectifs, la problématique de la voix dans le pacte lyrique est apparue selon une complexité qui manquait à de multiples analyses des années quatre-vingt. En nous appuyant et en reformulant certaines propositions, nous essaierons dans un premier temps de proposer une définition opératoire de la voix et des sujets dans le cadre lyrique. Toutefois, comme la formation du sujet dépasse l'unique problématique de la voix, nous tenterons de montrer les principes de figuration que permettent certaines «diffractions» de la vie affective.

Dans un deuxième temps, nous traiterons des situations de communication dans le cadre lyrique. Nous interrogerons les degrés de fictionnalité et de factualité dans les situations virtuelles d'énonciation, nous observerons la temporalité pathique dans ses liens avec la forme verbale, ainsi que les indications fournies par le jeu des déictiques. Si les situations de communication tissent des rapports étroits avec la problématique de la voix, elles renvoient également aux enjeux de la destination. La perspective de l'adresse, de la dédicace ne doit pas être absente de notre réflexion. Nous espérons par cette démarche pouvoir dégager des articulations primordiales, des traits spécifiques, qui participent au cheminement configurant. D'ailleurs, en ne nous limitant pas à la formation subjective, nous avons voulu souligner qu'elle ne résume pas à elle seule le pacte lyrique et qu'elle s'inscrit plus largement dans la forme affective générale. Une telle configuration outrepasse les questions énonciatives ou pragmatiques pour s'inscrire dans une intégralité qui associe les formations sensible et référentielle.

1. QUI ?

Si la visée intentionnelle du discours lyrique est de mettre en forme affectivement le pâtir humain, la question des sujets de l'énonciation et de l'expérience semble prédominante. Il nous faut néanmoins apporter d'emblée quelques présupposés sur les «sujets» dont il sera question dans cette partie. En cela, nous reprenons des évidences, mais nous préférons les rappeler afin qu'il n'y ait point de confusions. Le premier présupposé tient à la distinction entre les sujets empiriques, qui sont des existants caractérisés comme sujets psychologiques ou philosophiques, et les sujets virtuels d'énonciation et d'expérience produits par les effets du texte et de l'interaction. Même si par le jeu des figurations, ces deux types de sujets peuvent se rapprocher logiquement, comme dans l'autobiographie, ils ne se confondent jamais ontologiquement. Ils maintiennent constamment la distance du monde empirique au monde textuel. Le deuxième présupposé tient au détachement de la notion de sujet — que celui-ci soit empirique ou textuel — de la perspective identitaire cartésienne. Ce présupposé est d'autant plus nécessaire lorsqu'on traite de la dimension pathique de l'existence. Nous nous fondons pour cela sur une compréhension phénoménologique du sujet comme ex-istant. Cette perspective garde le sujet dans une relation permanente d'altération, de mise hors de soi et de retour à soi. Éloigné d'une substance identitaire, il maintient une ouverture dans l'être-au-monde ou dans l'intersubjectivité qui le constitue. Aussi, notre perspective sur la vie affective nécessite une telle approche du sujet. Ce deuxième présupposé engage une conséquence périlleuse pour l'étude des textes : la subjectivité peut se comprendre sans le recours à un sujet. C'est pourquoi il convient de constamment se remémorer nos propos sur la phénoménologie de l'affectif, notamment sur le caractère relationnel et situationnel de la *Befindlichkeit*. Le troisième présupposé tient à la spécificité de l'énonciation dans l'œuvre littéraire[2]. Il s'agit en fait d'un détachement entre la voix et le sujet-locuteur comme origine personnalisante de l'acte de parole. Si, dans de nombreux cas, ces deux dimensions coïncident, il arrive parfois que leur séparation soit plus pertinente pour l'analyse des discours. C'est notamment le cas lorsque nous sommes confrontés à une polyphonie énonciative qui différencie le point de vue, la prise en charge de l'énonciation et les sujets-actants. Les considérations sur le pacte fabulant tendent à montrer qu'il est impossible de faire l'économie de la notion de «voix narrative» au profit de celle d'un sujet-narrateur. Il est des voix qui organisent l'énoncé de telle manière qu'elles ne provoquent pas un effet-sujet suffisamment puissant pour être identifié. Cela se remarque notamment lorsque la voix, omnisciente et externe, parvient à pénétrer et à représenter le point de vue des personnages. Les principes minimaux de l'identité d'un sujet humain, même très altéré, ne se manifestent plus selon les critères habituels. C'est pourquoi il nous paraît utile de défaire l'idéal d'un sujet parlant comme origine nécessaire de toute énonciation. Ces présupposés, présentés brièvement, seront étayés tout au long de notre analyse. Sans doute sera-t-il plus aisé de montrer combien ils permettent d'approcher avec davantage de rigueur la complexité de l'énonciation lyrique. Signalons néanmoins que ces trois fondements ne visent pas une néantisation de la notion de «sujet», ils permettent au contraire de mieux le situer en réorganisant ses domaines d'application.

a) La polyphonie énonciative

Les considérations qui suivent ne visent pas détailler toutes les traces subjectives ou affectives dans le discours, mais à se centrer sur la mise en forme de la voix, du point de vue et des sujets sentants. Pour ce faire, nous reprenons la réflexion de Philippe Hamon sur le «sujet lyrique» et la théorie polyphonique de l'énonciation d'Oswald Ducrot[3]. Le premier, rappelons-le, formule dans son étude une série de problèmes sur la question subjective, dont une approche opératoire doit tenir compte. Il propose notamment deux «déplacements» majeurs : d'une part, la notion de «sujet lyrique», qui engage des confusions avec le sujet psychologique empirique, devrait être reconsidérée sous celle de «texte [lyrique] à effet de sujet»; d'autre part, cet effet de sujet n'est pas à confondre avec le sujet grammatical, l'actant sujet, le sujet de l'énoncé ou de l'énonciation, mais s'élabore à partir de la globalité de l'«aire actantielle». Nos présupposés sur la notion de «sujet» se lient particulièrement à de tels déplacements. Tout d'abord, il s'agit pour nous de comprendre comment les jeux énonciatifs mènent à une forme affective générale, parfois centrée sur un sujet. Même si cette configuration interagit avec la figuration et la refiguration, nous voulons nous concentrer sur le monde du texte. Aussi, lorsque nous aborderons les questions énonciatives ou actantielles, nous tiendrons à toujours les considérer dans des cheminements configurants plus larges. Le second déplacement proposé par Philippe Hamon nous incite à garder une double précaution. Premièrement, il convient de se détacher d'une approche unitaire et essentialiste qui dirait qu'il n'y a qu'une forme de sujet pour les textes lyriques. L'énumération de tous les sujets en jeu (grammaticaux, d'énonciation, actantiels) dans cette forme de discours marque l'impossibilité de travailler simplement sur «le» sujet lyrique. La complexité du questionnement est telle qu'elle incite à défaire dans un premier temps cette notion, quitte à la reconstruire par la suite. Deuxièmement, le déplacement du sujet vers l'ensemble de l'aire actantielle se retrouve dans notre traitement de la question *qui?* et dans la forme affective générale. En tenant compte des diverses diffractions (comme les personnifications ou les éléments du paysage), nous analyserons par la suite une diffusion plus large de la subjectivité dans le discours lyrique qui influe sur la configuration globale.

La théorie d'Oswald Ducrot rediscute quant à elle le préalable généralement implicite de l'unicité du sujet parlant. Le linguiste reprend librement les considérations sur la «polyphonie» chez Mikhaïl Bakhtine, en les dégageant d'une théorie historique sur les genres littéraires. Son étude permet l'analyse d'énoncés restreints qui ne dépendent plus des déterminations du «roman polyphonique». Ce détachement nous laisse dès lors la possibilité d'observer la polyphonie énonciative dans d'autres pactes que le fabulant. Nous entrevoyons ainsi la possibilité d'écritures lyriques qui s'éloignent des principes monologiques et se dégagent d'une conscience auctoriale unique. C'est pourquoi nous considérons la réduction radicale du «discours poétique» au principe monologique, proposée par Bakhtine, comme peu défendable : «Le langage du genre poétique, c'est un monde ptoléméen, seul et unique, en dehors duquel il n'y a rien, il n'y a besoin de rien. L'idée d'une multitude de mondes linguistiques, à la fois significatifs et expressifs, est organiquement inaccessible au style poétique.»[4] Il suffit de considérer la complexité polyphonique de «La Ralentie» d'Henri Michaux, dans laquelle des voix s'entrecroisent dans une structuration lyrique particulièrement tendue[5]. Nous reviendrons d'ailleurs sur ce texte dans cette partie, tant il défait les habitudes de pensée sur l'énonciation lyrique et incite à considérer les principes polyphoniques.

La complexité de la voix et du sujet dans le pacte lyrique est peut-être aussi vaste que celle du pacte fabulant, même si les traitements critiques sur ce point sont considérablement plus nombreux pour le second que le premier. Sans doute manque-t-il une «lyricologie» qui, à l'instar de la narratologie, explore et décèle avec autant d'attention les différentes instances d'énonciation. C'est pourquoi nous allons tenter dans cette partie de les distinguer et de les caractériser. La théorie d'Oswald Ducrot, en lien avec celle de Gérard Genette sur le «discours du récit», nous permettront de mieux situer les questions de la voix, de fournir des outils largement identifiables pour le champ critique. Signalons que ce repérage n'a pas pour objectif d'évoquer la configuration affective, mais seulement de désigner les diverses instances d'énonciation ou d'expérience, en tenant compte des principales variations dans leur relation. Ce n'est que dans un deuxième temps que cette problématique pourra être rapportée aux enjeux pathiques. Pour l'instant, il s'agit de désigner dans le pacte lyrique les diverses instances visées par ces questions : *qui a produit le texte? qui parle? qui organise le point de vue? qui sent et agit?*

Les individus qui produisent les textes littéraires sont des sujets empiriques, historiques, existant ou ayant existé dans notre monde réel. Leur activité psycho-physiologique et leur appartenance à une communauté culturelle leur ont permis de créer une œuvre. Nous nommons cet instance d'énonciation le «sujet écrivant». Si, dans un énoncé simple, le sujet parlant empirique est généralement l'instance à l'origine des actes illocutoires (ordre, demande, assertion), il en va autrement dans de nombreux textes littéraires, qui nous confrontent à une complexité énonciative. Dans ce rapport simple, l'évidence semble associer les marques de la première personne (*je*, *me*, *mon*) au sujet parlant. Or, comme l'indique Oswald Ducrot, il est nécessaire de distinguer, malgré cette évidence, ce qui relève du sujet parlant et ce qui se rapporte à une «fiction discursive» produite par l'énoncé : le locuteur et l'énonciateur. Dans sa théorie polyphonique, le linguiste définit le locuteur comme «un être qui, dans le sens même de l'énoncé, est présenté comme son responsable, c'est-à-dire comme quelqu'un à qui l'on doit imputer la responsabilité de cet énoncé»[6]. Les marques de la première personne se réfèrent alors à cette instance. Dans le texte littéraire, le «je» du locuteur qui prend en charge l'énonciation diffère, par le statut du «je», du sujet écrivant empirique, à moins qu'il n'y ait une forte unicité. Nous garderons donc cette distinction entre le responsable de l'énonciation et la personne qui écrit comme un préalable à notre réflexion sur la formation subjective. La complexité des énonciations peut en outre démultiplier les locuteurs par une série d'enchâssements. Ainsi, un locuteur principal peut rapporter directement l'énonciation d'un locuteur secondaire, comme dans le procédé métadiégétique en narratologie. Contrairement à l'unicité d'un sujet parlant empirique, l'image que produit l'énoncé est celle d'un dédoublement des locuteurs, qui institue un dialogue, voire une hiérarchisation des paroles.

Oswald Ducrot distingue également, dans l'instance même du locuteur, celui qui est le responsable de l'énonciation en tant que telle (le locuteur L) de l'être qui évolue dans le monde, de manière fictive ou réelle, et qui, entre autres propriétés, peut énoncer son expérience (le locuteur λ)[7]. Cette différence permet de décrire les spécificités de l'autodérision, de l'ironie et des jeux de coloration du discours, sur lesquelles nous reviendrons dans des analyses ultérieures. Toutefois, elle nous sert déjà à dissocier le responsable de l'énonciation en tant que voix et le responsable des actes en tant que sujet dans le monde. Dans le pacte lyrique, en effet, tout comme dans le pacte fabulant, le locuteur principal ne produit pas toujours un effet de sujet identifiable, qui pourrait notamment s'inscrire à la première personne. C'est pourquoi nous préférons détacher la voix, comme instance chargée de l'énonciation, du sujet, qui engage précisément la dimension du personnage. Si, dans une vision commune, une voix renvoie toujours à un sujet, il arrive fréquemment dans les textes littéraires qu'elle ne soit pas assimilable à une origine aussi individuée. La voix peut en effet apparaître comme l'origine de l'énonciation sans désigner par des repères minimaux une esquisse de vie subjective personnelle. C'est le cas lorsqu'elle présente une situation à laquelle elle ne participe pas, en organisant le point de vue par les personnages et en rapportant leurs énoncés. C'est pourquoi nous emploierons l'expression «voix lyrique» pour désigner l'instance virtuelle principale qui produit l'énonciation. En cela, elle correspond à la «voix narrative» dans le cadre de la narratologie. Selon un principe de hiérarchisation monologique — qui est historiquement dominant dans la production lyrique comme dans les autres pactes —, la «voix lyrique» organise les énonciations des locuteurs ou des voix secondaires.

Notre conception de la voix se détache d'un sujet parlant individué, elle la dépersonnalise, mais elle garde néanmoins certaines associations corporelles et affectives[8]. La «voix lyrique» en tant qu'instance d'énonciation ne correspond pas à la représentation théâtrale ou oralisée du texte liée à l'*actio*. La performance orale est un moyen parmi d'autres dans la mise en scène de l'expression corporelle du texte[9]. La voix de l'énonciation dans les textes littéraires n'est pas une émanation phonique audible, mais elle n'est pas pour autant silencieuse. Elle porte et organise le langage, tout en manifestant le degré de profération antérieur à l'acquisition de la parole. Elle peut dès lors incarner textuellement des bruits, des tons, des rythmes, voire, comme chez Ghérasim Luca, un bégaiement qui se rapproche du babil. Le terme allemand *Stimme* nous renvoie immédiatement à celui de *Stimmung* que nous avons analysé avec la tonalité affective. En tant que responsable de l'énonciation, la voix produit des directions pathiques, jusqu'à rendre parfois reconnaissable son «grain» comme le suggérait Roland Barthes. Ainsi, elle n'est pas uniquement porteuse d'informations, mais livre des parts affectives[10]. C'est bien d'un sujet parlant cartésien, pensant et maîtrisant la matière de son dire, que s'éloigne notre concept de «voix lyrique». Elle entrelace la conscience et l'inconscience, pouvant même renvoyer aux voix intérieures ou à celle des hallucinations psychotiques, qui sont pour Lacan radicalement rattachées à l'Autre[11]. Ainsi, la voix, bien que dépouillée des traits individuants du sujet, peut néanmoins livrer l'incarnation de la langue. En tant qu'instance énonciative, elle a une fonction organisatrice prépondérante, qui peut — mais cela n'est pas une nécessité — se rattacher à un pôle sujet-locuteur. Elle est en tout cas un des moyens majeurs de la configuration pour accéder à une forme affective générale.

La voix lyrique n'est pas nécessairement un personnage, avec sa fonction de patient, de sujet du pâtir. La voix prend en charge l'énonciation du monde des personnages, qui peuvent devenir à leur tour des locuteurs secondaires, selon des degrés de hiérarchisation. Elle peut être qualifiée dès lors de voix «auctoriale»[12], dans la mesure où elle est l'origine de l'énonciation sans pour autant participer à l'aire pathique. Quant aux personnages, ils ne remplissent pas uniquement une fonction de patients, mais peuvent également énoncer leurs expériences. Leur intégration à la configuration générale s'opère dès lors dans le double champ du pâtir et de l'énonciation. Une hiérarchisation entre voix principale de l'énonciation et sujets de l'énoncé devient dès lors nécessaire dans le cheminement configurant.

La différence entre plan de l'énonciation, relevant de la voix, et plan de l'énoncé, relevant des patients, nous incite à considérer la question du «point de vue». Cette notion correspond à l'organisation de la perspective, avec la présentation des événements qu'elle induit. Elle renvoie à l'instance de l'«énonciateur» chez Oswald Ducrot et du «centre de perspective» chez Gérard Genette[13]. Une œuvre peut fournir une multiplicité de points de vue, dont la combinaison donne une configuration du monde du texte. Ainsi, le centre de perspective ne cesse de joindre les plans de l'énonciation et de l'énoncé, de celui qui «parle» et de celui qui «perçoit». Parfois, il arrive que la voix lyrique évoque des événements à partir du point de vue des personnages. Si la voix endosse la responsabilité de l'énonciation, elle reste néanmoins distante quant à celle des attitudes et du sentir. L'énonciation maintient dès lors une étrangeté face aux indices de la subjectivité, qui permet des jeux ironiques comme chez Max Jacob. Sur la question du point de vue, Paul Ricœur reprend la typologie non exhaustive de Boris Ouspenski pour mieux situer les jeux de perspectives dans l'œuvre. Les possibles s'articulent sur divers plans : idéologique (d'après le système d'évaluations qui régit la conception du monde), phraséologique (comme dans le cas du discours rapporté), spatiale (position, profondeur de champ), temporel (coïncidence entre le temps des personnages et celui de la voix lyrique) ou encore psychologique (pour déterminer si l'exposé des faits s'impose comme objectif ou purement personnel)[14]. En considérant ces différents plans, il est possible d'observer avec davantage de finesse les jeux du point de vue entre la voix de l'énonciation et les personnages.

Nous nous centrons à présent sur la question du sujet du pâtir dans la configuration, que nous nommons le patient[15]. Cette catégorie est du ressort de l'«effet-personnage» développé par Philippe Hamon et repris par Vincent Jouve[16], c'est-à-dire qu'elle se construit par la coopération entre le texte et le lecteur. Le patient est un ensemble d'indéterminations qui se remplit partiellement d'attributs et de qualités par l'interaction de la lecture, en s'appuyant sur les règles du genre, sur l'idéologie, sur le répertoire et les termes de la vie affective. Le patient occupe ainsi une *fonction* dans la structuration qui produit un effet d'être-sentant. Il peut donc être anthropomorphe ou non (un arbre peut par exemple être un patient à travers les saisons), mais il rassemble en lui une identité pathique jusqu'à pouvoir produire un personnage. La distinction que nous faisons entre le niveau fonctionnel du patient et celui représentatif du personnage réside dans l'effet de vie qui lui est accordé. Si, par l'interaction, le patient acquiert un effet de vie, qui lui donne les qualités d'un sujet pouvant agir et penser, il devient un *alter ego* virtuel auquel le lecteur peut s'identifier de manière empathique. Mais cet effet ne se construit que dans la dynamique entre les orientations du texte et l'acte de lecture. Il est le fruit d'une homologie non seulement au niveau de la vie pathique, mais aussi de l'expérience subjective plus générale. Le lecteur entre dans le monde textuel par la voix de l'énonciation, mais il s'identifie avant tout au centre de perspective dominant ainsi qu'au patient principal lorsqu'il détermine la forme affective générale.

Dans le pacte lyrique, nous trouvons fréquemment un patient principal (épais, dynamique) qui entretient des rapports pathiques avec d'autres patients secondaires, souvent unidimensionnels. Une forte hiérarchisation tient la structuration des personnages. Mais il arrive également que les personnages se retrouvent tous dépeints sous les traits d'une même disposition affective, qui rassemble l'épaisseur pathique autour d'un sujet radical. En outre, des personnages secondaires peuvent engager une forte identification par leur fonction d'«embrayeurs», selon la terminologie d'Hamon, comme le «poète» ou Orphée.

Dans ce pacte, nous trouvons également de nombreux types de personnages, qu'ils renvoient à des critères référentiels (Picasso chez Jacques Prévert), mythologiques (Apollon chez Paul Valéry), allégoriques (L'Idée chez Saint-John Perse), socio-professionnels (les sténo-dactylographes chez Apollinaire). Il est donc possible de mener des observations semblables au pacte fabulant, même si les cadres du discours se modifient considérablement. Les traits ne doivent plus être ramenés à la mise en intrigue, mais à la vie affective. La reconstruction de certains personnages incite d'ailleurs à dépasser une séquence ou un poème, pour couvrir l'intégralité d'un recueil ou d'une œuvre, en vue de déceler des traits fonctionnels ou psychologiques récurrents.

Ces considérations sur la voix lyrique, le point de vue et le patient visent à complexifier les enjeux qui travaillent la notion de «sujet lyrique». Il nous semble que cette notion peut être opératoire à la condition qu'elle recouvre une orientation précise dans l'infinité de combinaisons d'une structuration lyrique. Nous nommerons «sujet lyrique» l'instance qui unit en un effet-personnage la voix lyrique et le patient, lorsqu'il est principal ou embrayeur. Cela signifie que le sujet lyrique est considéré de manière dominante comme le responsable et l'origine de l'énonciation, comme l'organisateur de la perspective et comme l'être sentant. Il a par conséquent une détermination prépondérante dans la configuration, qui oriente la forme affective générale autour d'un pôle subjectif. La constitution d'un sujet lyrique n'implique pas pour autant l'utilisation systématique des marques de la première personne du singulier dans l'énonciation. C'est fréquemment ce pronom personnel que nous retrouvons dans la tradition du pacte, mais il convient de ne pas les associer par nécessité, comme nous le montrerons par la suite. Les combinaisons dans la structuration lyrique sont bien plus complexes.

Lorsque la voix lyrique se trouve placée hors de l'aire pathique du monde décrit, qu'elle sert uniquement comme origine sans être figurée par un personnage, nous parlons d'une «voix auctoriale». Ajoutons que cette voix à une dimension «hétéropathique»[17], dans la mesure où elle ne participe pas en tant que patient à la forme affective générale. En revanche, lorsqu'elle est suffisamment figurée pour provoquer un effet-sujet et participer à l'aire pathique, la voix lyrique devient un «sujet lyrique». Ce sujet active alors une dimension «homopathique», lorsqu'il est l'observateur impliqué, voire «autopathique» lorsqu'il est le patient principal évoqué par son énonciation. Si ces catégories ne servent pas à montrer en quoi consistent les enjeux affectifs du texte, elles nous permettent de désigner les diverses instances qui allient l'énonciation et la perspective à l'aire pathique.

Nous allons présenter quelques brèves analyses afin de mieux mettre en place ces outils. Pour ce faire, il nous faut considérer les observations sur l'énonciation et les personnages par rapport à la forme affective générale. Il est habituel de croire que le pacte lyrique se constitue uniquement sur la trame du sujet lyrique autopathique comme dans ce poème de Paul Eluard :

Être

Le front comme un drapeau perdu
Je te traîne quand je suis seul
Dans des rues froides
Des chambres noires
En criant misère

Je ne veux pas les lâcher
Tes mains claires et compliquées
Nées dans le miroir clos des miennes...[18]

Le responsable de l'énonciation prend majoritairement en charge le point de vue, tout en tenant le rôle de patient principal. L'apparition de marques personnelles (le «je» face au «tu» aimé) confirme en outre la dimension autopathique. Il serait cependant trompeur de réduire le pacte lyrique à une telle stratégie. D'autres possibilités sont exploitées, qui n'ôtent pas pour autant la constitution d'une forme affective générale. Le recueil *Exister* de Jean Follain nous paraît dans ce sens particulièrement exemplaire, notamment lorsque nous observons les combinaisons entre la voix, le point de vue et les patients.

Hors durée

Sains et saufs les poissons
oubliés
sont dans l'étang morne
couverts de nuances
les chiens regardent
en témoins de l'homme ;
les frissons du chêne creux
le cri d'un oiseau lointain
sont perçus du cavalier qui rentre
d'une guerre de trente ans.[19]

Dans ce poème, ce n'est même plus la voix auctoriale qui dirige majoritairement le point de vue. Les huit premiers vers nous présentent un monde selon la perspective du personnage. Seuls, les deux derniers vers nous invitent à une observation plus large pour nous restituer l'instant vécu par le cavalier. Si la forme affective générale correspond à la redécouverte du pays après une longue quête et de lourdes épreuves, elle ne relève pas d'un pâtir lié à la voix lyrique. L'identification du lecteur pourra se faire alors par rapport à la forme affective élargie et non à la voix.

Force nous est de constater que ces constructions ne sont pas dominantes dans la tradition lyrique, mais cela constitue davantage un problème historique lié aux horizons d'attente que le manque de potentiels du pacte. Nous aimerions en outre terminer cette section en nous centrant sur la question polyphonique. Dans les deux poèmes de Jean Follain, une voix auctoriale est encore identifiable, ce qui n'est pas nécessairement le cas dans d'autres textes lyriques. Chez Jules Supervielle, nous trouvons notamment le cas d'un dialogue qui est thématisé par rapport à la mélancolie du patient principal, lui-même représentant un des trois locuteurs :

– Valériane ou Véronal ?
– Bon élève en neurasthénie,
Premier accessit d'insomnie,
Prends donc le train pour n'importe où,
Fourre ta tête dans un trou [...]
– Je ne crois plus à la campagne,
C'était bon quand j'avais vingt ans ;
J'ai des enfants, j'ai ma compagne,
Et je n'ai plus toutes mes dents.
Je ne goûte plus que mes livres,
Les vieux papiers, mes vers récents...[20]

Dans ce dialogue fictif, nous distinguons trois locuteurs : le premier peut être un serveur au comptoir, le deuxième locuteur adresse un propos ironique au troisième, plaintif, qui a un statut de personnage-embrayeur associé au «poète» («mes livres», «mes vers récents»)[21]. Par son ton, le deuxième locuteur pourrait être envisagé comme une voix intérieure du «poète», négative et moqueuse. Ainsi, les tourments liés à une disposition mélancolique entretiennent un dédoublement de soi au niveau de la forme affective générale. L'unité du sujet sentant, identifié au sujet écrivant, n'est recomposée qu'à ce point de la configuration, par-delà le jeu des locuteurs et du dialogue. La tonalité mélancolique ne tient pas uniquement à la plainte, au désespoir du troisième locuteur, mais aussi à l'étrangeté cruelle de la persécution opérée par la deuxième voix.

«La Ralentie» d'Henri Michaux[22] nous place face à un éclatement polyphonique qui défie toute approche d'un sujet lyrique, locuteur égocentrique, livrant la vie sentimentale de l'auteur. Pourtant, nous avons bien affaire à une plainte, particulièrement tragique et désespérée, à des cris d'angoisse, à des appels face aux femmes perdues. Ce texte par sa thématique est centré sur le pâtir souffrant du corps et du psychisme. Mais, rarement un texte lyrique a mis en jeu une telle variété d'instances énonciatives, de points de vue, de patients, de temps et d'espaces. Sans doute avons-nous là une illustration imposante de ce qu'implique l'éclatement du sujet parlant cartésien prôné dans la postface à *Plume* : «On veut trop être quelqu'un. Il n'est pas un moi. *Il n'est pas dix moi. Il n'est pas de moi. MOI n'est qu'une position d'équilibre.* (Une entre mille autres continuellement possibles et toujours prêtes.) Un moyenne de "moi", un mouvement de foule. Au nom de beaucoup je signe ce livre.»[23] «La Ralentie» défait les principes identitaires de la cohésion : les voix féminines sont difficiles à situer, s'entrelaçant en permanence; l'ordonnancement du discours ne suit pas une progression thématique habituelle ou liée à un genre, le mode du dialogue ne tient pas les locuteurs[24]. Ce texte pousse la polyphonie à son paroxysme, mais cela n'ôte pas pour autant toute cohérence. De ce fatras de voix surgit une forme affective générale particulièrement unie autour d'une disposition «ralentie», que nous retrouvons fréquemment dans l'œuvre de Michaux. La dépossession de soi et la perte de l'autre, dans la souffrance et l'effondrement que cela suppose, tient les différentes voix (plaintes, cris, menaces, appels). Sans doute, à travers ces épreuves et ces exorcismes, un «monde [a] participé» à la mise en forme, davantage que l'effusion spontanée d'un sujet écrivant[25]. La forme affective générale permet donc de configurer la plurivocité énonciative sous une perspective pathique cohérente, sans pour autant réduire l'expérience à celles d'individus particuliers. Comment ne pas s'éloigner dès lors d'une lecture autobiographique et psychologique qui, pour réduire la polyphonie, attribue directement les voix féminines à un principe inconscient du sujet écrivant : «Si le ton de ce texte est d'une extrémité si déchirée, comme par un effet de nostalgie introvertie, c'est que Michaux n'y témoigne pas seulement d'un lyrisme affectif attaché à la femme (comme dans «Amours» par exemple). Au-delà de toute femme possible ou impossible, c'est la femme, le principe féminin en lui qui écrit, libérant et étranglant la voix.»[26]

Le parcours et les analyses des différentes instances énonciatives marquent une complexité de cette question dans le pacte lyrique. Si, dans un premier temps, nous avons simplifié la question du patient pour comprendre les pôles du personnage et du sujet lyrique, il convient à présent de poser des nuances que nous avons momentanément occultées. Pour ce faire, nous allons considérer la question de l'aire pathique et des diverses diffractions de la vie affective.

b) La diffraction affective

Le fait que la configuration aboutisse à une forme affective générale plutôt qu'à un recentrement sur le sujet lyrique nous permet de considérer les marques diverses du pâtir dans la structuration discursive. Ainsi, les formations sensible et référentielle participent à la mise en forme affective. En outre, la phénoménologie incite à envisager une dimension pathique, qui ne scinde pas le sujet du monde, mais les maintient en relation d'altération. C'est pourquoi la catégorie du patient, en tant que sujet du pâtir, doit être reconsidérée par-delà un schéma actantiel typique afin de mieux tenir compte des spécificités de la disposition affective (*Befindlichkeit*). Les pôles du sujet et de l'objet, de l'adjuvant et de l'opposant, du destinateur et du destinataire méritent d'être retravaillés dans une importante interaction sémantique sous peine d'un manque d'opérativité dans la description des enjeux lyriques. Comme le souligne Philippe Hamon, «il n'y a aucune raison, de surcroît, d'isoler et de privilégier la seule notion actantielle de "sujet", dans une étude du "lyrisme", là où la complexité des textes et la raison structurale doivent nous inciter à penser la question *globalement*, en tenant compte de l'intégralité des postures actantielles qui forme système et réseau...»[27] C'est donc à un élargissement de la question du patient à celle de l'«aire pathique» que nous invite une analyse des fonctions des personnages dans le pacte lyrique.

Dans la perspective de la formation subjective, nous aimerions montrer comment la configuration affective peut se répandre, par projection, ou se concentrer, par introjection, sur le pôle du sujet lyrique. Dans la phase d'ouverture de l'horizon de présence, nous nous trouvons, selon la terminologie de Lipót Szondi, dans une «égodiastole», alors que dans la phase de réduction, nous sommes face à une «égosystole». Ces deux mouvements peuvent être détaillés par la pulsion du *Moi* spécifiée par le psychiatre, qui se compose de deux «facteurs dimensionnels» (*k* : *catatonique*, comme rétrécissement du moi ; *p* : *paranoïde*, comme extension du moi)[28]. Ces deux facteurs se constituent dans un nœud qui marque quatre poussées antagonistes dans les tensions radicales du Moi : introjection (k+), négation (k-), inflation (p+), projection (p-). Sans entrer dans le détail de ces poussées, il est possible d'indiquer des moments systoliques de resserrements possessifs, en introjectant la relation au monde ou des instants de néantisation de celle-ci. Par ailleurs, les possibilités diastoliques peuvent souligner l'extension où tout possède le moi, ramenant le monde à l'égocentrisme, ou au contraire tendre à une participation au tout. Lorsqu'il est axé sur une relation pathique confiante, le texte met fréquemment en jeu un sujet lyrique sans prise de position (k=0), qui convoque une importante puissance projective de participation. Chaque chose, chaque être s'active dans la disposition, avec une mise en mouvement aussi forte que celle de ses propres pulsions. Nous assistons alors à une diffraction[29] de la vie affective qui se répand sur tous les éléments évoqués. Toutefois, le lyrique sert également à la mise en forme de tonalités plus possessives ou plus possédées, qui sont centrées sur le sujet lyrique. La fonction du patient se manifeste plus clairement par le jeu des introjections, des négations et des inflations. Chaque poussée détermine de manière différente les rapports à l'objet, aux opposants ou aux destinataires. La globalité de l'aire pathique est dès lors recomposée selon les degrés d'ouverture ou de resserrement du pôle sujet. C'est pourquoi de telles variables nous incitent à garder une prudence dans l'observation des fonctions dans l'aire pathique. En outre, cela rend d'autant plus difficile une compréhension stable et identitaire du sujet-personnage. A partir des personnifications de la vie affective et de la relation au paysage, nous allons par conséquent montrer deux diffractions récurrentes du sujet lyrique dans la tradition.

Par le truchement des personnifications, les tonalités pathiques accèdent parfois à un effet individué de personnage fictif. Elles défont par conséquent l'instance du sujet lyrique comme un patient unitaire. Des éléments de la vie psychique humaine participent à l'aire pathique dans différentes fonctions. En outre, lorsque les personnifications acquièrent un statut de locuteur ou d'interlocuteur, engageant dès lors des prosopopées, elles accroissent la diffraction affective au niveau de la voix énonciative. Les personnifications peuvent ainsi renvoyer à une figure absente interpellée, à un patient, sujet d'un pâtir identifiable, à un locuteur qui énonce les enjeux pathiques. Elles ont même la possibilité de remplacer l'instance du sujet lyrique (voix et patient principaux), sans pour autant représenter un *alter ego*, car elles ne renvoient qu'à des parts de l'existant humain. A moins d'obéir à un principe polyphonique, une hiérarchisation des personnages tient la complexité des instances, orientant la primauté vers un personnage-embrayeur rattaché à une figure subjective humaine.

La constitution de séquences allégoriques dans le pacte lyrique se perçoit fréquemment par les personnifications et l'organisation métaphorique du discours. Contrairement à une définition qui réduit l'allégorie aux pactes fabulant ou critique, nous la comprenons davantage comme une structuration qui lient des sujets abstraits (dans le cas présent, avec des enjeux affectifs), représentés par des personnifications ou des réalités concrètes (objets, animaux, humains), à une organisation symbolique filée par bi-isotopie. Ce procédé se retrouve par exemple dans de nombreux textes des *Fleurs du Mal* de Baudelaire, comme «Le Recueillement» :

> Sois sage, ô ma Douleur, et tiens-toi plus tranquille.
> Tu réclamais le Soir; il descend; le voici :
> Une atmosphère obscure enveloppe la ville,
> Aux uns portant la paix, aux autres le souci...[30]

Lorsque les personnifications deviennent des interlocuteurs, la diffraction du sujet lyrique s'accroît au niveau énonciatif. Néanmoins, ces complexifications allégoriques ne signifient pas pour autant une perte de cohérence dans la forme affective générale. Celle-ci peut parfaitement rester axée sur un sujet lyrique, tout en engageant de multiples personnifications de la vie affective. En fait, ces dernières servent avant tout à dynamiser la mise en forme, en ôtant une dimension purement personnelle au pâtir. Elles permettent un élargissement de l'expérience à des tonalités fondamentales (Mélancolie, Souci, ...), que les sujets lisants peuvent aisément identifier par l'unique nomination. L'adresse à la douleur chez Baudelaire laisse diverses indéterminations quant au contenu empirique, mais indique une orientation dysphorique que le lecteur peut charger de son propre vécu. L'identification permet un partage des préfigurations liées au malheur, à la lassitude et au besoin de repos. Ce procédé des personnifications de la vie affective est particulièrement ancien et récurrent dans la tradition lyrique. Nous le trouvons par exemple dans une série de rondeaux écrits par Charles d'Orléans sur la Saint-Valentin[31]. Les personnifications des dates (le 14 février, le mardi-gras, le mercredi des cendres) liées à cette fête sociale organisent la mise en forme allégorique des tensions psychologiques : entre les sentiments dysphoriques d'abandon, de solitude, de vieillesse et l'euphorie juvénile collective. Ainsi, dans le rondeau 295, le désir amoureux (*Valentin*), la pénitence (*Karesme*, lié au mercredi des cendres) et les tentations de la chair (*Charnaige*, désignant le mardi-gras) se livrent un combat qui est celui des tensions affectives du sujet lyrique[32].

La seconde orientation que nous allons évoquer pour rendre compte de la diffraction affective est celle du paysage. Ce thème, récurrent dans la poésie lyrique, notamment du XXe siècle, offre un décentrement de la fonction du patient pour davantage penser la disposition globale qui tient l'aire pathique. Le paysage engage de nombreuses problématiques que nous ne ferons qu'entrevoir dans le cadre de la formation subjective[33]. Aussi délaissons-nous les points historiques ou géographiques liés à cette question pour nous concentrer sur les enjeux du paysage dans la constitution affective du sujet lyrique. Même si la description est ancrée dans une région empirique, le paysage déborde toujours les cadres du pays, en tant que donnée physique et politique, pour relever de l'élaboration d'un «espace accordé» par et pour un sujet. C'est généralement dans un lien d'appartenance charnelle que se donne à lire la relation du sujet lyrique au paysage. Aussi, l'hiatus entre l'intériorité et l'extériorité s'estompe pour laisser place à une dynamique participative, centrée sur les dispositions affectives. Les colorations des paysages deviennent constitutives du sujet, comme le sujet en parallèle constitue le paysage. Nous nous trouvons ainsi dans un lien permanent entre les mouvements du monde et ceux qui orientent le sujet. Comme l'indique son suffixe *-age*, le paysage est une configuration de l'espace; mais celle-ci se détermine également par une relation pathique d'affection et d'affectivité. Le thème engage des éléments (la terre, l'air), ainsi que diverses figures qui agissent comme des matériaux pour l'imaginaire (pensons aux nuages, à la montagne, au jardin ou à l'horizon)[34]. D'après les orientations en jeu, le jardin peut par exemple renvoyer à un espace parfaitement ordonné ou à une clôture oppressante. Ainsi, le paysage livre une diffraction affective sans pour autant instaurer un effet-personnage. Il arrive que nous n'ayons qu'une voix lyrique non identifiable et la description d'un paysage avec ses tonalités pathiques, comme dans de nombreux textes d'André du Bouchet. Néanmoins, la majeure partie des stratégies consistent à marquer la relation entre le paysage et le sujet lyrique par une même configuration affective, comme dans ce poème de Marie-Claire Bancquart :

> [...]
> Entre résine et sang
> le soleil attendri des feuilles
> filtre un long rêve sur ces verbes
> dont on chuchote
> sans passé ni futur
> un acte sans défaut :
> boire
> vivre
> joindre son corps aux aiguilles de pin.
>
> Couché à moitié hors de soi
> on est une seconde d'arbre heureux.[35]

Pour distinguer le sentir pathique des abstractions réflexives de la connaissance, il est courant en phénoménologie, notamment à la suite d'Edmund Husserl et d'Erwin Straus, d'opposer la configuration du paysage à la représentation géographique et aux abstractions géométriques de l'espace. La première aurait des enjeux pathiques dont les deux autres seraient dénuées. Or, il est un recueil qui investit les formes géométriques traditionnelles du pâtir humain : il s'agit des *Euclidiennes* d'Eugène Guillevic. Nous aimerions terminer nos considérations sur la diffraction affective par un cas dans lequel le patient est un losange nostalgique de sa perfection carrée :

> Un carré fatigué
> Qui s'est laissé tirer
>
> Par ses deux angles préférés,
> Lourds des secrets.
>
> Losange maintenant,
> Il n'en finira plus
> De comparer ses angles...[36]

Dans le recueil, cette description du losange suit celle d'un carré narcissique et arrogant. Elle met en forme, en se calquant sur les caractéristiques d'une figure géométrique, le pâtir humain, sans pour autant renvoyer à un sujet lyrique.

2. SITUATIONS DE COMMUNICATION

Par l'étude des situations de communication, nous allons nous centrer sur les circonstances qui déterminent les diverses formes d'énonciation et de réception. Cela implique idéalement de considérer «l'entourage physique et social où [l'énonciation] prend place, l'image qu'en ont les interlocuteurs, l'identité de ceux-ci, l'idée que chacun se fait de l'autre (y compris la représentation que chacun possède de ce que l'autre pense de lui), les événements qui ont précédé l'énonciation (notamment les relations qu'ont eues auparavant les interlocuteurs, et les échanges de paroles où s'insère l'énonciation en question)»[37]. Bien évidemment, chaque œuvre littéraire implique des situations de communication différentes, et il serait peu pertinent d'analyser une telle complexité d'une manière trop générale. Toutefois, il nous paraît intéressant de mettre en évidence certains traits liés à la situation de communication dans le monde textuel. En effet, nous assistons dans l'œuvre littéraire à une multiplication des niveaux d'énonciation et de réception. Ainsi, dans le cas du récit, le sujet écrivant engage une ou plusieurs situations empiriques de communication avec des sujets lisants, alors que le narrateur s'inscrit dans une ou plusieurs situations virtuelles avec des destinataires divers. Un auteur de science-fiction peut écrire en 1930 un roman dans lequel le narrateur, situé en 2320, raconte rétrospectivement une guerre qui a eu lieu trois cents ans plus tôt. De la même manière, le pacte lyrique implique des situations de communication empiriques et des situations de communication virtuelles relevant du monde du texte. Lorsque le critique s'intéresse aux premières, il accentue davantage l'environnement des sujets écrivants et lisants, leur identité, les images et représentations qui alimentent leur acte, la connaissance qu'ils ont les uns des autres pour rapporter ces déterminations au monde du texte. En revanche, lorsque le critique traite du monde du texte et de ses effets, il tentera de comprendre la constitution d'une situation virtuelle particulière et les liens qu'elle entretient ensuite avec les situations empiriques d'énonciation et de réception, comme une rencontre des possibles et des répertoires. Notre perspective nous incite à opter majoritairement pour la seconde démarche, avec une perspective générale sur les situations de communication les plus courantes pour une mise en forme affective.

Les situations empiriques ou virtuelles se caractérisent par des termes semblables : les protagonistes du discours (locuteur et destinataire), les circonstances spatio-temporelles qui permettent de localiser les protagonistes, auxquelles s'associent notamment les conditions socio-historiques et les diverses facettes d'un monde habitable. Néanmoins, la situation virtuelle entrouvre une dimension supplémentaire dans ses liens à la fiction et à la factualité. Il s'agit en effet de construire un monde possible qui se fonde sur le monde commun pour le contester, pour le transformer ou pour le respecter. Il s'agit d'une détermination spécifique au monde du texte, qui se bâtit par l'interaction et par les présuppositions. Aussi la problématique de la situation de communication entrelace-t-elle fortement la formation subjective à la formation référentielle. Ces pages seront donc en lien avec les études sur la métaphorisation et l'évocation.

Parmi les principales situations de communication qu'une œuvre littéraire engage nous trouvons un fondement minimal : la situation empirique du sujet écrivant (durant l'écriture), la situation empirique du sujet lisant (durant la lecture), la situation virtuelle du locuteur principal et de ses interlocuteurs (dans le monde du texte). Cette étude s'attache à ces éléments pour déterminer à qui et à quoi reviennent les indicateurs de situation de manière dominante dans une configuration lyrique. Pour ce faire, nous concentrons notre réflexion sur trois points qui serviront de sol pour une première approche de la question. Dans un premier temps, nous traiterons des liens de communication entre sujets empiriques et sujets virtuels par la problématique des degrés de fiction et des pronoms personnels. Une telle perspective sera complémentaire à la réflexion précédente sur la voix et le sujet lyrique. Nous tiendrons compte de la fictionalité de la situation virtuelle par rapport aux interactions figurative, configurative et refigurative du pacte. Nous tâcherons par ailleurs de déterminer la dominante lyrique par-delà l'horizon d'attente de l'épanchement et de la sincérité. Dans un deuxième temps, nous aborderons les circonstances spatio-temporelles qui caractérisent la situation virtuelle lyrique. Pour cela, nous nous intéresserons à la temporalité qu'implique la forme verbale et à la localisation qu'engagent les déictiques. Nous observerons à chaque fois comment la dimension pathique de l'existence détermine des relations spécifiques à l'espace et au temps.

a) Les degrés de la fiction

La question de la fiction se pose fréquemment dans le domaine lyrique en opposition à une dimension autobiographique[38]. Or, cette problématique se centre avant tout sur le sujet lyrique, en tant qu'il est la voix lyrique et un des patients principaux. Il serait effectivement difficile de donner une perspective empiriquement vécue par l'auteur à un texte sans sujet qui décrit un état de choses : songeons aux *Euclidiennes* de Guillevic. Cela n'exclut pas que les paysages décrits par un auteur soient des lieux connus ou relèvent de son vécu, mais il est peu probable que l'écrivain fasse le récit identifiable des événements de son existence par des évocations de paysages sans sujet. Mais si tel était sa stratégie, il adjoindrait dès lors un contrat de lecture, des dates, des références qui permettraient de situer son propos d'après une telle perspective. Envisager cette probabilité est déjà une distorsion importante par rapport à la théorie de Philippe Lejeune, qui la définit comme un « récit rétrospectif en prose qu'une personne réelle fait de sa propre existence, lorsqu'elle met l'accent sur sa vie individuelle, en particulier sur l'histoire de sa personnalité »[39]. Une telle définition se concilie difficilement avec les enjeux du pacte lyrique, dans la mesure où l'écrivain ne passe pas par la mise en intrigue pour traiter d'événements vécus. Si le genre de l'autobiographie engage de manière dominante les pactes fabulant et critique, cela ne signifie pas pour autant que le cadre lyrique empêche l'évocation d'événements vécus par l'auteur. En ce sens, des éléments autobiographiques peuvent déterminer un contrat de lecture singulier dans certains textes lyriques. Ainsi, l'auteur peut engager ses lecteurs à recomposer une partie de son pâtir personnel, même si les faits qu'il évoque se rattache à des enjeux existentiels plus larges[40]. On s'autorisera alors à traiter des éléments autobiographiques d'un texte, qui permettent d'identifier en partie le sujet lyrique au sujet écrivant empirique. Dans ce cas, la situation virtuelle du texte active de nombreux entrelacements avec une existence réelle, voire avec une situation d'énonciation empirique. Tel est le cas dans les fameux poèmes regroupés dans « A la Santé » de Guillaume Apollinaire[41]. Non seulement nous trouvons des événements, un lieu précis, une date qui se rapportent à la vie de l'auteur, mais l'identification se fait également par le prénom : « Et quelle voix sinistre ulule / Guillaume qu'es-tu devenu ». Le contrat autobiographique est manifestement mis en œuvre et induit une orientation de lecture. L'épisode identifiable donne une forte teneur empirique à la situation virtuelle. Le lecteur peut dès lors supposer qu'Apollinaire a écrit ces poèmes dans sa cellule et que le pâtir évoqué était effectivement le sien à ce moment-là. Il reprend alors l'horizon romantique de la sincérité, en se fiant aux dires de l'auteur. Mais une telle reconstruction de la vie affective reste peu vérifiable et agit davantage sur l'univers de croyance.

L'identité entre le prénom littéraire de l'auteur et celui du sujet lyrique marque fortement dans le cas d'«A la Santé» un rassemblement du sujet écrivant, de la voix lyrique et du patient principal. Un tel rassemblement peut également se faire par l'utilisation du pronom personnel et d'une série d'indications sur les circonstances spatio-temporelles. Chez Yves Leclair, nous trouvons par exemple en fin de poème des indications systématiques qui donnent un repère précis de la situation d'énonciation virtuelle : «*(De la cuisine, en buvant mon bol de café au lait)* / 28 novembre 1987»[42]. Même si cette situation reste généralement peu vérifiable et si elle n'indique pas pour autant les dates d'écriture et de corrections, ces précisions visent à produire un effet autobiographique pour qualifier le moment évoqué. Ce dernier n'est pas raconté avec une distance rétrospective, mais comme s'il se déroulait à l'instant. Sans doute trouvons-nous là un trait des situations virtuelles lyriques. Elles peuvent être repérées dans l'espace et le temps, mais l'impression qui se dégage est celle d'un passé qui a une résonance avec notre situation de réception empirique. Le moment décrit donne l'impression d'encore retentir dans le présent[43]. Dès lors, les éléments autobiographiques engagent une ambivalence : ils renvoient clairement à une situation d'énonciation localisée, mais ils interfèrent par le jeu de la situation virtuelle avec l'*ici et maintenant* de la situation de réception.

L'emploi de figures mythiques ou mythologiques nous confronte à une problématique plus vaste sur la croyance. En effet, les mêmes figures peuvent relever d'affirmations factuelles, d'histoires vraies ou de fictions. Ainsi, la référence aux Érynies n'engage pas la même problématique de fictionalité que celle de l'ange pour un poète catholique du début du siècle. Par ailleurs, il est parfois difficile d'établir dans la figuration mythique une distinction nette entre fiction et factualité. La dimension allégorique, qui se construit sur une analogie entre une ontologie primaire et les possibles d'une ontologie secondaire, se rapproche de la construction des mondes de fiction[44]. En effet, même si la notion d'être dans la fiction n'est pas celle du monde réel, elle indique néanmoins des rapprochements symboliques. Lorsqu'Henri Michaux interpelle le Malheur, comme une entité individuée, nous savons bien que les attributs du malheur appartiennent dans le monde réel à un état affectif.

Il y a ainsi dans cette forme de fiction un degré de métaphorisation particulièrement saillant. Il devient dès lors difficile d'opposer une telle fictionalité à des éléments autobiographiques. Si nous prenons l'exemple de Pierre Jean Jouve et de la figure d'Hélène, qui parcourt son recueil *Matière céleste*, nous pouvons difficilement dissocier fiction et analyse de la vie affective vécue. Cela se révèle d'autant plus manifeste si l'on se réfère au chapitre qu'il consacre à cette figure dans son «journal» *En miroir*[45]. Hélène a été inventée, écrit-il, entre 1933 et 1934 à partir de trois femmes qu'il a rencontrées dans sa jeunesse, et plus particulièrement à partir de «Lisbé». Ainsi, lorsque le sujet lyrique évoque la morbide beauté d'Hélène, tout en s'adressant à elle, la situation d'énonciation virtuelle semble reposer sur une fiction qui redéploie métaphoriquement les enjeux du réel[46].

Une telle perspective est accentuée dans les poèmes qui forment l'ensemble *Monsieur Monsieur* de Jean Tardieu. Ainsi, le voyage avec ce personnage double engage-t-il les traits de la fiction :

> Avec Monsieur Monsieur
> je m'en vais en voyage.
> Bien qu'ils n'existent pas
> je porte leurs bagages.
> Je suis seul ils sont deux...[47]

Le dédoublement du personnage, son manque de consistance jusqu'à la non-existence indiquent que nous sommes hors du registre factuel. Néanmoins, l'intégralité du poème est centrée sur les tensions, les contradictions de ce personnage à deux voix et s'achève sur une thématique explicitement affective :

> C'est ainsi qu'ils devisent
> et la discussion
> devient si difficile
> qu'ils perdent la raison
>
> Alors le train s'arrête
> avec le paysage
> alors tout se confond.

Le sujet lyrique qui apparaît dans les deux premières strophes est absorbé par la conversation et en vient à se confondre avec Monsieur Monsieur et le paysage. Le personnage irréel renvoie dès lors le sujet supposé réel à une forme pathique particulière. Cette perspective est d'ailleurs explicitée par l'auteur, qui passe un contrat de lecture dans un argument liminaire : «... c'est sur ce miteux théâtre de marionnettes où vont tout à l'heure apparaître deux Monsieurs identiques dont chacun n'est que l'ombre de l'autre, des jocrisses jouant au philosophe, des éléments éternels réduits à des dimensions ridicules, des sentiments vrais représentés par leur propre parodie, — c'est là que je m'étais caché pour écrire ces poèmes.»[48] Non seulement l'auteur prend en charge une dimension autobiographique, mais il suggère à ses lecteurs d'en faire de même et de voir par-delà la niaise irréalité leurs propres gesticulations. Il leur demande notamment «de devenir complice du jeu» qui à travers la simulation dévoile des parts de vérité. De la sorte, le caractère instructif de la fiction est mis en avant pour établir des liens importants entre le monde du texte et le monde empirique.

Par ces multiples exemples, nous voyons que le pacte lyrique rassemble des stratégies autobiographiques et des stratégies de fiction, qui influencent la configuration sans pour autant la détourner de l'effet global. L'objectif reste de faire (res)sentir la vie affective, que ce soit de manière plus factuelle en centrant le propos sur le vécu empirique de l'auteur ou en ouvrant des degrés divers de fiction. Néanmoins, contrairement aux faits ou à certaines actions, le pâtir d'un individu reste difficilement vérifiable. C'est pourquoi les textes lyriques activent implicitement, lorsqu'ils prennent une perspective autobiographique, le contrat de sincérité rattaché à l'époque romantique. Sans doute n'est-il pas hasardeux que la plupart des auteurs du XXe siècle qui utilisent abondamment la fiction dans le cadre lyrique en viennent à développer dans leur esthétique la fonction du masque, de l'illusion ou du jeu comme moyens pour révéler davantage d'authenticité ou de vérité. En tant que tel, le lyrique n'implique pas une part autobiographique plus importante que le pacte fabulant. La fiction sert fortement une visée communicationnelle de mise en forme du pâtir. En cela, la position de Käte Hamburger sur le sujet d'énonciation lyrique nous paraît peu opératoire: «Certes, l'expérience peut être "fictive" au sens d'invention, mais le sujet de l'expérience, et, avec lui, le sujet d'énonciation, le Je lyrique, ne peut être que réel»[49]. Une distinction aussi radicale posée pour l'intégralité du pacte se révèle peu observable. Comment pourrait-on dire que c'est bien Jean Tardieu, sujet empirique et sujet lyrique, qui se trouve face à une expérience fictive, celle du sujet dédoublé de Monsieur Monsieur? Ne doit-on pas tenir compte de l'entrelacement entre le sujet lyrique, les autres patients, les diverses figurations pour construire une forme affective générale qui, peut-être, se rattacherait à un trait supposé du psychisme de Jean Tardieu? En outre, nous pouvons nous demander si une telle recherche correspond véritablement aux effets du texte et au contrat passé dans l'argument. Dans le cas de cette stratégie, la fiction nous paraît clairement relever d'un processus de figuration qui dépasse le seul sujet écrivant pour toucher divers sujets lisants dans le monde réel. En outre, la distinction entre fiction et factualité, qui se répercute dans un système des genres littéraires, implique chez Käte Hamburger une telle dichotomie qu'elle ne permet pas d'entrer dans la complexité des œuvres lyriques. Dans de nombreux textes, certaines circonstances empiriques sont présentes, comme une ville, une vallée existantes ou encore une personne célèbre, sans pour autant impliquer une dimension autobiographique du sujet lyrique. Il y a sans doute divers degrés de fiction chez chaque auteur, dans chaque œuvre dominée par ce pacte. Aussi convient-il de ne pas appliquer à la configuration textuelle ce qui est de l'ordre de figurations non vérifiables de l'auteur ou ce qui est de l'ordre de projections, de croyances, d'attentes des sujets lisants. Les situations virtuelles sont construites sur différentes strates qui sont en interaction avec les situations de communication empiriques, mais elles ont également des parts d'autonomies pour permettre différentes identifications. C'est pourquoi il est sans doute nécessaire dans notre approche des pactes de comprendre la fiction hors d'un questionnement métaphysique de réalité et de vérité, pour nous centrer sur sa fonction et l'activité qu'elle implique quant aux effets visés. Nous reprenons pour ce faire les théories de Thomas Pavel et de Wolfgang Iser[50].

L'intérêt de ces deux approches tient surtout à ce qu'elles se gardent d'une opposition radicale entre monde fictif et monde réel : elles permettent de penser que la fiction nous communique quelque chose au sujet de la réalité. Elles la considèrent par ailleurs comme une interaction, nécessitant la prise en compte d'unités discursives complexes, non comme une série de propositions isolées qui répondent mal aux critères logiques de vérité ou de réalité. La construction de mondes textuels avec des situations virtuelles implique des rapports globaux, avec des intensités référentielles nuancées, que ne donnent pas des propositions individuelles. C'est pourquoi, comme l'écrit Thomas Pavel, « le sens d'un texte peut se déployer à plusieurs niveaux ; un mythe ou un roman allégorique composés uniquement de propositions fausses peuvent dégager une vérité allégorique perceptible à un niveau autre que celui du sens littéral »[51]. Il est dès lors nécessaire dans notre approche de se centrer sur l'effet produit davantage que sur la signification ou la dénotation des propositions.

Dans la fiction, un accord, fréquemment implicite, est instauré entre le lecteur et le texte afin que l'énonciation soit rapportée à une convention, tout en étant conforme à une situation de communication. Par cet accord, les imprécisions et les malentendus sont levés pour saisir le sens intentionnel du discours du locuteur. De cette façon, comme l'écrit Wolfgang Iser, « le texte se comprend finalement dans le contexte pragmatique d'une situation actualisée »[52]. Les actes illocutoires dans le monde textuel ne se rapportent plus à des procédures garanties par une situation empirique, mais se fondent sur un code sous-jacent qui produit une situation virtuelle[53]. D'un point de vue fonctionnel, cette dernière engage des effets qui n'entrent pas dans une situation contextuelle. Ainsi, la fiction « dépragmatise » — selon l'expression de Wolfgang Iser — la communication d'une situation empirique donnée pour produire une situation virtuelle qui est sa nouvelle condition pragmatique. Le lecteur découvre par les effets du texte les conditions de sélection qui lui permettent de construire un monde. Les succès dans la compréhension deviennent dès lors inférieurs à une communication dans une situation empirique, car elle nécessite l'apprentissage des codes qui sous-tendent la mise en œuvre de l'agir ou du pâtir. Cette construction laisse néanmoins la possibilité au destinataire d'actualiser à sa manière, par l'interaction, la situation virtuelle en suspens. Les phrases entrent de la sorte dans un véritable processus d'énonciation qui s'inscrit dans des circonstances et dans un rapport de communication actualisés. C'est pourquoi chaque destinataire remet en jeu les possibles inscrits dans le texte. Si l'éloignement d'une situation référentielle précise ne permet pas la réalisation habituelles des actes linguistiques, le texte offre cependant des indications pour construire un monde contextuel par une situation virtuelle symbolique. Celle-ci rend possible la vision tout en étant indépendante du visible : elle rend présent ce qui n'est pas actuel. Une telle organisation symbolique devient ainsi une forme *homologue* au repérage d'une situation empirique. Mais plutôt que de rendre les propriétés du monde environnant, la situation symbolique se constitue en esquisse. Elle reproduit en effet davantage les conditions de contextualisation qu'un contexte empirique en tant que tel. Les liens homologiques entre les niveaux de fictionalité et factualité sont ténus. Si elle se détache bien de la contingence pour ouvrir une virtualité, la fiction se compose avant tout de vides qui laissent une place importante à l'interaction. C'est par l'acte de lecture que le sujet lisant parvient à construire, à partir de l'évocation textuelle, des mondes possibles qui offrent des visions singulières. La fiction instaure constamment une relation dialogique, qui permet la détermination de la virtualité par un sujet lisant. A défaut d'un rejet, l'indétermination importante des situations virtuelles engage fréquemment une adhésion qui dépasse les déterminations d'une situation empirique. L'acte de compréhension implique davantage l'imaginaire du sujet lisant, par l'investissement des vides. La virtualité crée une dynamique qui ne réduit pas la compréhension aux circonstances données, tout en livrant un caractère de « quasi-réalité ».

La dynamique de l'interaction restructure en permanence la situation virtuelle au long de l'acte de lecture. Chaque événement sert à la fois d'entité identifiable et d'articulation à un processus de réalisation d'une expérience singulière. Ainsi, les contextes concentrent en eux leur particularité et ouvrent leur transformation, telle une succession de moments de réalité. Comme le précise Wolfgang Iser : « Ces ouvertures mettent le texte dans une perspective chaque fois nouvelle car la totalité du texte peut se réaliser d'un coup. La limitation s'inscrit dans cette approche en perspective, mais simultanément chaque perspective fait apparaître un contexte référentiel qui motive un changement de vue. Grâce à cette variation dans les rapports de situation se réalise pour le lecteur une situation d'ensemble dont l'effet n'est pas sans rappeler celle qui, selon la théorie des actes linguistiques, doit être donnée d'avance au terme d'un accord entre le locuteur et le destinataire, de façon à assurer la correspondance entre la réception et la conception du discours. »[54] Ainsi, une situation virtuelle globale rassemble et organise généralement les séries de situations particulières autour de la voix du sujet lyrique, en les rattachant à des circonstances et des locuteurs divers. C'est sur une telle complexité configurative que se bâtissent les situations virtuelles.

En outre, différentes strates de croyances, de dénotations, de jeux sont à l'œuvre dans la construction de la situation. Si le monde communément supposé « réel » prévaut toujours ontologiquement dans ses déterminations, de nombreux univers fictifs peuvent l'orienter différemment. Ainsi, Thomas Pavel décrit la « structure duelle » dans laquelle des enfants fabriquent des pâtisseries avec du sable : dans le monde empirique, les enfants font des pâtés avec du sable, alors que dans le monde fictif ils préparent de savoureuses tartes[55]. Loin d'être opposés, les deux univers sont complémentaires et reliés par la relation du « comme-si ». Le monde fictif montre des possibles novateurs, avec un supplément de sens à partir d'une situation identique. Ainsi, nous pouvons refuser la validité de l'assertion « ces tartes sont délicieuses », si nous en restons à une perspective empirique, alors qu'une telle assertion sera valide si nous organisons la vision en tenant compte de la situation fictive. Bien évidemment, les constructions littéraires impliquent une multiplication des niveaux de fictionalité par rapport à la présente dualité, avec de multiples relations centrées sur le « comme-si ».

Le jeu sur les mondes fictifs n'est de loin pas une spécificité littéraire et ne relève pas uniquement de la mise en intrigue. Un tel usage du symbolique nous sert au quotidien pour évoquer des situations possibles. Aussi, n'y a-t-il pas de radicale séparation entre le discours factuel et le discours de fiction sur la réalité? Sans cesse, ces discours s'entrelacent, s'alimentent l'un l'autre, selon des strates de compréhension diverses. En fait, le discours sur la réalité en littérature se compose de manière instable sur une échelle entre les mondes plus ou moins factuels et les mondes plus ou moins fictifs. Le contrat de lecture de la fictionalité se calque dès lors sur les principes de la distance et de la pertinence[56]. Ainsi, la situation virtuelle n'est pas uniquement considérée par rapport à l'éloignement des normes empiriques, mais également dans la cohérence des mondes fictifs qu'elle engage. C'est par cette double dimension qu'elle acquiert sa validité symbolique[57].

Le pacte lyrique convoque une multiplicité de possibles face à la fictionalité, comme la mise en intrigue. La première détermination concerne certainement les questions de voix. Les enjeux ne sont pas semblables si le locuteur se caractérise comme une voix lyrique ou comme un sujet lyrique. Dans le premier cas, la situation virtuelle peut paraître si abstraite qu'elle n'interroge plus de la même manière les degrés de fictionalité. Ainsi, les descriptions de paysages se rapportent à une factualité ou à une inventivité qui ne permettent pas pour autant de juger du caractère autobiographique de la vie affective. Lorsque le sujet lyrique est manifeste, sa situation virtuelle (« je, ici et maintenant ») peut se rattacher également à une multiplicité de degrés de fiction. Toutefois, la question d'un contrat autobiographique se posera plus clairement comme une identification plus ou moins large entre le sujet lyrique et le sujet écrivant. Les indéterminations de la situation virtuelle se rempliront alors par l'interaction du lecteur, en fonction de ses connaissances et de ses croyances.

Dans les cas présentés précédemment, nous saisissons bien les nuances de fictionalité que peut apporter le texte. « A la Santé » d'Apollinaire présente les caractéristiques d'une référentialité importante, rattachant la situation virtuelle d'énonciation à une situation empirique d'écriture. Une telle fusion ne correspond certainement pas à l'histoire du manuscrit avec ses reprises pour l'édition, mais c'est pourtant le contrat qu'elle semble produire. De manière différente, le texte de Jean Tardieu établit un contrat de fiction relativement clair. La situation virtuelle du sujet lyrique paraît fortement détachée d'une situation empirique. La confrontation au personnage de Monsieur Monsieur marque une rupture des codes de l'identité humaine. Néanmoins, le texte figure les dédoublements de la personnalité, la confusion et la folie. La fictionalité d'une rencontre avec Monsieur Monsieur engage une mise en forme d'expériences affectives, récurrentes dans l'œuvre de Tardieu. Cela confirme le fait que la distance entre la situation virtuelle et la situation empirique n'est pas opposée à la pertinence de la mise en forme affective. Une forte cohérence peut tenir la fiction, qui donne à sentir des parts indéterminées, voire indicibles, du monde empirique. Or, comme le pacte lyrique se concentre sur la vie affective, il est souvent difficile de discerner combien le thème se rattache autobiographiquement à l'auteur.

La plupart des textes à dominante lyrique du XXᵉ siècle n'ont pas d'ancrage référentiel aussi précis que celui que donne Apollinaire dans « A la Santé ». Ils laissent davantage de place à l'indétermination, permettant de la sorte une actualisation du sujet lisant par rapport à sa situation empirique. Ainsi, le texte donne l'impression d'une énonciation extrêmement proche dans l'espace et le temps. En outre, comme le «je» reste fréquemment indéterminé quant à ses attaches empiriques, il peut faire l'objet d'une identification par empathie du lecteur. Ce dernier n'est dès lors pas seulement le destinataire, mais il réinvestit l'énonciation. La situation virtuelle est envisagée par rapport à son acte de lecture. Par ce processus, le sujet lisant a la possibilité de se rapprocher de la voix et du pâtir du sujet lyrique, sans forcément s'interroger sur le degré de fictionalité de celui-ci. Lorsque ses connaissances et ses croyances le mènent à concevoir une dominante autobiographique ou factuelle, le lecteur s'investit sous une autre forme d'empathie interpersonnelle, en tenant compte davantage d'une communauté de voix avec le sujet écrivant.

b) Pronoms personnels

Les divers degrés de fiction et certains contrats autobiographiques qui fondent la situation virtuelle déterminent de manière considérable les renvois des pronoms personnels à des sujets empiriques. Or, il est commun de croire que le pacte lyrique se centre sur la première personne du singulier : d'aucuns traitent d'un «je lyrique»[58] en reprenant certains théoriciens allemands. C'est pourquoi nous allons nous centrer sur l'étude des pronoms personnels dans leur interaction avec la situation virtuelle de communication et avec les questions d'énonciation. Nous pourrons ainsi observer comment ils s'organisent entre eux et comment ils désignent des repères discursifs fondamentaux.

Lorsqu'ils sont au singulier, les pronoms personnels se distinguent en deux types : ceux qui renvoient à des personnes en situation (je/tu) et celui qui désigne un être absent ou étranger à la situation de communication (il). Les deux premières personnes exercent une fonction d'indicateurs, de *deixis* de personnes, tout comme les adjectifs possessifs. Un «je» assume l'énonciation et le repérage pour s'adresser à un «tu», qui non seulement entend, mais peut à son tour assumer son rôle de locuteur. A la suite du développement précédent sur le sujet dans le pacte, il paraît clair que la voix lyrique ne doit pas nécessairement passer par le «je» pour assumer l'énonciation. Elle peut parfaitement garder son statut de voix pour évoquer d'autres patients, sans entrer dans une stratégie d'effet-sujet. En revanche, dès que la voix emploie la première personne, elle indique par là même qu'elle est non seulement à l'origine de l'énonciation, mais qu'elle a une fonction de patient, en tant que sujet de l'énoncé. C'est pourquoi la marque de la première personne avec la voix principale produit instantanément un sujet lyrique. Un effet de présence se concentre sur la voix pour lui donner un statut de personne qui parle et qui sent. Toutefois, ce «je» ne signifie par pour autant une assimilation entre le sujet lyrique et le sujet écrivant. Celle-ci dépend des degrés de fiction établis et non de l'usage de la première personne. Dans le cadre littéraire, «je» renvoie à celui qui assume l'énonciation, au locuteur, sans désigner pour autant le sujet empirique qui écrit le texte. Sa réalité est avant tout discursive et ne suppose pas une conscience empirique de soi. Il occupe une fonction organisatrice de l'énoncé, tout en donnant un effet-sujet à la voix.

Comme l'a démontré Émile Benveniste, «je» ne renvoie ni à un concept ni à un individu[59]. Il ne dénomme aucune entité lexicale et se caractérise par un vide sémantique. En outre, il ne peut être identifié à un individu particulier, car il a la possibilité d'être énoncé et assumé par tous ceux qui parlent. «Je» se constitue comme un blanc qui se détermine à chaque situation de communication. Comme il n'a ni concept ni référent fixe, il sert avant tout à désigner le sujet qui énonce. Le langage fournit ainsi un terme creux que tout être parlant peut investir pour indiquer qu'il est sujet de l'énonciation et sujet de l'énoncé. C'est pourquoi il peut être réactualisé à chaque fois par celui qui prend un rôle de locuteur.

Dans le texte lyrique, «je» est aussi virtuel que la situation. Il sert avant tout à donner une orientation précise à cette dernière, en ramenant son organisation énonciative et spatio-temporelle à un sujet. Toutefois, sans la construction d'un personnage-locuteur, il reste une fonction peu identifiable, qui maintient le vide sémantique. Si les croyances ou les connaissances des lecteurs peuvent rapporter ce vide au sujet écrivant, ils feront de même pour la situation virtuelle, qui aura tendance à être comprise factuellement. Mais, généralement, l'usage du «je» renvoie à un sujet lyrique sans représenter clairement le sujet écrivant. La première personne du singulier maintient la présence d'un sujet, locuteur et patient, qui reste en situation dans l'*ici et maintenant*. En cela, il n'offre pas la conscience d'un sujet empirique en position fixe, stable et clairement identifiable. Le «je» se remplit de manières diverses, selon les degrés de la fiction, selon les déterminations de la situation virtuelle, selon les projections du sujet lisant. Comme il n'y a pas de précisions sur l'individu qui dit «je», le texte offre alors, par ses vides, une multitude de possibles pour identifier le sujet lyrique, comme dans ce poème de Jacques Dupin :

> Je touche et tes larmes et l'herbe de la nuit...
> Allégresse mortelle est-ce toi ?
>
> La lumière deviendra-t-elle argile dans mes mains
> Pour la modeler à ta ressemblance
> Ô mon amour sans visage ?...[60]

S'il y a bien un sujet lyrique dans ce poème, il est difficile de pouvoir le déterminer comme un personnage ou un individu empirique (âge, sexe, profession, activités). Sans les éléments d'un contrat autobiographique, ce «je» reste vide quant à son degré empirique. Il semble uniquement servir à énoncer et à donner à sentir une forme affective. Par le jeu de l'empathie, il se peut que le lecteur reconnaisse les enjeux affectifs et l'énonciation comme proche de la sienne. Il aura alors tendance à s'identifier et à se reconnaître dans le sujet lyrique, sans pour autant reprendre de manière immédiate ses propositions par une réénonciation. Ce «je» vide sera partagé, mais il n'implique pas une fusion complète des perspectives : l'interaction engage une rencontre avec une épaisseur irréductible d'altérité. Toutefois, le lecteur peut également attribuer, sans le démontrer, la première personne à Jacques Dupin, sujet empirique. Son identification sera dès lors différente de celle d'un sujet virtuel, mais elle n'empêchera pas potentiellement une certaine complicité. Autour de la première personne du singulier se nouent de nombreux enjeux du pacte lyrique. Or, la fameuse formule d'Arthur Rimbaud, «Je est un autre», s'associe parfaitement à la formation d'un sujet lyrique, locuteur et patient, indéterminé face au sujet écrivant. La construction même d'une situation virtuelle dans le texte éloigne le «je» de l'énonciation d'un auteur. En dépouillant le sujet lyrique de circonstances personnelles, le «je» peut acquérir une plus grande intersubjectivité, car il laisse davantage la possibilité de reconnaître l'énonciation par l'empathie. Néanmoins, la formule de Rimbaud devrait également s'appliquer à l'acte de lecture. Si le sujet lisant réorganise la situation virtuelle avec les différentes marques déictiques («je, ici et maintenant»), il n'assimile pas la mise en forme comme s'il s'agissait de sa propre énonciation.

Dans une situation de communication, le «je» s'adresse à un «tu», qui renvoie à un destinataire. Ce dernier peut être présent ou absent, allocutaire ou non. Dans les textes lyriques, il nous faut reconnaître une hétérogénéité de destinataires. Nous trouvons des personnages interlocuteurs, des appels à des figures absentes dans la situation virtuelle, des destinataires entièrement ou partiellement prévus (le dédicataire ou les futurs lecteurs) dans les situations de réception empirique. Aussi, la deuxième personne du singulier peut renvoyer à une ou plusieurs instances en même temps, comme nous le montrerons plus bas. Tout comme le «je», «tu» est indéterminé, n'ayant ni concept ni référent unique[61]. Il marque une fonction inhérente à l'énonciation, celle de la réception. Son horizon est celui de la personne (fictive ou empirique) à laquelle est destiné l'énoncé et qui a la possibilité à son tour de devenir locuteur. Dans la tradition lyrique, nous trouvons de multiples utilisations de la deuxième personne[62]. Il peut être un «tu» réflexif, comme dans «Zone» de Guillaume Apollinaire. Le sujet lyrique s'adresse à lui-même, en installant une distance d'observation et de critique. Il peut servir à interpeller un personnage, présent dans la situation d'énonciation ou inatteignable comme dans l'appel à Dieu dans la poésie mystique. En outre, la deuxième personne peut correspondre à des individus empiriques hors du monde du texte, comme dans certains textes dédicacés ou dans l'appel au lecteur. Dans ce cas, le «je» se charge généralement par symétrie de données factuelles avec un sujet lyrique au caractère plus autobiographique[63].

La deuxième personne prend une figure d'altérité qui reçoit l'énonciation. Elle est une case vide que le lecteur peut investir autant que le «je». En effet, comme nous le verrons plus bas, c'est là une des possibilités d'identification dans l'acte de lecture. Le sujet lisant peut autant adhérer au sujet lyrique qu'au destinataire dans le monde du texte, en suivant les directions fournies par la situation. De la même manière, le sujet écrivant peut exercer des stratégies de dédoublement du sujet lyrique ou d'identification au destinataire de l'énoncé, notamment lorsqu'il y a un personnage-embrayeur tel le «poète». La deuxième personne sert alors le travail sur les voix, les points de vue et les sujets.

Quant à la troisième personne, elle marque une fonction différente des deux premières formes, nettement centrée sur les constructions impersonnelles ou anaphoriques. Lorsque la voix évoque un patient à la troisième personne, elle installe une distance qui ne pose pas l'autre dans une interpellation. Il est bien évidemment possible de rattacher à la voix lyrique, par la diffraction affective, des éléments à la troisième personne, comme dans les allégories. Toutefois, l'effet d'un sujet lyrique se fera dans un deuxième temps, lors de la configuration, pour laisser les déterminations liées au personnage résonner dans une dimension transpersonnelle qui englobe la voix. Ainsi, dans le poème «Comme on change» de Pierre Reverdy, le pronom personnel «il» entre en jeu avec le pronom impersonnel «on», qui fait de la transformation du personnage un état affectif plus général[64].

Les pronoms personnels au pluriel impliquent également une certaine complexité dans les rapports d'indication par rapport à la situation de communication. Ainsi, le «nous» n'est pas une multiplication des «je», mais un lien avec des êtres qui ne relèvent pas du locuteur : «S'il ne peut y avoir plusieurs "je" conçus par le "je" même qui parle, c'est que "nous" est, non pas une multiplication d'objets identiques, mais une *jonction* entre "je" et le "non-je".»[65] Dès lors, le «je» prédomine dans l'ensemble formé, car il lui donne existence et fondement. «Nous» peut avoir une fonction purement déictique si le «non-je» correspond au «tu» d'une personne en situation, mais il peut devenir partiellement anaphorique lorsque le «non-je» renvoie à la troisième personne. Dans le premier cas, il unit le locuteur et l'allocutaire dans une complicité qui permet le partage d'une même situation virtuelle. Cela oriente les indicateurs d'après une perspective commune. En outre, la première personne du pluriel a parfois pour fonction d'être une dilatation du «je», comme dans le cas du «nous de majesté», qui engage une énonciation plus solennelle et moins définie que celle de la première personne du singulier. Une stratégie semblable détermine le «nous» de l'orateur qui cherche à réduire l'aspect tranché des affirmations :

> A l'heure où dans la vallée nous aboierons;
> quand une dernière brume à nos regards vous cachera
> et que la mémoire du courlis fera ce cri triste encore
> veuillez ne pas détourner le visage et ne lâcher jamais notre main.[66]

Ainsi, le «nous» dans le pacte lyrique engage de nombreuses possibilités. Toutefois, par les vides qui souvent fondent les pronoms personnels dans les textes placés sous ce pacte, il arrive que le «nous» ait la possibilité d'inclure le lecteur, comme un allocutaire qui partagerait la situation virtuelle. A défaut d'identification avec le sujet lyrique, il participe alors à une actualisation de la destination. De manière semblable, le «vous» peut à la fois être une multiplication de la deuxième personne du singulier, avec une fonction purement déictique, ou, dans une orientation plus anaphorique, être en jonction avec «il». Il sert également à amplifier la personne dans la forme de politesse.

Ces considérations sur le pronom personnel visent en premier lieu à défaire l'association entre le pacte lyrique et la première personne du singulier. La tradition montre que non seulement il n'est pas nécessaire que la voix adopte les effets d'un sujet lyrique pour constituer une forme affective générale, mais que le sujet lyrique peut s'énoncer dans des jeux avec les différentes personnes. Cette relativisation n'empêche pas un usage particulier des pronoms personnels déictiques dans la situation virtuelle lyrique. En effet, en travaillant sur les indéterminations qu'ils engagent, sur la possibilité de les reconsidérer, les auteurs donnent souvent une ouverture à des situations empiriques diverses. Ainsi, les lecteurs peuvent réinvestir la situation virtuelle avec leur contenu, en réorganisant les indications et la dynamique des personnes. Cela permet de situer l'*ici et maintenant* par rapport à leurs propres projections. Toutefois, il convient d'éviter qu'une telle identification s'opère de manière directe et transparente. Elle se réalise à travers toute l'épaisseur du texte, par un jeu de distanciations et de rapprochements. Les points de vue peuvent se transformer au fur et à mesure que la compréhension s'arrête sur des éléments partagés virtuellement ou empiriquement.

c) Forme verbale et temporalité affective

De manière semblable aux autres traits, il n'existe pas une forme verbale spécifique au discours lyrique. Une multitude de possibles est donnée pour mettre en forme affectivement le pâtir selon les orientations envisagées. En fait, la forme verbale participe à l'ensemble des effets du discours, s'associant aux jeux sur la voix ainsi qu'aux diverses figurations. Il est en outre nécessaire de la considérer en lien avec les problématiques lexicales, sémantiques (pour l'aspect objectif des verbes notamment) et référentielles. Ainsi, notre réflexion considère-t-elle l'impact verbal selon la configuration discursive, et non selon une perspective purement grammaticale.

Malgré une multiplicité de possibles, le lyrique engage des formes dominantes, car il se centre sur la dimension affective de l'existence. Or, celle-ci tend à être exprimée selon certains traits verbaux typiques à la langue française, que ce soit du point des valeurs aspectuelles, modales ou temporelles. Si aucune forme n'est exclue *a priori*, une dominante lyrique implique certaines déterminations qui permettent de faire (res)sentir la vie affective. Nous nous centrons sur les questions de la temporalité liées à la forme verbale, sans tenir compte des signifiés lexicaux qui induisent des modes de procès. En outre, nous entendons par temporalité une «conscience intime du temps» — pour reprendre l'expression d'Edmund Husserl —, qui engage le *temps senti*, où conscience et temps s'unissent, dans sa différence avec le *temps objectif* des horloges[67]. Sans entrer dans les débats philosophiques sur cette question, nous empruntons la perspective phénoménologique pour considérer la pertinence de certaines constructions.

Dans un texte lyrique, le sentir du patient, voire du sujet lyrique, constitue un noyau structurant de la cohérence. Qu'il s'inscrive de manière explicite ou non, il marque une situation virtuelle à partir de laquelle divers éléments vont prendre sens et se rassembler. Dans le cas de la dimension pathique de l'existence, la temporalité s'organise dans un devenir en mouvement qui s'actualise constamment dans le maintenant de la présence à soi et au monde[68]. Cette caractéristique du *maintenant* temporel s'harmonise avec celle de l'*ici* spatial. Ainsi, la dimension affective engage-t-elle une spatio-temporalité spécifique, qui détermine comme situation du sujet, des rapports singuliers au passé et à l'avenir, à ce qui actuel, virtuel ou absent. Loin de réduire la complexité des liens au monde à l'unilatéralité d'un *ici et maintenant*, le pathique réoriente la constitution de soi dans l'espace et le temps selon des perspectives fondamentales caractéristiques. Il s'agit à présent d'observer comment celles-ci, avec leurs styles, peuvent être mises en forme dans une œuvre en français. C'est pourquoi une telle complexité ne peut tenir dans une équivalence naïve entre la présence pathique et le présent de l'indicatif. Une pluralité de traits permet de travailler différents cas de figure pour donner à sentir des modes d'être-au-monde nuancés. Nous sommes donc dans la nécessité de créer un « temps » non grammatical, qui rassemble une multitude de traits et qui offre une orientation précise pour qualifier les enjeux linguistiques de la temporalité pathique. Nous appelons cette construction temporelle dominante dans le pacte lyrique le « temps de présence ». Par « présence », nous entendons une dimension plus profonde que le temps du présent, notamment lorsqu'il est sur le mode indicatif. La présence renvoie à l'ex-istence, qui est ouverture au monde et du monde tout en étant exposition sous l'horizon de celui-ci. Elle engage l'imminence, l'urgence de ce qui est à l'avant selon l'étymologie, et la facticité, par de ce qui est présent[69]. C'est pourquoi son ambivalence implique une situation double de limitation et de franchissement, d'événement et d'avènement, de jaillissement et de permanence qui est caractéristique des paradoxes du devenir. Aussi, nous préférons forger une locution nouvelle qui indique une valeur temporelle et un lien singulier au monde. Or, ce temps de présence permet l'interaction de l'expérience pathique et de la forme énonciative du discours, notamment par le jeu sur les temps verbaux. Pour caractériser ce temps dans ses spécificités linguistiques, nous allons tout d'abord développer les ambivalences du devenir, pour distinguer les aspects imperfectif et perfectif. Ensuite, nous traiterons des phrases nominales ou quasi-nominales qui provoquent un suspens du positionnement pour mettre en valeur la participation au monde. Nous terminerons en évoquant des cas où le temps de présence s'articule avec des aspects perfectifs et des modes divers pour mieux mettre en évidence certaines tonalités affectives.

*
* *

Le devenir est par excellence l'état imperfectif et impliqué du temps, qui se constitue dans l'écoulement d'une durée. Loin d'être une chronothèse qui sépare les trois extases du passé, du présent et de l'avenir, il rassemble les tensions et les potentialités propres à la continuité discontinue du *maintenant*. En effet, le devenir s'expérimente selon un paradoxe, du fait qu'il se compose d'instants qui le divisent et le lient. Ainsi, il se définit comme un flux perpétuel d'instants changeants et comme une succession infinie de limites qui se dépassent. Chaque jaillissement du *maintenant* engage une faille entre l'accompli et ce qui est en voie d'accomplissement, tout en participant aux transformations continuelles d'un état à l'autre. Aussi l'instant peut-il s'apparenter à un point non dimensionnel dans l'entre-deux de toutes les dimensions, se chargeant tantôt d'afocalisme dans une origine incessamment renaissante tantôt d'étroitesse circonscrite dans une irruption de l'événement. Cela marque la bipolarité du devenir, en tant qu'il est passage d'un état à l'autre et en tant qu'il est passage du néant à l'être[70]. Dès lors, le *maintenant* devient un axe dans la compréhension intime du temps, dans la mesure où il est le foyer constamment naissant et le dépassement de celui-ci par des horizons de rétention et de protention. Il sert donc de version entre le possible et le réel, comme appel à être de l'avenir et comme réalisation de l'état possible du passé.

Lorsque nous considérons le devenir comme un écoulement, l'image du fleuve entre directement en association. Or, par rapport à cette figure, plusieurs interprétations sont évoquées. Il est possible d'avoir un point de vue externe, qui donne une vision de situation fixe face à l'écoulement, comme si nous étions sur un pont. La distinction entre le passé en aval et le futur en amont se fait aisément. Il est également possible d'avoir un point de vue interne, qui offre la perspective de quelqu'un qui est pris par le fleuve. Dans cette dernière, nous pouvons imaginer que l'instant est emporté par la même eau ou que le corps flottant aille plus lentement que l'écoulement. Dès lors, les conceptions du passé et de l'avenir se modifient passablement. Par ailleurs, nous pouvons considérer l'instant comme fleuve, à savoir qu'il est écoulement entre source et embouchure. Sans doute sommes-nous dans des observations multiples et simultanées qui font la complexité des conceptions sur la temporalité. Aussi convient-il de distinguer la durée et la limitation. Dans la première, les instants communiquent leurs horizons d'antériorité et de postériorité sous l'horizon originaire du *maintenant*. Celui-ci n'a ni commencement ni fin, mais s'origine dans une éternité inexplicable faite de ressourcements incessants. La durée correspond alors à un étirement qui englobe la situation, sans pour autant faire de celle-ci une position. La situation de l'instantané implique les régions contemporaines du passé réalisé et de l'avenir en potentialité, mais sous les perspectives de la rétention et de la protention. La durée qui est une persistance en changement s'articule avec l'instant sous la double tension de l'antériorité et de la postériorité. La présence du perçu actuel se compose de la résonnance d'un perçu passé, encore présent même s'il est inactuel. C'est pourquoi chaque point est en extension de durée : toute intention nouvelle reformule les rétentions passées, comme un sol de tradition. Dès lors, le *maintenant* se compose d'un halo temporel selon une conscience « impressionnelle », qui l'élargit à un passé et un futur récents — comme en témoigne la locution. Tout comme Sigmund Freud l'a constaté pour le transfert[71], la rétention se distingue du ressouvenir. Ce dernier se caractérise comme la « représentation » d'un instant qui s'érige comme un quasi-présent. Il situe donc l'enchaînement d'après une position distante, défaisant en cela le *continuum* de la durée pour organiser le temps en époques. L'instant réactualisé dans le ressouvenir est construit comme un « ayant-été », sans posséder la résonance d'une présence dans le *maintenant*. Il a en cela un aspect perfectif qui se distingue de la rétention. Cette dernière est une expansion de durée à partir du point-source actuel. Elle rattache le passé récent au présent et communique ses directions intentionnelles audit passé. Les rétentions s'enchaînent dans « une suite continue de rétentions au point initial », remaniant sans cesse les rétentions anciennes par les plus récentes[72]. Le passé retenu adhère de la sorte au présent-origine, qui se maintient en disparaissant. Le ressouvenir correspond à la division en époques typique de la chronothèse. Celle-ci explique la durée par un système de positionnement du présent, qui devient le point d'accumulation de l'actualisation. Il marque la décision du locuteur qui se situe par une construction de temps, constituée d'une infinité d'instants finis. C'est par rapport à cette position de l'instant-limite que s'oriente le sens de la temporalité.

Le temps de présence dominant dans le pacte lyrique correspond à celui du devenir, en tant qu'il est durée entre les horizons d'antériorité et de postériorité dans la source du *maintenant*. Par le jeu des résonances entre rétentions et protentions, il s'inscrit particulièrement dans la mise en forme affective. Favorisant l'espace de la situation et son halo, il relègue au second plan la dimension perfective particulièrement propice au récit. Il nous reste à présent à observer quels sont les moyens des formes verbales pour travailler les modes pathiques de la temporalité. Les trois dimensions du temps renvoient à la chronogenèse immanente au système verbal du français : l'aspect exprime particulièrement la sphère du contact, le mode rend les désirs et les affects, le temps donne les positions du Moi.

On distingue généralement l'aspect subjectif du verbe de son aspect objectif. Le premier correspond à une tension de durée immanente au procès verbal, le second met en jeu le signifié lexical. Par l'aspect subjectif, nous pouvons observer les oppositions entre l'accompli et le tensif, qui concernent les temps simples ou composés des différents modes, ainsi que celles du perfectif et de l'imperfectif, qui indiquent la vision limitative du procès par rapport au thème[73]. En revanche, l'aspect objectif désigne d'une part les valeurs itératives (succession d'actions identiques), duratives (qui insistent sur la durée du procès) ou gnomiques (vérité générale) et d'autre part des modes inchoatifs, terminatifs, progressifs ou résultatifs. Bien évidemment, ces aspects s'entrelacent pour produire des mouvements et des temporalités diverses. L'intérêt de cette dimension de la forme verbale réside dans les rapports anthropologiques d'élévation et de chute, de haut et de bas, d'ouverture et de fermeture qu'elle instaure. L'état du procès est défini par une tension de durée qui s'oriente dans la présence du monde. En tant que premier moment du verbe, l'aspect donne des directions pathiques, tout en étant indépendant du système des époques du temps. L'observation de l'aspect est donc cruciale pour l'analyse de la mise en forme affective, car le pâtir favorise une situation imperfective à partir de laquelle les horizons d'antériorité ou de postériorité s'articulent. Dans la dimension de l'aspect, ce trait apparaît comme le plus pertinent pour qualifier le temps de présence. Néanmoins, avant de signaler les traits dominants de la configuration lyrique, il convient de dégager les spécificités des modes et des temps verbaux.

Dans les modes, les tensions de durée se caractérisent en vecteurs, marquant les souhaits, les ordres, la volonté. L'indicatif est un cas particulier de mode, car la durée immanente est expliquée en temps d'univers. C'est uniquement à l'indicatif que le temps s'articule en époques à partir de la situation du locuteur. Les autres modes sont avant tout des poussées directionnelles qui orientent une action comme terme de la volonté. Ils expriment l'attitude du sujet dans une situation de procès. C'est pourquoi les formes modales donnent à sentir les désirs du sujet, avec des intentions précises mais sans véritable positionnement dans les époques. Tel est le cas notamment des modes quasi-nominaux de l'infinitif et des participiales, qui signalent les composantes d'incidence et de décadence sans pour autant placer le sujet dans une temporalité séparatrice. Tel est également le cas pour le mode du subjonctif, qui inclut la notion de personne dans des champs propices à l'activité («ascendants») ou dans des champs destructeurs («descendants»). Comme l'indique Gustave Guillaume, «le mode subjonctif marque en lui la distinction jusque-là différée... des deux visualisations cinétiques du temps, la visualisation descendante [subjonctif imparfait] et la visualisation ascendante [subjonctif présent], mais ne produit pas encore la séparation nette des époques : passé, présent, futur. »[74] Ce n'est qu'avec l'indicatif que nous trouvons une véritable division en époques, qui conclut la constitution du temps. Le présent devient dès lors une faille entre l'infini du passé et l'infini du futur. La langue française attribue à l'époque future le cinétisme ascendant des possibles, alors que l'époque passée possède le cinétisme descendant des réalisations. Le présent peut servir de manière ambivalente de positionnement face à un parfait ou maintenir un retentissement rétentionnel. Par ailleurs, il peut devenir lui-même un présent historique qui prend les caractéristiques d'un perfectif. Aussi convient-il de ne jamais réduire le *maintenant* du temps de présence au présent de l'indicatif. Bien que ce temps, tout comme l'imparfait, puisse être particulièrement favorable à une mise en forme affective, il possède parfois les valeurs séparatrices du ressouvenir qui correspondent peu au temps de présence. Mais, lorsque le présent-origine domine le présent-limite, le temps de l'indicatif acquiert une importante expressivité du sentir, en marquant un retentissement de la durée dans le *maintenant*.

Le temps de présence qui renvoie au *maintenant* pathique adopte une perspective distincte de celle du plan historique liée au perfectif. En cela, son origine sans cesse renouvelée est un jaillissement de présence dans le devenir qui fixe la direction de sens de la rétention et de la protention. C'est pourquoi ce temps se construit particulièrement avec des tournures à l'imparfait et au présent de l'indicatif, lorsque la forme verbale est centrée sur ce mode et qu'elle prend un aspect imperfectif. La situation pathique aura en revanche tendance à écarter le passé simple et le passé composé lorsqu'il prend un aspect perfectif. Cet aspect peut évidemment inclure l'imparfait ou le présent quand ils ont un caractère historique. Centré dans le lyrique sur une situation propre au devenir, le patient participe à l'écoulement du *maintenant* avec ses tensions de durée. Cela ne signifie pas pour autant que la référence à des temps immémoriaux ou révolus soit impossible dans ce pacte, mais elle est constamment rapportée à l'état de présence propre au sentir. Nous pouvons prendre comme illustration un poème d'Yves Bonnefoy ayant pour thème le fleuve et le temps :

> Ils dorment. Fut vaincu enfin le temps qui œuvre
> Contre toute confiance, toute joie.
> [...]
> Ils dorment. Et l'enfant revient à la proue,
> Il contemple à nouveau, qui étincelle
> Maintenant, l'eau du fleuve. Puis il rassemble
> Des branches pour le feu, qu'il allume, serré

Dans un vase de terre. Et il s'endort,
Coloré par la flamme qui veille seule.[75]

Le contraste est saisissant entre le flux du *maintenant*, tenu notamment par la succession des présents actuels du sentir, et le passé antérieur qui marque l'accompli et le perfectif. Les âges de la destruction sont définitivement révolus, comme le souligne l'adverbe «enfin» (v. 1). Reste dès lors le temps de l'harmonie, du repos dans un écoulement paisible. Ce texte inscrit clairement les patients dans une situation de présence, tout en marquant paradoxalement dans le *maintenant* la résonance d'un moment détaché. Ce contraste accentue le ton de soulagement qui travaille l'état du monde. En outre, l'effet de participation, caractéristique du temps de présence, s'accroît par la phrase nominale dans le neuvième vers : «Maintenant, l'eau du fleuve». Une telle structuration syntaxique se retrouve fréquemment dans le pacte lyrique ; aussi convient-il de la détailler.

*
* *

La question des phrases nominales interfère avec les problématiques syntaxiques (notamment avec la parataxe) et référentielles (avec la nomination) — ce qui tend encore à prouver les liens permanents entre les formations sensibles, subjectives et référentielles. Ce type de phrases a particulièrement retenu l'attention des critiques du lyrique qui se fondent sur la phénoménologie[76]. Cela tient certainement au fait que l'ellipse du groupe verbal se rapproche d'un rapport au monde, nommé par Husserl «antéprédicatif», propre à la dimension affective de l'existence. La phrase nominale produit des effets spécifiques qui peuvent s'associer à une pré-réflexivité. Néanmoins, il convient d'admettre que cela constitue un effet et que ce type de phrases implique des formes originales de prédication et d'assertion. Comme le montre Émile Benveniste, ces dernières fonctions se retrouvent tant dans la phrase verbale que dans la nominale, mais elles engagent des propriétés différentes : dans la phrase nominale, l'élément assertif nominal implique un manque de détermination quant aux modalités temporelles et personnelles ; il ne permet pas en outre de situer le temps de l'événement par rapport au temps du discours. De la sorte, l'ellipse de la forme verbale dans ce type de phrases ne signifie pas qu'elle est privée de ses fonctions, car, en indo-européen, il n'y a en effet pas lieu de les tenir pour des formes à copule ou à assertion zéro, en opposition à une phrase en «être» à copule et à assertion pleines[77]. Dans notre cas, il est nécessaire de les considérer d'après leur effet discursif comme une mise en forme du pâtir davantage que d'après une hypothétique dimension antéprédicative de l'expression. Les risques sont trop importants de croire, comme Staiger, que l'auteur est dans un rapport d'immédiateté et d'adhérence par rapport à sa production. La phrase nominale n'implique pas en tant que telle une dimension plus lyrique ou préréflexive que la phrase verbale, elle produit des effets différents que les auteurs utilisent fréquemment depuis le XIXe siècle.

Parmi ses effets les plus marquants, la phrase nominale donne l'impression que l'énoncé est posé hors de toute localisation temporelle, modale et hors de la subjectivité du locuteur. Elle s'oppose en cela à la chronothèse de l'indicatif qui marque la décision et la position du locuteur. Elle produit un effacement du point fixe du sujet auquel les prédicats se rattachent généralement. C'est pourquoi elle semble produire un tout indissociable qui suspend la dichotomie de la subjectivité et de l'objectivité, comme si l'union du thème et du rhème créait un rapport d'immédiateté et de participation. La phrase nominale n'est pas privée de subjectivité, mais cette dernière reste impossible à localiser et paraît implicite à l'intégralité de l'énoncé. Certes, les marques de la personne ont disparu avec la forme verbale, mais elles continuent à se percevoir par le jeu des diffractions dans l'aire pathique. De manière parallèle, la phrase nominale engage un rapport intemporel et permanent. Il en ressort que les assertions ont une valeur de vérité générale, absolue et non accidentelle. Elles donnent une impression d'essentialité, comme si elles traitaient ontologiquement du monde. Les distinctions entre les trois extases du temps s'estompent pour laisser retentir une forme de présence dans la durée actuelle. C'est pourquoi ce type de phrases s'associe à l'aspect imperfectif précédemment observé. En outre, l'absence de modes ne permet plus de saisir les intentions sous-jacentes à l'énoncé, que ce soit la volonté, les désirs, les ordres du locuteur, les degrés de réalité ou de virtualité des propositions. Par la non-position et la non-possession qu'elles donnent au locuteur, les phrases nominales sont donc particulièrement appropriées pour servir les invocations et les évocations dans le pacte lyrique. Aussi faut-il toujours les comprendre en lien avec les questions de la nomination, de la parataxe et de la prédication. Dans cette partie sur les formes verbales, une telle analyse nous sert avant tout à associer la stratégie des phrases nominales à un temps de présence et à une situation d'énonciation affective. Nous allons observer les possibilités qu'elles offrent, en prolongeant la réflexion par les phrases quasi-nominales (les infinitives et les participiales), que nous trouvons régulièrement dans les stratégies lyriques.

Commençons par un texte de Lorand Gaspar qui n'est constitué que de phrases nominales :

> Lèvres blessées de brûlures plus longues que le jour —
> ce picotement et ce fin bruit
> de mailles claquées dans l'air vertical.
> Herbes à peine
> et l'œil patient de poissons voraces
> dans la boue sombre des fonds.[78]

Si les « lèvres », le « picotement » renvoient bien au corps du patient, si la dimension affective dysphorique se perçoit par la blessure, la brûlure, l'attente, il reste néanmoins difficile de localiser cet énoncé par rapport à *un* sujet singulier (est-ce un homme ou une femme ?) ou par rapport à une époque précise. Une indécision tient l'énonciation, qui semble en suspens entre l'instantané et l'éternité. En outre, par l'effacement du sujet, tous les éléments du monde semblent participer à la figuration affective — « la boue sombre des fonds » ne renvoie-t-elle pas à un espace de la conscience ? Par les vides qu'il crée, le caractère de l'énoncé nominal donne ainsi la possibilité d'évoquer une globalité qui lie le langage, le monde et l'homme.

Avec les phrases quasi-nominales que sont les infinitives et les participiales, les liens entre l'énoncé nominal et l'énoncé verbal se resserrent. Il est dès lors difficile de les distinguer radicalement, même si les tournures quasi-nominales ont des aspects incidents ou décadents et si elles marquent parfois la personne. A l'infinitif, comme l'écrit Gustave Guillaume, « l'impression résultante est celle d'un procès en accomplissement sans résolution aucune de l'accomplissement en accompli »[79]. Le procès est perçu en incidence sans engager une quelconque réalisation : le verbe « marcher » est sans perspective, car il engage un accomplissement qui jamais ne se résout. Lorsqu'il s'agit d'une participiale au présent, « l'impression qui s'ensuit est celle d'un procès en partie accompli, si peu que ce soit, et pour le reste en accomplissement dans la perspective »[80]. Le procès du verbe « marchant » est déjà commencé et laisse supposer un accomplissement en continuation. La participiale au passé est la forme ultime du mode quasi-nominal qui « est perçu en décadence au-dessous de la ligne du temps, toute incidence exclue »[81]. Au participe passé, le verbe « marché » paraît en extinction, car il ne renvoie qu'à l'accompli. Les enjeux des phrases quasi-nominales relèvent ainsi de l'aspect davantage que de la chronothèse. Ils participent à la construction du temps de présence, dans le sens où elles marquent des tensions de durée sans pour autant diviser le temps en époques. Les participiales passées peuvent toutefois caractériser le sexe du locuteur par l'accord. Ce n'est que lorsque l'auxiliaire est activé (à l'exception de l'infinitif « avoir marché »[82]) que ce type de participiales change de registre pour intégrer le temps et la personne. Un poème d'Antoine Emaz peut illustrer notre réflexion :

> Marcher assez longtemps jusqu'à user en soi ce qui alourdit le corps et raccourcit le souffle.
> A l'intérieur, de la peur, là. Savoir qu'on porte en soi quelque chose qu'on ne sait pas. Une sorte de gros paquet.
> Achevé, contigu. Pas plus. Comment parler pourrait en porter davantage ? Par les mots, on s'éloigne — on gagne on perd, du même coup.[83]

L'alternance des phrases nominales, quasi-nominales et verbales produisent un effet de balancier. La première infinitive laisse totalement ouvert l'accomplissement des possibles sans désigner la moindre réalisation. Une rupture intervient avec la phrase nominale qui débute le deuxième paragraphe : la peur prend une valeur absolue qui cadre le champ de l'accomplissement. L'infinitive suivante introduit par les relatives enchâssées un présent gnomique et un pronom impersonnel qui ne résout pas la position du locuteur. Vient ensuite la clôture de l'accompli par le participe passé «achevé» (au mode de procès conclusif), comme le pôle opposé à l'incidence des infinitives. Face à l'indécision, une nouvelle infinitive sous forme interrogative rassemble les enjeux du *topic*. Le paragraphe se termine par des assertions finies au présent de l'indicatif, avec pour conclusion l'ambivalence. L'aspect dans les formes verbales inscrit au long du texte les mouvements thématisés par les jeux sur l'accompli et le tensif. Ce texte garde une forte cohésion, qui laisse une impression de suspens temporel, de valeur essentielle pour l'ensemble de l'énoncé.

A s'en tenir à la dimension aspectuelle des phrases quasi-nominales et nominales, il apparaît que les indications de personnes et d'époques sont secondaires. La subjectivité semble s'éprouver dans le déroulement du monde, sans possession ni décision. Elle s'oriente selon un mode de participation où allure du procès et état des choses s'accordent. Or, comme l'écrit Henri Maldiney, dans cette forme participative, «l'homme qui voit chaque chose comme un être, un vivant participant d'une puissance universelle et l'éprouvant comme son principe d'existence et d'action, et pour qui les actes des hommes, leur savoir et leur pouvoir expriment la même puissance, perçoit en eux comme les leurs ses propres pulsions.»[84] Dès lors, les tensions de durée renvoient aux directions de sens pathiques. La temporalité de présence prend son origine dans un présent ouvert aux réalisations et aux potentialités qui toujours affectent la conscience intime du temps.

*
* *

Si la situation pathique virtuelle dans le pacte lyrique s'inscrit fondamentalement dans un temps de présence, cela ne signifie pas pour autant l'exclusion d'une chronothèse où le présent devient le point nodal des époques. Les auteurs utilisent tous les potentiels de la langue française pour atteindre des effets recherchés. Aussi trouvons-nous des formes verbales à l'aspect perfectif qui scindent la temporalité en deux espaces distincts. Ces structurations ne vont pas à l'encontre de la vie affective, mais en explorent les diverses tonalités. Les dispositions mélancoliques n'impliquent pas les mêmes rapports à la temporalité, à la présence à soi et au monde que les tonalités confiantes. Elles n'en font pas moins partie de la vie affective. C'est pourquoi il convient d'observer les constructions temporelles (aspectuelle, modale, chronologique) tonalité par tonalité, texte par texte, tant la dimension pathique se charge de nuances. Néanmoins, quand bien même il engage un passé révolu, le sentir garde le retentissement de ce passé comme une étrangeté à soi. Dès lors, l'aspect perfectif peut participer à la mise en évidence de la disposition actuelle. La multiplicité des possibles temporels prend ancrage dans le temps de présence, qui correspond à la perspective pathique des patients. Dans le pacte lyrique, l'analyse devra par conséquent toujours tenir compte de cette temporalité spécifique du «maintenant» comme d'un halo pour observer les constructions diverses.

Le premier cas que nous allons observer est celui des incidences du passé sur le présent. De nombreuses constructions sont possibles, mais la structuration «élégiaque» a une place tout à fait particulière dans la tradition lyrique. Si l'élégie est un genre littéraire, les constructions mélancoliques qui la déterminent ont une telle spécificité qu'elles désignent par adjectivation une tonalité affective singulière. Elle s'élabore sous la forme d'une plainte face à une perte irréparable, prenant dès lors les accents d'un deuil permanent. Dans cette construction, le temps se scinde en un passé perdu, idéalisé, et en un présent en pure décadence, fait d'étroitesse et d'impossibilité. La perspective semble centrée sur l'horizon d'antériorité qu'il faudrait retrouver à l'identique pour surmonter les souffrance de l'actualité. Comme le résume parfaitement et avec humour Emmanuel Hocquard, «l'élégie classique... obéit au schéma suivant : ça avait bien commencé ; le temps a passé ; et, pour finir, ça a mal tourné»[85]. Il donne notamment pour exemple le mouvement typique : «J'ai passé de merveilleux moments avec Cintia» qui mène à «aujourd'hui je suis malheureux parce que Cintia est décidément frivole». Ainsi passe-t-on d'un temps révolu, placé sous le signe de l'accompli ou du perfectif, à un temps de présence, imperfectif, qui se teinte d'un douloureux pâtir. Dans le poème «Jacquemard et Julia» de René Char[86], nous retrouvons cette structuration aspectuelle et temporelle. Les quatre premières strophes commencent par l'anaphore de «Jadis l'herbe» suivie d'un verbe conjugué à l'imparfait de l'indicatif. La cinquième reprise de l'adverbe temporel — «Jadis, terre et ciel se haïssaient mais terre et ciel vivaient» — implique une conclusion de la partie consacrée aux temps heureux. Le dernier paragraphe traite du sentir actuel face à la perte : «L'inextinguible sécheresse s'écoule. L'homme est un étranger pour l'aurore...»

Moins classique est le jeu subtil entre le perfectif inaccompli et l'accompli imperfectif que produit le poème «Chaque jour plus exsangue» d'Henri Michaux :

> Le Malheur siffla ses petits et me désigna.
> «C'est lui, leur dit-il, ne le lâchez plus.»
> Et ils ne me lâchèrent plus.
>
> Le Malheur siffla ses petits et me désigna.
> «C'est lui, leur dit-il, ne le lâchez plus.»
> Ils ne m'ont plus lâché.[87]

L'intérêt est accru par l'anaphore entre les deux strophes et par la modification de la dernière forme verbale. L'effet de cette modification est important, dans la mesure elle induit une ambiguïté. En effet, le passé composé peut remplacer le passé simple, en tant que perfectif, ou prendre la valeur particulière d'accompli tout en caractérisant le moment présent à partir d'un événement passé. Dans le cas de ce poème, la seconde possibilité a sans doute plus de crédit, car elle produit une progression thématique. Ainsi, au passé simple, les petits du Malheur ont pris le sujet de l'énoncé sans le lâcher, dans un temps détaché de la situation d'énonciation. Alors qu'avec le passé composé, les petits du Malheur ont réalisé la prise et n'ont depuis cet instant plus lâché le sujet jusqu'au maintenant de la situation d'énonciation. La deuxième strophe inscrit donc dans la durée les déterminations de la souffrance et fait progresser le poème vers l'actualité du pâtir.

Le deuxième cas de liens entre temps de thèse et temps de présence concerne le genre de la prophétie apocalyptique. En effet, nous trouvons dans certains poèmes des constructions au futur qui réalisent paradoxalement ce qui est déjà déterminé dans le présent. Même si l'horizon de postériorité ouvre les possibles, il peut dans certains cas se réduire à une unilatéralité qui accomplit le destin, comme dans ce poème de Jacques Roubaud :

> le monde redeviendra un, gris, rapide
> glissera sur l'axe des morts des saccages
> où la jaune chaleur mourra d'illusoire
> comme les amours qui se rivent qui s'encendrent

180   LE PACTE LYRIQUE

> la bouche quittera la bouche de nuit
> les yeux d'algue quitteront les yeux de soir...[88]

Ce poème resserre la réalisation autour d'une prédiction qui est totalement produite dans le présent. Il se rapproche d'un futur modal, marquant la certitude des imprécations sur les possibles. Ce texte évoque certes l'état futur du monde, mais surtout il nous ramène au désespoir de participer à un monde voué à la mort. En ce sens, il poursuit thématiquement le poème précédent [GO 84], qui est centré sur le présent de l'indicatif :

> le temps fuit le temps, le temps est comme larve
> le temps est l'inconscient de la terre étale
> le temps est regard le temps est transparence
> aux morts à la passion aux fausses épreuves
> durée d'homme seul durée de femme seule...[89]

Le désenchantement se tient dans le temps de présence qui tel un halo détermine l'avenir. Aussi la configuration lyrique ramène-t-elle le futur verbal à une forme affective générale qui, par-delà la prédiction, renvoie au maléfice présent.

Par l'étude d'un troisième cas, nous aimerions montrer que le temps de présence peut s'harmoniser avec d'autres modes que ceux du quasi-nominal ou des phrases à l'indicatif. Nous prendrons deux exemples aux directions pathiques opposées. Le premier est une séquence à l'impératif qui se trouve dans un « Manifeste cochon » de Jean-Pierre Verheggen :

> Courez les nymphettes! Courez les cent mètres! Courez les jupettes! En avant les gambettes! Soyez sado-machaussettes! Soyez champêtres et enflés. Tigrés et tachetés! Corniculés! Portez des cornes! Soyez ailés! Soyez volants! Soyez fétides et rampants! Aquatiques comme les poissons rouges de Matisse. Bucoliques — Ubucoliques, s'entend ! — Urticants et dioïques. Allez de coïts en coïts...[90]

L'exhortation continue donne une coloration d'excitation, de vocifération, qui ouvre une dimension incarnée de la voix. Sans cesse des jeux sur la chair (du monde et des mots) sont activés. Ainsi, la voix semble par l'impératif présent indiquer l'action à réaliser dans le futur, tout en engageant une surenchère glossolalique dans l'actualité.

Le même mouvement de vœu envers l'avenir tient également un poème de Philippe Jaccottet qui pourtant est dans une tonalité divergente. Loin de la véhémence et de la rage, la voix du sujet lyrique semble ici dans le recueillement d'une humble prière. Face à l'ampleur du combat de l'existence, il demande le maintien de soi :

> L'effacement soit ma façon de resplendir,
> la pauvreté surcharge de fruits notre table.

la mort, prochaine ou vague selon son désir,
soit l'aliment de la lumière inépuisable.[91]

L'effet modal des subjonctives est multiple dans ce cas. Il marque le souhait du sujet lyrique tout en laissant une place importante à l'éventualité. Par rapport à un impératif présent ou à un futur simple, le désir se manifeste dans ce texte par le retrait d'un pouvoir dans la réalisation. Le vœu apparaît dans son dépouillement.

d) Les déictiques : présentification et spatio-temporalité

La dimension pathique engage un « temps de présence » qui s'articule autour du *maintenant* par le jeu des rétentions et des protentions. C'est par une épaisseur temporelle, que l'on trouve notamment dans l'aspect des formes verbales, que se donnent à sentir les tensions de durée du pâtir. De la même manière que pour le temps, l'espace est saisi dans la dimension pathique autour de l'*ici* de la situation. Mais c'est par la distance que se déterminent les orientations pathiques. La distance en question ne correspond pas à une mesure objective ; elle engage une relation sentie entre les pôles du « proche » et de l'« éloigné »[92]. Cela signifie qu'elle est toujours comprise par rapport à une situation et par rapport aux possibilités de la couvrir par le mouvement. C'est pourquoi les notions d'éloignement varient dans les tonalités, différant par exemple pour un homme malade ou pour un athlète sain. Ainsi, c'est à partir de la situation, de l'*ici* et *maintenant*, que s'organise la présence, non d'après un positionnement d'observation, mais dans une appartenance et une participation du sujet.

La fonction des déictiques est particulièrement importante pour la mise en forme affective, car elle rassemble dans un effet de présence les événements du monde et la situation du sujet. Ainsi, les descriptions semblent liées à un point de vue et à des tonalités pathiques. « Ici », « là-bas » donnent des directions dans l'espace, tout en marquant la présence d'un sujet dans le monde. En outre, une communication qui se fonde sur des déictiques implique le partage d'une situation, qui incite à suivre la perspective du locuteur. En se référant à une complicité supposée, ils désignent les éléments du monde dans une attitude qui semble proche du geste, comme l'indique le terme « deixis » lui-même. Ils lient de la sorte la monstration à la diction, permettant d'évoquer la présence d'une chose en son absence. Le locuteur tente d'engager le destinataire dans son point de vue, en ancrant la compréhension dans les mouvements qui sont les siens. Le monde parle en un nombre infini de lieux selon l'ouverture de la situation et non selon un système de coordonnées objectives.

Les considérations sur les déictiques rejoignent nos propos sur les pronoms personnels et poursuivent l'analyse de la situation de communication virtuelle engagée par le lyrique. Par déictiques, nous entendons avant tout traiter dans cette section des démonstratifs, notamment de certains présentificateurs, ou des adverbes spatio-temporels, lorsqu'ils sont placés de manière dominante sous cette fonction — étant entendu que les démonstratifs et présentificateurs peuvent avoir également une dimension anaphorique ou cataphorique. Tout comme les pronoms personnels, les déictiques sont vides sémantiquement et ne se déterminent que selon la perspective liée à la situation de communication. Ils sont donc des termes en puissance qui s'actualisent et se remplissent lorsque les interlocuteurs les assument. S'ils ne signifient pas en tant que tels, ils permettent néanmoins de désigner des choses du monde ou de donner des orientations. Ils révèlent de la sorte un horizon de présence sans pour autant le déterminer. Comme le mentionne Michel Collot, ils font acte de référence, mais ne renvoient pas pour autant à un référent existant[93]. Ils gardent de la sorte la virtualité de l'acte, sans désigner un objet précis dans la réalité. Leur emploi ne vise pas à établir avec précision la présence ou la distance dans un espace objectif, mais plutôt à indiquer les orientations d'un sujet que se meut dans un monde. C'est pourquoi ils donnent avant tout à lire le point de vue qui organise l'acte de référence, marquant de la sorte une conscience « impressionnelle » où les choses apparaissent en événement et où les repères spatio-temporels dépendent du mouvement. Ils se prêtent particulièrement à une stratégie lyrique qui cherche à créer des effets de présence selon une perspective pathique, car ils désignent un référent absent sans pour autant le représenter d'après une système de coordonnées. Dans l'interaction du pacte, cela renforce l'intensité de présence liée à la situation virtuelle, tout en accentuant les vides rattachés à l'énonciation. Dès lors, tout comme les pronoms personnels, les déictiques peuvent être réinvestis dans l'acte de lecture. En identifiant le point de vue des locuteurs, qu'ils soient personnages ou sujets lyriques, le lecteur ressaisit le cheminement qui structure le monde. Il s'engage par là même dans la cohésion de la perspective et dans l'évocation d'une expérience, jusqu'à sentir empathiquement les diverses déterminations de la forme affective générale.

Prenons des exemples qui nous permettront de mieux comprendre comment les déictiques activent en présence la situation virtuelle. L'œuvre d'André du Bouchet marque un paradigme dans la prolifération de la fonction de monstration liée à ces termes :

```
     ... ici...      déjà...    partout...              (Et, le froid
     ... «nous»              — fractionnés, ici...      réfractaires, non
     réductibles...          refaçonnés à l'infini      (cela, comme je
     le dis, interstices...  interstices de torrent,        ou jour,
     déjà, d'une autre tête...

     loin...                      c'est ici...⁹⁴
```

Dans cet extrait, l'effet de présence de la situation virtuelle est considérable. L'intégralité du texte joue sur le vide sémantique des déictiques, notamment sur l'adverbe «ici». Nous avons dès lors l'impression que quelque chose, «cela», est constamment et intensément présent, de manière obsessionnelle, mais que «nous» est dans l'impossibilité de le définir exactement. Une série de métaphores *in absentia* (si on considère le démonstratif déictique «cela» comme vide sémantiquement) se développe autour de ce creux pour l'investir d'une multitude de prédications. Le lecteur est alors impliqué dans une évocation, non pour tenter de savoir quelle est cette présence faite d'absence, mais pour partager les mouvements pathiques qu'engage cette relation particulière. Dans le même texte, nous trouvons plus bas la phrase suivante :

> *Cela* est...   respirer.[95]

Le démonstratif a certes une fonction cataphorique, mais dans ce cas il engage une double présentification : d'une part, il désigne la respiration que la phrase exemplifie par les points de suspension et le blanc, d'autre part, il renvoie directement à la présence-absence de la «chose», comme le marque l'italique. «Cela» devient par là même ce qui permet de désigner l'être, tout en accentuant la relation qu'il implique. Il est à la fois proche et lointain (à portée de main par le geste, mais inatteignable par la saisie), vide et plein (aucun concept ne peut le circonscrire, mais une infinité de métaphores peuvent l'évoquer), présent et absent (seul un terme vide de concept et de déterminations sémantiques peut le désigner). Une même stratégie est active dans la phrase suivante, mais selon une construction syntaxique différente :

> ... ciel, c'est.[96]

Le ciel apparaît par une nomination, qui suit la suspension, pour livrer le présentificateur de l'événement ontologique. L'impression est donnée que nous passons d'une part du monde (le ciel) au jaillissement du «il y a» (*es gibt*) de l'être. Ainsi, le présentificateur ne renvoie pas au ciel en temps que tel, mais à la présence du monde. Sans doute avons-nous dans ce cas un effet de présence maximal engagé par le déictique. Le vide de l'évocation fait venir à lui la plénitude, en nous donnant à sentir une appartenance intense et extatique au monde.

Les adverbes temporels, en lien avec les formes verbales, servent également à indiquer le temps de présence lié à la situation virtuelle, comme dans ce texte de *Ou le Soleil* :

> Plus tard, comme le pas,
> la nuit, les voit, leurs faces maintenant tendues,
> linge dans l'air ras ![97]

Ils permettent là encore d'instaurer la présence d'un regard, d'une temporalité en lien avec l'actualisation de la lecture.

Une telle utilisation de la fonction déictique est abondante dans le pacte lyrique, car elle permet de créer des effets de présence à partir de la virtualité de la situation. Elle engage ainsi le lecteur dans une complicité et dans une interaction plus importante. La situation semble être du ressort de l'évidence, alors qu'elle n'est pas définie. Ces vides s'organisent autour des jeux de personnes et de voix pour laisser les potentialités d'une résonance empathique avec le lecteur. Mais les déictiques peuvent également servir des sujets lyriques plus définis, comme dans le cas d'allusions autobiographiques, pour invoquer et évoquer des présences au sein d'une situation virtuelle. Il incombe donc au lecteur de reconstruire la situation d'énonciation, afin de pouvoir déterminer les vides de l'évocation, d'appréhender la forme affective générale et peut-être de s'identifier, de manière empathique et participative, à ses mouvements singuliers.

3. A QUI ?

La question de la destination détermine en partie l'acte configurant, et elle prend des orientations diverses dans le pacte lyrique. Notre observation en restera à une compréhension des effets issus du texte en interaction avec le pôle de la réception. Aussi allons-nous analyser les diverses stratégies de destination et leurs implications dans les situations de communication. Toutefois, nous pratiquerons davantage une approche qu'une étude exhaustive de cette thématique.

Il nous faut d'emblée reconnaître, dans le pacte lyrique comme dans les autres pactes littéraires, une multiplicité et une hétérogénéité de la destination. L'instance réceptive peut avoir une fonction d'allocutaire ou non. Dans le premier cas, elle correspond à un destinataire direct, qu'il soit singulier ou pluriel, réel ou fictif; il est explicitement considéré par le locuteur comme son partenaire dans la situation de communication. Dans le cas où le récepteur n'est pas allocutaire, il peut être plus ou moins prévu par le locuteur : d'une part, le destinataire indirect a la possibilité d'assister comme témoin à la communication, sans pour autant y participer en tant que locuteur; d'autre part, il peut ne pas être prévu par le locuteur, ce qui implique un manque de contrôle dans l'interprétation de l'énoncé. À ces différentes catégories s'ajoute en outre la distinction entre les personnages relevant des situations de communication virtuelles et les êtres empiriques liés aux situations d'écriture ou de réception.

Dans la situation virtuelle, nous trouvons des personnages auxquels le sujet lyrique s'adresse à la deuxième personne du singulier ou du pluriel. Qu'ils soient fictifs ou factuels, présents ou absents, ces personnages alimentent la dynamique énonciative en orientant le pâtir. Ainsi, la configuration doit tenir compte de la destination dans la situation virtuelle pour saisir les liens interpersonnels en jeu. Fréquemment, les textes lyriques mettent en scène une adresse directe à un personnage inatteignable, irrémédiablement absent, qui sans cesse active l'énonciation et les enjeux pathiques dans un *ici et maintenant* : les poésies mystiques sont en ce point exemplaires. En outre, certains personnages deviennent parfois des interlocuteurs qui multiplient les voix. Une diffraction des points de vue et de l'énonciation se produit dès lors selon des procédés plus dialogiques.

La distinction entre situations virtuelles et situations empiriques reste parfois ténue, comme dans le cas où des personnages-embrayeurs deviennent interlocuteurs. Ainsi, l'adresse «au lecteur» par la figure du poète est-elle un moyen de rapprocher les potentialités du texte des circonstances des sujets lisants. Cela ne signifie pas pour autant que le «lecteur» de la situation virtuelle se confonde avec un être empirique, car il n'est qu'un vide que les sujets viennent remplir par leur identification. L'illusion est ainsi donnée d'une actualisation de l'énonciation dans la situation empirique de lecture, comme dans la «Chanson pour mon lecteur» d'Edmond Jabès qui débute de la manière suivante : «Tu ne trouveras pas, Lecteur, dans cet album de chansons, ma préférée. Elle se cache ailleurs, dans le vent dorant tes cils.»[98] Le déterminant possessif dans le titre personnalise la destination : allant d'un sujet lyrique conscient de l'acte de lecture — donc très proche du sujet écrivant — à un lecteur unique, proche du sujet lisant qui tient le livre. L'effet d'une énonciation actualisée à la lecture est ainsi produit.

Dans le cadre des textes lyriques, les situations empiriques de destination concernent des personnes réelles qui peuvent être l'objet de dédicaces, des lecteurs connus ou inconnus. Notre intérêt consiste à comprendre comment ces différentes instances s'articulent dans la configuration générale. Si la dédicace indique bien une forme de destination, elle ne signifie pas pour autant que le dédicataire corresponde à l'adresse dans la situation virtuelle. Le pronom à la deuxième personne peut certes se rattacher au dédicataire, mais il garde une virtualité qui le rend plus général. Aussi, bien que cette instance ait un statut privilégié, elle ne détourne pas pour autant le texte littéraire d'une portée plus large. A vrai dire, lorsque le texte est voué à la publication, la dédicace sert des intérêts divers : témoignage d'une relation privilégiée, stratégie dans le champ littéraire, lien direct ou indirect avec le monde du texte. Sans entrer dans les détails engagés par les dédicaces, nous tenons à préciser qu'elles participent de manière variée à la configuration générale. C'est le lecteur, qui selon son horizon de croyance et de connaissance, déterminera l'importance de cette personne (comme témoin, destinataire principal, interlocuteur absent...) dans la configuration affective.

Outre le dédicataire, l'instance empirique des sujets lisants connus peut influencer la réception du texte. Tel est le cas notamment chez Francis Ponge dans sa relation mouvementée avec Jean Paulhan, qui est à la fois son éditeur, son ami et son mentor à ses débuts. Son premier recueil, *Douze petits écrits*, est dédié à Paulhan, et les deux premiers textes redoublent une reconnaissance envers son éditeur. Une vingtaine d'années plus tard, le texte liminaire des *Proêmes* fait référence à leur relation d'amitié. Sans mentionner nommément son mentor, Francis Ponge cite les divers commentaires défavorables de Paulhan envers son œuvre. Il affiche alors sa volonté de s'en affranchir, tout en étant incapable de totalement s'en détacher. Ces avant-propos et cette dédicace ne réduisent pas la destination des recueils à un être privilégié. La plupart des textes ne font plus référence à Paulhan. Certains marquent même un autre destinataire direct, comme dans certains passages des « Pages bis » qui répondent à une lettre publiée par Albert Camus. Si ces dédicaces et ces lecteurs prévus orientent le propos, cela n'ôte pas *a priori* les dimensions empathiques à l'œuvre dans les textes lyriques. Les destinataires inconnus (en tant qu'individus empiriques), que sont les lecteurs communs des œuvres lyriques, s'attachent quant à eux à la forme affective générale issue du texte. Ils ont le loisir de tenir compte ou non des destinataires empiriques connus par le sujet écrivant pour déterminer les jeux énonciatifs dans la situation virtuelle. Ils peuvent toutefois totalement occulter ces déterminations, soit par ignorance soit par choix, pour en rester à une potentialité chargée d'autres déterminations plus personnelles. Mais, il arrive également que le texte se rattache tellement au dédicataire qu'il perde ses potentiels lyriques pour devenir un énoncé anecdotique, voué à une lecture historique et autobiographique. Nous avons étudié un tel cas de figure dans un article consacré aux rondeaux sur la Saint-Valentin chez Charles d'Orléans[99]. Alors que dix rondeaux sur onze du corpus mettent en scène une même figuration affective des tensions entre les désirs, la vieillesse et la solitude, un seul d'entre eux se détache de la structuration lyrique : le rondeau 251 dédié à sa belle-sœur, Madame d'Angoulême, dans lequel l'auteur rappelle des circonstances précises et les tourne en dérision. Un investissement empathique semble dès lors difficile, tant la voix, l'adresse, les pronoms personnels («je, vous») sont déterminés par des circonstances factuelles, tant la mise en forme s'écarte d'une puissance pathique. Le poème se place davantage sous la dominante du genre autobiographique, à l'intersection des pactes fabulants et critiques.

Cette diversité dans la destination nous incite à toujours comprendre les destinations virtuelles et les destinations empiriques dans un jeu de corrélation. Un texte lyrique engage non seulement une multiplicité de destinataires, mais une hétérogénéité des niveaux de réception. C'est pourquoi l'observation doit toujours tenir compte des variations et des dominantes dans la constitution de la formation affective générale. Sans doute, l'analyse d'un poème de Pierre Jean Jouve nous permettra-t-elle de mieux comprendre la complexité d'une telle approche :

Hélène dit
Conduis-moi dans ce couloir de nuit
Amant pur amant ténébreux
Près des palais ensevelis par la nostalgie
    [...] Et qui es-tu
Inexprimable fils et pur plaisir
Qui cache le membre rouge sous ton manteau
Que veux-tu prendre sur mon sein qui fut vivant
Dedans mon pli chargé des ombres de la mort
Pourquoi viens-tu à l'épaisseur de mes vallées de pierre?[100]

Ce poème tiré de *Matière céleste* s'inscrit dans une série de textes consacrés à la figure d'Hélène. Alors que dans les autres poèmes le sujet lyrique s'adresse à cette figure absente, elle prend en charge l'énonciation dans le texte ci-dessus. Le titre, qui relève d'une autre voix que celle d'Hélène, annonce le changement de locuteur. Cela implique une inversion de la destination dans la situation virtuelle : dans les textes précédents, Hélène était la figure appelée à la deuxième personne du singulier («Où es-tu vis-tu toujours es-tu dans nos mains»). Il est donc probable que le «tu» auquel s'adresse Hélène corresponde dès cet instant au sujet lyrique des premiers poèmes qui assumait le «je». Le jeu des appels et des réponses entre les deux pôles d'un amour mystique structure le recueil. La forme affective générale se concentre sur la dimension érotique de fusion et de séparation qui relie l'amant à la morte. Toutefois, si on s'extrait de la situation virtuelle pour traiter des situations empiriques, il est possible de constater une hétérogénéité de la destination. Comme le mentionne Pierre Jean Jouve dans *En Miroir*, Hélène, figure mythique, a été élaborée à partir de la rencontre avec trois femmes. Un dialogue indirect vise certainement ces destinataires connus et prévus, mais le texte ne se réduit pas à cette dimension, dans la mesure où il est publié en tant qu'œuvre littéraire. Les lecteurs communs, qui n'ont pas accès aux enjeux factuels de ces relations, comprennent néanmoins les fondements affectifs intersubjectifs à l'œuvre dans ce recueil. L'empathie de l'acte de lecture investit ainsi la totalité de la situation virtuelle en passant par la forme affective générale. Le lecteur peut autant ressentir au long de l'ouvrage la voix et le point de vue du sujet lyrique masculin, comme la perspective d'Hélène. Il investit le «je» et le «tu» d'une dynamique, qui ne réduit pas l'empathie à une identification transparente avec un locuteur, mais plutôt à une reconnaissance sentie des situations virtuelles. Notre approche du pacte lyrique nous incite à toujours privilégier le jeu de la destination dans l'interaction entre la situation virtuelle et les effets potentiels de la configuration. C'est pourquoi l'étude de l'hétérogénéité réceptive doit se concentrer sur la forme affective générale.

En cela, nous nous écartons des considérations de Northrop Frye sur le modèle «idéal» lyrique : «L'œuvre lyrique... c'est avant tout la parole que l'on entend comme à l'insu de celui qui parle. Le poète lyrique est censé se parler à lui-même, ou à un auditeur spécialement choisi : un esprit de la nature, un ami, une personne aimée, une divinité, une personnification quelconque, un objet de la nature.»[101] Les distinctions entre situations virtuelles et situations empiriques, le jeu sur les voix, les pronoms personnels complexifient les rapports de communication entre les instances énonciatives et réceptives. Comme le montre Joëlle de Sermet dans son étude sur la destination lyrique[102], les mises en scène de monologue ou d'adresse à un «auditeur spécialement choisi» incluent largement le lecteur dans les virtualités de la situation. En fait, l'identification empathique s'exerce sur l'intégralité de la forme affective générale, en tenant compte des traits sensibles, subjectifs et référentiels. Elle n'est donc pas l'affaire d'une approche purement pragmatique ou énonciative, mais renvoie aux possibilités de (se) reconnaître (dans) une mise en forme du pâtir. Ainsi, le lecteur a les moyens de comprendre tous les rôles, peut-être de s'identifier, sans pour autant assumer de manière immédiate l'énonciation. Adoptant les directions générales de la configuration, il parcourt les points de vue des locuteurs et des destinataires sans d'emblée s'attacher à l'un ou l'autre. Si le sujet lyrique principal peut avoir une puissance d'identification plus importante, c'est parce qu'il concentre en lui les enjeux de la forme affective générale, sur laquelle le lecteur fait reposer sa configuration. De toute manière, les « je, tu, ici et maintenant » des situations virtuelles sont généralement suffisamment indéterminés pour être réinvestis par les sujets lisants d'époques et de lieux différents.

NOTES

[1] *Cf. supra* notre présentation du colloque de Bordeaux, p. 41-43.
[2] La remarque pourrait également renvoyer à l'art cinématographique, mais ce domaine n'entre pas dans la présente étude.
[3] Philippe Hamon, « Sujet lyrique et ironie », *Modernités n° 8*, 1996, p. 19-25 ; Oswald Ducrot, « Esquisse d'une théorie polyphonique de l'énonciation », *Le Dire et le dit*, Paris : Minuit, 1989, p. 171-233.
[4] Mikhaïl Bakhtine, « Discours poétique, discours romanesque », dans *Esthétique et théorie du roman*, Paris : Gallimard (Tel), 1993, p. 108.
[5] Henri Michaux, « La Ralentie », dans *op. cit.*, I, p. 573-580.
[6] Oswald Ducrot, *op. cit.*, 1989, p. 193.
[7] Oswald Ducrot, *op. cit.*, 1989, p. 199-201.
[8] Nous reprenons librement des éléments de la synthèse proposée par Henri Meschonnic, sans pour autant le suivre dans ses conclusions. *art. cit.*, 1998.
[9] Sur les usages de la voix dans les performances poétiques, *cf.* André Wyss, « Les usages de la voix », dans *Eloge du phrasé*, 1999, p. 145-192.
[10] Ce qui rejoint l'instance du « locuteur L » d'Oswald Ducrot.
[11] Jacques Lacan, *Le Séminaire, Livre 3 : Les psychoses, 1955-1956*, Paris : Seuil, 1981.
[12] Ce terme est repris à Franz Karl Stanzel, cité par Jean-Marie Schaeffer, *op. cit.*, 1999, p. 725. Il donne une dimension d'autorité proche des pouvoirs du sujet écrivant sans pour autant se confondre avec lui.
[13] Oswald Ducrot, *op. cit.*, 1989, p. 204-205. Gérard Genette, *Figures III*, Paris : Seuil (Poétique), 1972, p. 203-224.
[14] Paul Ricœur, *op. cit.*, II, 1991, p.179-181.
[15] Nous n'opposons pas la notion de « patient », en tant qu'être purement affecté par les événements racontés, à celle d'« agent », en tant qu'initiateurs de ces processus, comme chez Claude Bremond, *Logique du récit*, Paris : Seuil (Poétique), 1973, p. 139-145. Nous en faisons plutôt un complément, en déplaçant le sujet du faire dans l'action à celui du sentir dans le pâtir. Cela n'implique pas pour autant une attitude passive.
[16] Philippe Hamon, « Pour un statut sémiologique du personnage », dans Roland Barthes (*et al.*), *Poétique du récit*, Paris : Seuil (Essais), 1977, p. 115-180. Philippe Hamon, *Texte et idéologie*, Paris : Presses universitaires de France (Quadrige), 1984. Vincent Jouve, *L'Effet-personnage dans le roman*, Paris : Presses universitaires de France (Ecriture), 1998.
[17] Nous reprenons les fameuses catégories données par Gérard Genette dans les rapports entre la voix narrative et la diégèse. *Cf.* Gérard Genette, *op. cit.*, p. 252-253.
[18] Paul Eluard, *La Vie immédiate*, Paris : Gallimard (Poésie), 1998, p. 204.
[19] *Ibidem*, p. 147.
[20] Jules Supervielle, « Les Tendresses parisiennes », dans *Œuvres poétiques complètes*, Paris : Gallimard (Bibliothèque de la Pléiade), p. 78.

[21] L'indication «j'ai des enfants» pourrait confirmer une orientation autobiographique de ce personnage.

[22] Henri Michaux, «La Ralentie», dans *op. cit.*, I, p. 573-580.

[23] *Ibidem*, p. 663.

[24] Pour une analyse des voix dans ce texte, *cf.* Renée Ventresque, «Henri Michaux : *La Ralentie* ou l'être défait», dans Catherine Mayaux (éd.), *Henri Michaux : plis et cris du lyrisme*, Paris : L'Harmattan, 1997, p. 79-89.

[25] Voir dans les notes aux *Œuvres complètes I* la réponse exaspérée que Michaux donne à Jacques Kermabon sur l'écriture automatique qui pourrait soutenir ce texte, p. 1270-1271.

[26] Raymond Bellour dans les notices aux *Œuvres complètes I*, p. 1243.

[27] Philippe Hamon, *art. cit.*, 1996.

[28] Lipót Szondi, *Le Diagnostic expérimental des pulsions*, Paris : Presses universitaires de France, 1952. *Cf.* les diverses études à partir de ce psychiatre proposées par Henri Maldiney, *op. cit.*, 1991.

[29] Dans un article consacré à Charles d'Orléans, «"A ce jour de Saint Valentin" : les objectivations lyriques de l'affectivité chez Charles d'Orléans», *Le Moyen Français*, n° 42, 1998, p. 7-18, nous traitions des «objectivations» de la vie affective. Nous lui préférons à présent le terme «diffraction», qui, par son étymologie de «mettre en pièces», exprime mieux la dispersion et la brisure de l'unité subjective. Cela enlève en outre la confusion entre l'objectivation comme mise hors du sujet et le pôle objet. Par ce choix, nous rejoignons la terminologie d'Yves Vadé, «Hugocentrisme et diffraction du sujet», *Modernités*, n° 8, p. 85-99.

[30] Charles Baudelaire, *op. cit.*, p. 127. De manière paradoxale, Michèle Aquien, qui restreint l'allégorie à un «contexte narratif», cite ce poème de Baudelaire en exemple. Elle ne retient d'ailleurs que les deuxième et troisième strophes. Il nous semble pourtant que l'évocation lyrique est manifeste, reléguant au second plan une dimension de l'intrigue. Michèle Aquien, *Dictionnaire de poétique*, Paris : Libraire Générale française (Le Livre de Poche), 1993, p. 46.

[31] Nous avons consacré une étude à cette question. *Cf. art. cit.*, 1998.

[32] Nous renvoyons à l'édition de Jean-Claude Mühlethaler, Charles d'Orléans, *Ballades et rondeaux*, Paris : Librairie générale française (Le Livre de poche; Lettres gothiques), 1992, p. 687-688.

[33] Nous renvoyons aux nombreuses études sur le paysage dans la littérature depuis une vingtaine d'années, notamment : Jean-Pierre Richard, *Pages Paysages*, Paris : Seuil, 1984; Michel Collot, *L'Horizon fabuleux*, I et II, Paris : José Corti, 1988, Michel Collot, Augustin Berque *et al.* (dir.), *Les Enjeux du paysage*, Bruxelles : Ousia (Receuil), 1996; Françoise Chenet, Michel Collot, Baldine Saint Girons (éd.), *Le Paysage : état des lieux*, Bruxelles : Ousia (Recueil), 2001; Micheline Tison-Braun, *Poétique du paysage*, Paris : Nizet, 1980. Parmi les numéros de revue consacré à cette question, mentionnons : «Paysages», *Littérature*, n° 61, 1986; «Ecrire le paysage», *Revue des Sciences humaines*, n° 209, janvier-mars 1988; «Ecriture et paysage», *Interfaces*, n° 11-12, juin 1997.

[34] Je renvoie évidemment aux travaux de Gaston Bachelard et aux diverses études de l'école thématique.

[35] Marie-Claire Bancquart, «Hors», dans *Opéra des limites*, Paris : José Corti, 1988, p. 20.

[36] Eugène Guillevic, *Du Domaine, Euclidiennes*, Paris : Gallimard (Poésie), 1997, p. 154.

[37] Oswald Ducrot, *op. cit.*, 1999, p. 764.

[38] *Cf.* Käte Hamburger, *op. cit.*, qui rappelle le débat allemand sur la question. Voir également pour le domaine français les études de Dominique Combe, «La référence dédoublée», de Dominique Rabaté, «Enonciation poétique, énonciation lyrique», de Michel

Jarrety, «Sujet éthique, sujet lyrique» et de Laurent Jenny, «Fictions du Moi et figurations du Moi», dans Dominique Rabaté (dir.), *op. cit.*, 1996.

[39] Philippe Lejeune, *op. cit.*, 1996, p. 14.

[40] Que l'on pense à la perte de l'être cher chez Jacques Roubaud, *Quelque chose noir*, Paris : Gallimard (Poésie), 2001.

[41] Guillaume Apollinaire, *op. cit.*, 1990, p. 126-131.

[42] Yves Leclair, *L'Or du commun*, Paris : Mercure de France, 1993, p. 111.

[43] *Cf. infra*, p. 168-181.

[44] Sur les enjeux entre fiction, mythe et allégorie, voir notamment les développements de Thomas Pavel, *Univers de la fiction*, Paris : Seuil (Poétique), 1988, p. 59-93.

[45] Pierre Jean Jouve, *En Miroir : journal sans date*, Paris : Mercure de France, 1954.

[46] Pierre Jean Jouve, *Dans les Années profondes, Matière céleste, Proses*, Paris : Gallimard (Poésie), 1995, p. 100.

[47] Jean Tardieu, *Le Fleuve caché : poésies 1938-1961*, Paris : Gallimard (Poésie), 1995, p. 112.

[48] *Ibidem*, p. 107.

[49] Käte Hamburger, *op. cit.*, p. 243.

[50] Thomas Pavel, *op. cit.* et Wofgang Iser, «La formation de la situation des textes de fiction», dans *op. cit.*, p. 114-127.

[51] Thomas Pavel, *op. cit.*, p. 27.

[52] Wolfgang Iser, *op. cit.*, p. 105.

[53] La question des liens entre «actes de langage» et fiction renvoie aux réflexions de J.-L. Austin, *Quand dire, c'est faire*, Paris : Seuil, 1970 et John R. Searle, «Le statut logique du discours de fiction», dans *Sens et expression*, Paris : Minuit, 1982, p. 101-119. Ces deux perspectives maintiennent la distinction radicale entre discours fictionnel et discours factuel, en insistant sur le détournement «parasitaire» des actes de langage. Le discours de fiction est ainsi compris comme une assertion feinte, qui ne répond plus aux conditions de sincérité et de capacité à justifier ses dires comme dans les assertions sérieuses. Une telle position se centre avant tout sur le sujet écrivant et sur ses manières d'assumer les propositions dans un récit à la troisième personne. Pour une critique approfondie de l'approche pragmatique, *cf.* Wolfgang Iser, «Le modèle des actes linguistiques», dans *op. cit.*, p. 101-114.

[54] Wolfgang Iser, *op. cit.*, p. 126-127.

[55] Thomas Pavel, *op. cit.*, p. 75.

[56] *Ibidem*, p. 183.

[57] Nous renvoyons au fondement symbolique donné par Ernst Cassirer, *Philosophie des formes symboliques*, III, Paris : Minuit, 1972, p. 342 *sq*.

[58] Voir par exemple la synthèse qu'en proposent Catherine Fromilhague et Anne Sancier-Chateau, *Introduction à l'analyse stylistique*, Paris : Dunod, 1996, p. 16-17.

[59] Nous renvoyons au long de cette analyse aux diverses études consacrées à cette question chez Emile Benveniste dans les deux volumes des *Problèmes de linguistique générale*. Nous nous fondons également sur les travaux de Christine Kerbat-Orecchioni, *L'Enonciation. De la subjectivité dans le langage*, Paris : A. Colin, 1980, p. 34-69 ; Michel Collot, «La dimension du déictique», dans *op. cit.*, 1989, p. 187-208 ; Michel Deguy, «Je-tu-il», *Modernités*, n° 8, 1996, p. 287-297.

[60] Jacques Dupin, *L'Embrasure*, Paris : Gallimard (Poésie), 1971, p. 81.

[61] *Cf. infra*, p. 184-189.

[62] *Cf.* la liste de Michel Deguy, dans *art. cit.*, 1996, p. 293-294, et les analyses de Joëlle de Sermet, «L'adresse lyrique», *Modernités*, n° 8, 1996, p. 81-97.

[63] Il peut arriver dans un tel cas que le sujet lyrique possède un fort degré de fiction, mais l'effet de situation empirique déterminera davantage la situation virtuelle.

[64] Pierre Reverdy, *Sources du vent* précédé de *La Balle au bond*, Paris : Gallimard (Poésie), 1993, p. 85-86.
[65] Emile Benveniste, *op. cit.*, I, p. 233.
[66] Roger Kowalski, *Un Sommeil différent*, Paris : La Différence (Orphée), 1992, p. 84.
[67] Pour une approche phénoménologique de cette question, voir Edmund Husserl, *Leçons pour une phénoménologie de la conscience intime du temps*, Paris : Presses universitaires de France, 1983; Martin Heidegger, *op. cit.*, 1992; Erwin Straus, *op. cit.*, 1989; Paul Ricœur, *op. cit.*, III, 1991; Henri Maldiney, *op. cit.*, 1975.
[68] *Cf.* Erwin Straus, «Le temps», dans *op. cit.*, 1989.
[69] *Cf.* Emile Benveniste, *Problèmes de linguistique générale*, I, Paris : Gallimard (Tel), 1993, p. 135.
[70] Le terme français «devenir» ne souligne que la mutation permanente, alors que les termes grec «gnesthai» et allemand «werden» lui donnent une signification par rapport aux ressourcements du temps. *Cf.* Henri Maldiney, *op. cit.*, 1975, p. 32.
[71] Sigmund Freud, «Au-delà du principe de plaisir», dans *Essais de psychanalyse*, Paris : Payot (Petite Bibliothèque), 2001, p. 63-65.
[72] Edmund Husserl évoque alors la «rétention de rétentions», *op. cit.*, 1983, p. 44.
[73] Oswald Ducrot, «Rapport entre temps et procès : l'aspect», dans *op. cit.*, 1999, p. 688-691.
[74] Gustave Guillaume, «La représentation française du temps», *op. cit.*, 1973, p. 195.
[75] Yves Bonnefoy, *Ce qui fut sans lumière*, Paris : Gallimard (Poésie), 1995, p. 100.
[76] Nous renvoyons aux propos d'Emil Staiger sur la parataxe et la nomination, et surtout à l'analyse de Michel Collot, «La syntaxe nominale», dans *op. cit.*, 1997, p. 282-295.
[77] Emile Benveniste, *op. cit.*, I, p. 158-159.
[78] Lorand Gaspar, *Sol absolu et autres textes*, Paris : Gallimard (Poésie), 1997, p. 53.
[79] Gustave Guillaume, *op. cit.*, p. 187.
[80] *Idem*.
[81] *Ibidem*, p. 188.
[82] Sur l'aspect immanent de l'infinitif simple et l'aspect transcendant de l'infinitif composé, *cf.* Gustave Guillaume, *op. cit.*, p. 189-190.
[83] Antoine Emaz, *C'est*, s.l. : Deyrolle, 1992, p. 53.
[84] Henri Maldiney, *op. cit.*, 1975, p. 29.
[85] Emmanuel Hocquard, «Cette histoire est la mienne (Petit dictionnaire autobiographique de l'élégie)», *Modernités*, n° 8, p. 274.
[86] René Char, *Fureur et mystère*, Paris : Gallimard (Poésie), 1995, p. 186-187.
[87] Henri Michaux, *op. cit.*, I, 1998, p. 503.
[88] Jacques Roubaud «[GO 72]», ∈, Paris : Gallimard (Poésie), 1996, p. 87-88.
[89] *Idem*, p. 87.
[90] Jean-Pierre Verheggen, «Entre Saint Antoine et San Antonio (Manifeste cochon)», *Ridiculum Vitae*, Paris : Gallimard (Poésie), 2001, p. 91.
[91] Philippe Jaccottet, «Que la fin nous illumine», *Poésie 1946-1967*, Paris : Gallimard (Poésie), 1991, p. 76.
[92] Erwin Straus, *op. cit.*, p. 612.
[93] Pour cette étude, nous nous fondons avant tout sur l'étude de Michel Collot, «La dimension du déictique», dans *op. cit.*, 1989, p. 187-208, qui traite de la spécificité de cette fonction dans le discours lyrique; nous renvoyons également aux analyses d'Emile Benveniste, *op. cit.*, I et II, et Christine Kerbat-Orecchioni, *op. cit.*
[94] André du Bouchet, «poussières sculptées», dans *L'Ajour*, Paris : Gallimard (Poésie), 1998, p. 50.
[95] *Ibidem*, p. 60.
[96] *Ibidem*, p. 95.

[97] André du Bouchet, *Dans la Chaleur vacante* suivi de *Ou le Soleil*, Paris : Gallimard (Poésie), 1991, p. 147.
[98] Edmond Jabès, *Le Seuil, le Sable : poésies complètes 1943-1988*, Paris : Gallimard (Poésie), 1999, p. 35.
[99] *art. cit.*, 1998, p. 14-17.
[100] Pierre Jean Jouve, *op. cit.*, 1995, p. 112.
[101] Northrop Frye, *Anatomie de la critique*, Paris : Gallimard, 1969, p. 303.
[102] Joëlle de Sermet, *art. cit.*

Chapitre 3
La formation sensible

Après avoir développé les caractéristiques de la formation subjective, nous caractérisons une des formations les plus marquantes de l'acte configurant lyrique. Si la voix énonciative, le sujet lyrique, les patients et les diverses composantes des situations de communication sont des éléments majeurs du cheminement logique, le pâtir à l'œuvre dans ce pacte passe de manière cruciale par la formation sensible. Aussi allons-nous nous interroger à présent sur les traits stylistiques sensibles qui structurent le discours lyrique. De nombreux moyens interviennent dans le cheminement logique afin de donner à lire une incarnation de la voix et du sentir par la matérialité du langage. La formation sensible se centre sur la production du mouvement, des colorations qui donnent des directions de sens affectives à la texture du discours. Même si la formation sensible a une dimension considérable dans tous les pactes, elle acquiert une puissance majeure dans le lyrique, car elle s'accorde particulièrement à l'effet global de ce discours. Faire sentir par le texte des expériences affectives engage effectivement des stratégies qui favorisent les dimensions de la mise en page, du rythme, l'euphonie dans la constitution d'une signifiance pathique. Certains de ces traits sont parfois si manifestes dans le cheminement configurant qu'ils ont pu servir à réduire la spécificité du lyrique à un autotélisme du langage, selon les principes de la «fonction poétique» de Roman Jakobson. Il convient néanmoins de se garder de deux réductions principales : d'une part, considérer le pacte lyrique comme l'unique formation sensible du discours ; d'autre part, caractériser la formation sensible par les jeux sur le signifiant du signe linguistique (graphique ou phonique). La première réduction occulte la portée considérable de la forme affective générale dans le lyrique, qui comprend les entrelacements avec les formations subjective et référentielle. S'il s'agit bien de donner à sentir la vie affective dans ce pacte, cette visée passe également par des stratégies sur l'énonciation, la destination, le temps de présence, tout comme par des formes de prédication ou d'évocation singulières. Un pacte, fût-il lyrique, ne se limite point à certains traits intentionnels, mais détermine le cadre intentionnel dans sa globalité. C'est pourquoi chaque formation, chaque trait doivent être rapportés à une forme affective générale qui constitue le fondement et l'aboutissement de la sélection signifiante.

Quant à la seconde réduction, elle apparaît comme problématique en ceci qu'elle confond la dimension sensible du discours littéraire et le signifiant du signe dans le système linguistique. Une telle confusion ôte une part du mouvement lié au rythme et aux colorations qui se constituent sur une multiplicité complexe de relations de l'acte configurant. Certes, la formation sensible est partiellement déterminée par des stratégies graphiques et phoniques signifiantes, mais elle concerne également le rythme syntaxique, la cohésion sémantique, les discontinuités logiques qui provoquent des mouvements. En outre, l'intérêt des observations ne consiste pas à décrire le signifiant des signes dans le discours, mais à montrer comment les orientations affectives générales s'appuient sur des traits graphiques, phoniques, lexicaux, syntaxiques et sémantiques pour produire du sens. A même la structuration discursive, les directions pathiques manifestent non seulement combien le sensible fait sens, mais aussi combien le sens sémantique implique des mouvements sensibles. On pourra s'étonner de trouver des considérations sémantiques dans la formation sensible, mais notre découpage du discours ne correspond pas à celui que propose Charles Morris entre syntaxique (relation des signes entre eux), sémantique (relation entre les signes et ce qu'ils signifient) et pragmatique (relation des signes avec les interlocuteurs). Certaines problématiques pragmatiques se trouvent dans les formations subjective et référentielle, d'autres, syntaxiques, dans les formations sensible et référentielle. Ainsi, le questionnement sémantique se retrouve dans toutes les formations sur des plans différents. Dans la formation référentielle, nous nous intéressons aux liens du sens avec la prédication métaphorique, la nomination, l'évocation ou le jeu symbolique. Dans la formation subjective, nous avons concentré notre attention sur les problématiques des sujets, de l'investissement des indéterminations sémantiques dans la stratégie des déictiques. Dans la formation sensible, nous traitons des mouvements poly-isotopiques, des tensions liées à la parataxe, de la métaphore comme trope. Nous le voyons, il convient de se garder de certaines répartitions linguistiques ou sémiotiques pour saisir les composantes des diverses formations que nous avons élaborées. Les méthodes positives doivent s'insérer dans une démarche plus complexe qui est celle des traits généraux par rapport à l'acte configurant. Or, les caractéristiques de la formation sensible se regroupent de manière radicale autour des notions de rythme et de coloration.

1. RYTHME ET COLORATION : LE SENS DES MOUVEMENTS

Le rythme est un élément qui traverse les différentes strates de la formation sensible et les maintient dans des directions de sens. Cette notion semble aussi fondamentale pour l'analyse littéraire qu'elle est problématique. De nombreuses interférences avec les questions de la cadence ou de la prosodie la détournent de sa spécificité pour l'orienter vers les structures de la versification. Certaines poétiques lui donnent une objectivité qui correspond difficilement à l'interaction empathique de l'acte de lecture. Il arrive également que l'expansion trop importante de cette notion recouvre l'intégralité de la configuration jusqu'à fonder la constitution de la subjectivité dans le texte. Aussi, nous a-t-il semblé nécessaire de reconsidérer le rythme, afin que sa définition s'harmonise au mieux avec nos interrogations.

Notre définition est élaborée à partir de l'article d'Émile Benveniste qui se centre sur l'étymologie et l'historique du terme dans l'Antiquité grecque[1]. Le linguiste se détache d'une perspective qui associerait de manière évidente le rythme à la régularité des flots, à un ordre — dérivé des théories pythagoriciennes — calqué sur le nombre et qui le réduirait au mètre ou à la cadence. Il l'envisage davantage comme une «configuration» particulière du mouvant : «["ruthmos"] désigne la forme dans l'instant qu'elle est assumée par ce qui est mouvant, mobile, fluide, la forme de ce qui n'a pas de consistance organique : il convient au *pattern* d'un élément fluide, à une lettre arbitrairement modelée, à un péplos qu'on arrange à son gré, à la disposition particulière du caractère ou de l'humeur.»[2] La dernière partie de la définition nous intéresse dans la mesure où elle semble renvoyer à une dimension pathique («disposition particulière du caractère ou de l'humeur»). En tant que disposition dynamique, elle rassemble les différents mouvements autour de certaines orientations de sens qui sans cesse se recomposent : «On peut alors comprendre que ρυθμος, signifiant littéralement "manière particulière de fluer", ait été le terme le plus propre à décrire des "dispositions" ou des "configurations" sans fixité ni nécessité naturelle et résultant d'un arrangement toujours sujet à changer.»[3] Nos considérations se fondent sur cette approche qui allie la disposition affective à la configuration particulière du mouvement, en nous appuyant sur les considérations sur le rythme d'Henri Maldiney[4].

Le rythme, qui est une des dimensions primordiales de la formation sensible, n'est pas calculable ou réductible de manière objective à un système de référence stable. Selon un principe dynamique, il est une configuration en acte, une forme en formation, qui se distingue de la forme établie des σχημα. Cette dernière correspond davantage à une structure comme la cadence qui a, selon Émile Benveniste, une dimension «fixe, réalisée, posée en quelque sorte comme un objet». La confusion entre la configuration dynamique du rythme et la structure de la cadence s'inscrit dans une perspective aristotélicienne, qui assimile le rythme à la régularité, à l'identité du même et à l'alternance binaire. Une telle confusion nous paraît problématique, car elle empêche de considérer deux dimensions différentes de la formation sensible. Elle nuit tant à l'étude du rythme qu'à celle de la cadence. Toutefois, si comme Henri Meschonnic, nous tenons à distinguer ces deux dimensions, il nous paraît important de maintenir un lien entre elles, car la cadence a une incidence évidente sur le rythme, sans pour autant se confondre avec lui. Elle ne le détermine qu'en partie, comme d'autres traits stylistiques qui marquent le mouvement. Le rythme et la configuration sensible qu'il implique dépasse la récurrence structurelle des accents ou l'alternance de ceux-ci dans la versification. Une telle perspective permet d'approcher le rythme dans la prose, tout comme dans la poésie versifiée. Néanmoins, dans cette dernière, il est partiellement déterminé par les traits signifiants de la cadence.

Le rythme, tel que nous l'entendons, est une tension de durée qui donne une orientation de sens, voire une cohésion, aux différents mouvements. Il articule dans une dynamique la spatialité de la mise en page, les jeux phoniques, la motricité des images, ainsi que des traits qui marquent une continuité dans la discontinuité du discours. En tant que tension de durée, le rythme fournit des directions pathiques du temps impliqué lors de l'acte de lecture. Ces directions se composent d'après certains pôles comme : l'accélération et la détente, l'attaque et la clôture, l'enchaînement et la rupture, l'intensification et la dispersion. A la lecture empathique, le rythme produit des sensations qui peuvent devenir pertinentes par rapport à la forme affective générale. Outre des directions, il implique par rétention une résonance des mouvements dans l'instant et ouvre par protention certaines attentes qui peuvent être confirmées ou déjouées. Le rythme n'est donc ni une suite de sons ni un vécu individuel, mais il indique une situation pathique et des mouvements singuliers dans le monde. C'est pourquoi, comme l'écrit Henri Maldiney, il relève davantage de la relation que de l'objectivation : « La sensation est fondamentalement un mode de communication et, dans le sentir, nous vivons, sur un mode pathique, notre être-*avec*-le monde. Or c'est à un tel monde, donné dans le rapport de communication (et non d'objectivation) qu'appartiennent les éléments fondateurs du rythme. »[5] Les orientations rythmiques traversent la multiplicité d'instants nodaux, qui sont autant de moments critiques. Parallèlement, ces moments critiques activent et dirigent de manière parfois déroutante les directions rythmiques. L'acte de lecture empathique ne détaille pas chaque instant, en tentant de les représenter pour leur donner du sens, mais il découvre en les parcourant la logique incarnée d'une mise en forme. Ainsi, le rythme inscrit l'investissement sensible d'un style, en permettant l'identification de certaines configurations typiques du pâtir. Pour reprendre la terminologie de Maurice Merleau-Ponty, il devient un «geste» dans la potentialité infinie des mouvements du discours.

Si des structures comme les groupes métriques, la récurrence des positions accentuelles, la régularité des strophes participent au rythme, elles n'occultent pas pour autant d'autres stratégies. Nous pensons notamment au travail sur la mise en page, sur les graphèmes, sur les allitérations, sur la syntaxe, sur la ponctuation, sur les disjonctions logiques, sur les anaphores, sur les écarts métaphoriques qui peuvent constituer de multiples instants nodaux pour le rythme. Nous détaillerons ces divers éléments dans la formation sensible, en les intégrant à la continuité discontinue des orientations rythmiques et en rapportant ces dernières à la forme affective générale. Rattaché à des configurations «simples» et «complexes»[6], le rythme échappe à la fois au retour identique du même et à l'altération constante des mouvements. Par sa dynamique et ses orientations, il permet une identification sensible du discours. Il ne réduit pas pour autant l'acte configurant lyrique à son intensité, tout comme il n'induit pas la constitution d'un sujet issu du seul discours[7]. Mais, dans la traversée des moments critiques, il livre une dimension majeure de la formation sensible et de la forme affective générale.

Un deuxième élément traversant de la formation sensible est ce que nous nommons la «coloration». Liée à la tonalité affective, aux principes atmosphériques des évocations, elle engage des sensations potentiellement pertinentes pour l'acte configurant. Ses effets s'entrelacent avec ceux du rythme et donnent aux orientations de sens une épaisseur affective complémentaire. Les observations les plus connues autour de la coloration concernent les impressions suscitées par la récurrence de certains phonèmes dans les textes. Ainsi, la multiplicité des consonnes fricatives ou liquides (/f/, /s/, /v/, /l/) peut par exemple engager une pertinence par rapport à une forme affective générale centrée sur l'apaisement face à l'écoulement du temps, alors que des consonnes occlusives (/p/, /k/, /t/) peuvent marquer la confrontation à un obstacle. Ces valeurs ne sont bien évidemment pas objectives, même si l'articulation des phonèmes implique une technique corporelle qui peut devenir signifiante. Comme nous le verrons, la stratégie lyrique travaille fréquemment les colorations phoniques en lien avec la forme affective générale. D'autres domaines déterminent les colorations, comme la mise en page (le bloc et le trait, le plein et le vide), certains jeux typographiques (capitales, caractères, polices) ou les stratégies lexicales du néologisme. Ces domaines dont nous tenons compte à la lecture d'un texte ne se rapportent pas au rythme, mais relèvent de la coloration qui est également un élément configurant de divers traits stylistiques épars. Nos analyses sur la formation sensible traiteront de l'entrelacement du rythme et de la coloration comme de directions de sens pour différents mouvements. Grâce à ces directions, il est possible d'identifier non seulement une incarnation du discours, mais des structurations typiques de l'expression qui mettent en forme certaines expériences. Ainsi, la coloration produit un filtre d'impressions qui se conjugue avec les tensions de durée du rythme. Mais, il convient pour mieux les saisir face aux enjeux de la formation sensible de nous intéresser aux traits intentionnels régionaux, en lien avec la problématique de l'acte configurant.

2. SPATIALITÉ ET TRAITS GRAPHIQUES

La mise en forme graphique du langage est une des puissances spécifiques du discours écrit. Les mots se détachent d'un espace qui fait office de fond, par lequel ils sont à la fois séparés et rattachés entre eux. Ce fond est généralement celui de la page, blanche le plus souvent lorsqu'il s'agit d'un ouvrage, mais il existe des textes lyriques qui ont d'autres supports : comme celui de la stèle ou de l'écran. Aussi, nos considérations sur la spatialité concernent-elles davantage la fonction du fond graphique dans l'agencement d'un texte que celle de la page d'un livre, même si pour simplifier le propos nous traitons de la «mise en page», du «blanc». Ces considérations visent à montrer comment la spatialisation du texte agit de manière signifiante avec la forme affective générale. La mise en page donne à sentir en premier lieu certaines orientations pathiques, tant par la coloration instantanément perceptible que par le rythme visuel qui est développé. Dès lors, nous approcherons la problématique du fond selon deux perspectives : celle de la mise en page comme coloration immédiate et celle du blanc comme moyen rythmique de ponctuer, de créer des jeux signifiants dans l'enchaînement des propositions. En outre, nous élargirons nos considérations à certains enjeux typographiques comme l'usage des majuscules ou des italiques.

Cette dimension sensible du discours écrit a une importance accrue dans le pacte lyrique. Les autres pactes incitent moins à travailler sur cette dimension, même si elle a également des incidences non négligeables. Il est commun de souligner le développement graphique considérable dans le lyrique à partir de la deuxième moitié du XIXe siècle. Les moyens offerts par le vers libre et surtout l'exploitation de cette dimension par Stéphane Mallarmé dans *Un Coup de dés* ont clairement entraîné la poésie lyrique du XXe siècle à approfondir la sensibilité de la mise en forme par des jeux graphiques. Il serait néanmoins problématique de trop réduire cette recherche de la signifiance typographique à une «modernité». Depuis la Renaissance, des auteurs ont travaillé la pertinence de la mise en page par rapport à l'acte configurant. Il ne s'agit pas uniquement du cas des «Djinns» de Victor Hugo (dans ce poème, le thème du danger s'approche et s'éloigne en parallèle à l'accroissement et à la diminution des strophes et des mètres). Le dispositif graphique se retrouve également dans l'emploi des formes fixes. La régularité des strophes, des vers donne un premier ordre structurant qui est immédiatement repérable. Le principe de «strophe carrée» instauré par Jean Molinet est une illustration de ce jeu entre structure de la forme fixe et effet graphique. L'envoi dans la ballade acquiert également un certain relief en se détachant des strophes isométriques. Par ailleurs, l'enrichissement des rimes classiques peut intégrer des caractéristiques graphiques, qui allient l'homophonie à l'homographie : la rime associe plus difficilement le pluriel au singulier, «pain» engage par exemple un enrichissement plus important avec «vain» qu'avec «vin». Le travail anagrammatique sur le mot-thème, qu'il soit un nom propre ou un nom commun, dissémine certains phonèmes et graphèmes dans le texte, ce qui peut le faire apparaître de manière récurrente. L'«Oraison sur Maria» de Jean Molinet mêle de manière singulière l'emploi de l'acrostiche et de la rime sénée, en exemplifiant la dimension répétitive et passionnée des litanies à la Vierge :

> Marie, mere merveilleuse,
> Marguerite mundifie,
> [...]
> Ardant amour, arche aornee,
> Ancelle annuncee, acceptable,
> [...]
> Rubis raiant, rose ramee,
> Rais reschauffant, raiseau rorable,
> [...]
> Jardin joly, joie internelle,
> Jour infini, incomparable,
> [...]
> Estoille errant, encontre eureuse,
> Espine esprise, exelse eschielle,
> [...].

Ces procédés graphiques, liés à l'anagramme et à la paronomase, ne se rattachent pas constamment à une forme affective générale mais, dans ce poème de Molinet, ils accentuent la ferveur en engageant un rythme visuel particulier. Ces exemples nous servent à relativiser l'association des jeux typographiques, d'une coloration et d'un rythme visuels à la seule «modernité» poétique, même s'il est vrai qu'ils se sont largement accrus depuis la fin du XIXe siècle.

Les traits pertinents qui se dégagent de la mise en page et des graphèmes relèvent de certains pôles directionnels. Nous en énumérons quelques-uns, en supposant que la liste pourrait être enrichie. Les enjeux pathiques sont notamment orientés par les tensions suivantes : le plein et le vide, le bloc et le trait, la concentration et la dispersion, la régularité et l'irrégularité, l'événement et la résonance, le suspens et la pesanteur, la continuité et la discontinuité, l'accroissement et la réduction, l'accélération et le ralentissement. Ces tensions déterminent de manière cruciale la formation sensible dans le pacte lyrique. Elles permettent fréquemment de donner une première direction pathique par la coloration et le rythme visuels.

a) Le blanc, le trait, le bloc

Notre premier développement se concentre sur les liens du blanc au texte en tant que fond et forme. La réflexion sur cette relation entre ces deux derniers éléments peut être menée dans le domaine des arts picturaux, même si elle ne se rattache pas à des ensembles significatifs identiques. Notre analyse s'appuie sur la phénoménologie de l'art d'Henri Maldiney, qui a particulièrement approfondi la question du fond et de la forme dans la peinture et l'écriture poétique[8]. L'étude de l'œuvre d'André du Bouchet sert d'illustration paradigmatique à sa théorie. Cette œuvre utilise en effet les moyens graphiques de manière exemplaire dans une configuration lyrique. La mise en page et la place primordiale du blanc participent à la compréhension du texte, aux sensations qu'il dégage et aux enjeux affectifs thématisés. C'est pourquoi nous allons également nous appuyer sur cette œuvre pour caractériser certaines potentialités lyriques du fond.

Le blanc en tant que fond engage une double propriété. Il est d'une part le milieu qui environne et délimite les mots. Il a la fonction d'un espace qui accueille et recueille le discours. D'autre part, il incarne le fond originaire silencieux sur lequel émerge et se déploie l'œuvre de langage. Il renvoie de la sorte à l'abîme d'où surgit l'événement expressif : le fond a une fonction d'horizon insituable du monde, qui permet néanmoins la manifestation et la situation de certaines formes. Le fond blanc, qui allie ces deux propriétés, n'a de fondement expressif que si une forme le met en évidence. Par le jeu des différences, le texte hante un espace indéfini, amorphe et assimilé au silence. Un discours écrit n'est jamais silencieux, même s'il n'est pas lu oralement. Seule la page blanche incarne véritablement l'absence de discours, rejoignant en cela la problématique du mutisme comme chez Francis Ponge.

Une forme n'occupe jamais statiquement la page, mais se trouve en suspens, vibrant dans l'espace du fond. Contrairement à un système de représentation par signes, objectifs et délimités, la forme textuelle déploie une résonance, en inculquant du rythme et des colorations premières dans ses liens avec le fond. De la rencontre entre le blanc et la forme graphique du texte surgissent quantités de directions de sens. A l'ouverture de la page, une des premières directions concerne l'alliance du vide et du plein. La disposition graphique peut donner des indications sur les rapports du discours au silence, sur la tonalité affective à l'œuvre. En cela, le pacte lyrique en langue française engage des liens avec la tradition poétique chinoise, même si les possibilités de l'écriture alphabétique ne correspondent à la richesse expressive graphique des idéogrammes. Dans la poésie chinoise, l'écriture s'allie à la calligraphie, aux recherches picturales pour développer certains rythmes visuels. Les compositions articulent le vide et le plein en renvoyant à un souffle primordial[9]. Dans notre tradition alphabétique et typographique, la disposition du texte peut également développer certaines orientations pathiques signifiantes : le texte a-t-il par exemple la concentration d'un bloc, qui maintient une unité sur la page, ou sa disposition engage-t-elle par diverses fragmentations un ensemble de traits épars ? La concentration ou la dispersion impliquent des rythmes de lecture différents et des colorations par rapport à la cohésion du texte.

L'œuvre d'André du Bouchet thématise de manière récurrente la faille de blancheur qui rompt et unit le discours comme une «déchirure qui rive». Dans des mises en page qu'il considère comme «aérées», la disposition des traits devient un *homologon* de la thématique de l'obstacle et du ressourcement qui saccadent le souffle, de la neige sur laquelle s'inscrit la trace des pas, de l'épaisseur qui porte et défait l'événement du monde et des mots. La disposition en bloc et en trait, les diverses ruptures deviennent dès lors signifiantes, comme dans cet extrait d'un poème publié en 1959 :

[...]

>Devant cette paroi qui s'ouvre, front traversé par le
>vent qui devance le visage et s'approfondit, un arbre
>comme un mur sans fenêtre,
>>>à côté de la route basse
>et froide qu'il regagne,
>>comme une porte déjà ouverte.

>>Elle,
>>>l'éclat,
>>>>la tête impérieuse du jour.[...][10]

Le texte offre d'abord une forte continuité graphique qui s'associe au thème de la «paroi», du «mur sans fenêtre». L'évocation de l'obstacle avait déjà impliqué une forme proche du bloc dans ce poème (p. 98). Or, dès que le déplacement («à côté») et l'ouverture sont suggérés, le texte se fragmente, permettant une «aération» de la prose compacte. La phrase suivante manifeste ensuite une dispersion majeure liée au terme central de l'«éclat». Nous trouvons une structure en triptyque, que nous observons fréquemment dans l'œuvre d'André du Bouchet. Le terme central sert d'articulation entre le pronom personnel et le comparant subséquent. La mise en espace donne à sentir les enjeux thématiques par une première orientation pathique.

Outre le vide et le plein, la concentration et la dispersion, le bloc et le trait, l'observation de la mise en espace peut également s'intéresser à l'apparition et à la disparition des formes. La rupture de l'horizon silencieux antérieur par un événement de parole s'achève dans le déploiement d'une résonance par le retour du fond. L'émergence ou la cessation d'un discours peuvent être accentuées par le travail du blanc, en lien avec la ponctuation :

> ... s o i, ustensile — et pas autrement.[11]

Ces effets de mise en relief que nous trouvons dans les enjambements de la versification deviennent constants dans une démarche qui accorde une importance majeure à la disposition graphique. L'œuvre d'André du Bouchet rejoue constamment cet événement de la parole face au fond silencieux. Elle interroge le désir de dire et le dire lui-même dans l'épaisseur qui les sépare et les unit.

Si la mise en page du texte échappe à la régularité, de nombreux mouvements peuvent être créés. Ainsi, les jeux d'accroissement et de réduction des ensembles textuels induisent des sensations d'accélération et de ralentissement. Cela est particulièrement manifeste lorsqu'on passe d'un paragraphe en bloc, avec une importante continuité, à une réduction de plus en plus prononcée, qui mène à des traits.

Ces éléments stylistiques n'ont de déterminations lyriques que s'ils participent à la forme affective générale. Il existe bon nombre d'œuvres poétiques qui utilisent la dispersion sur la page blanche sans pour autant qu'elle soit rattachée à des enjeux affectifs signifiants. La sérialité devient par exemple un moyen de ponctuer le texte, mais n'intègre pas pour autant les traits graphiques à une dominante lyrique. Certains textes de Bernard Heidsieck donnent ainsi à lire des effets graphiques difficilement identifiables à des orientations pathiques :

> Qu'est-ce que tu fais... Ghérasim...tout seul...sur la Cinquième? Veux-tu venir avec nous?...On t'emmène... Viens, on habite chez Giorno... dans le Bunker... sur le Bowery... en bas de la ville... on y dînera ensemble... Allez, monte!... Eh bien! Dis donc... Ghérasim... tu as fait un tabac... hier soir... au Moma! Tu as [...][12]

Les stratégies textuelles face au fond blanc peuvent avoir un impact considérable sur la formation sensible, mais elles ne signifient pas nécessairement la réalisation systématique du pacte lyrique. Elles peuvent certes donner des orientations pathiques premières, mais elles s'inscrivent souvent dans des visées sérielles qui ne cherchent point à produire une empathie avec la mise en forme.

b) Le blanc et les effets de respiration

La participation du blanc à la constitution rythmique se rapproche de certaines fonctions de la ponctuation, si l'on entend par cette dernière l'agencement d'intervalles et de liens dans la continuité du discours et non simplement un système de signes orthographiques à fonction grammaticale[13]. Ce procédé rythmique se retrouve dans la tradition poétique versifiée classique par le travail de la concordance, qui permet l'accord entre les articulations métriques et les articulations syntaxiques, sémantiques. Le blanc donne alors une forte unité aux vers et plus largement aux strophes. Le travail des discordances, qui se multiplient à partir du XIXe siècle, permet de provoquer des effets à partir du blanc et de la mise à la ligne. Les décalages entre les groupes grammaticaux et les articulations métriques créent des effets singuliers dans les cas du « rejet » et de l'« enjambement »[14]. Si nous nous concentrons sur les discordances, il apparaît que l'élément en fin de vers reste en suspens dans le blanc tout en engageant le vers suivant. Cela provoque des sensations de discontinuité dans la continuité, en donnant à sentir des enjeux thématiques par la mise en relief de certains termes, comme dans cet extrait d'un poème de Bernard Noël :

> la vie
> un peu d'eau
> quelques mots sur la langue
> tu vois
> mais le visible s'ampute
> de lui-même
> il ne sait être que le jour
> les signes
> eux
> sont toujours noir sur blanc [...][15]

Le rejet est exemplaire d'un effet de signifiance par le blanc dans la versification. La mise en évidence du pronom personnel «eux» renvoie à une ponctuation qui insisterait sur un élément de la phrase.

Ces traits stylistiques s'accordent à une stratégie lyrique, lorsqu'ils deviennent pertinents par rapport à l'acte configurant et aux orientations affectives. Nous en avons une illustration majeure avec une phrase d'André du Bouchet, que nous avons déjà citée pour les enjeux des déictiques :

Cela est...　　　respirer[16]

Associé aux points de suspension, le blanc fait sentir la respiration entre les deux parties de la phrase. Cette mise en forme provoque le mouvement du souffle : le rythme visuel marque le suspens et renvoie à l'incarnation d'une oralité potentielle par l'inspiration dans l'interstice. L'«aération» du blanc exemplifie la thématique et provoque certaines sensations chez le lecteur. Le fond en tant que silence originaire intervient chez André du Bouchet dans les mouvements de ponctuation, car il est l'«air libre» qui permet d'échapper au circuit pneumatique. Par le suspens du souffle, il est possible de retrouver le fond d'air blanc[17].

Le blanc en tant que ponctuation permet par ailleurs de créer une continuité discontinue qui écarterait la mise en forme affective de la linéarité habituelle. En mettant en forme l'espace et la dimension pneumatique liés au fond, l'écriture investit une dimension sensible qui est fréquemment occultée par les autres pactes. En cela, la respiration graphique produit un rythme visuel, qui s'allie à certaines disjonctions syntaxiques ou sémantiques. Ainsi devient-il un trait particulièrement pertinent, lorsqu'il s'intègre à une dynamique parataxique ou à une absence de signes de ponctuation.

c) Autres traits et limites

Une multiplicité d'autres traits graphiques pourrait être mentionnée, mais nous n'en approcherons que quelques-uns qui nous paraissent particulièrement manifestes. L'utilisation des italiques chez Saint-John Perse ou chez Lorand Gaspar pourrait par exemple faire l'objet d'une analyse. Nous poursuivons néanmoins nos remarques sur l'œuvre d'André du Bouchet qui fait un usage particulièrement imposant et varié des traits typographiques. Ainsi, le texte intitulé «Sous le linteau en forme de joug»[18] met en forme un discours central encadré par des fragments en italiques et en caractères réduits dans les marges. Nous n'en prenons qu'un extrait avec un saut de page particulièrement signifiant :

	Rupture,
Aucun besoin de conserver ce qui se répète, ce qui chaque jour est	Ou articulation d'une

———————————————— (ndr: saut de page) ————————————————

enjambée répété.   ... i c i incise...
treille à la pliure
ou du pied étirée
l'à sa disparition

Par sa disposition, une partie du texte s'inscrit en marge d'un discours central. Les caractères, les italiques accentuent la distinction entre le commentaire et le corps du discours. Une certaine distanciation tient l'énonciation, en instaurant une forme dialogique. Les marges introduisent ou prolongent certains thèmes développés au centre de la page, liant et rompant les articulations du propos principal. Les jeux graphiques participent de la sorte à la mise en forme affective, comme dans le cas de la suspension au saut de page qui s'accorde à la discontinuité discursive marquée par «ici incise». Dans une telle démarche, certains signes de ponctuation deviennent particulièrement signifiants en tant que graphèmes. Les points de suspension s'allient au blanc pour marquer la résonance, comme nous l'avons vu précédemment, et les tirets sont un des moyens majeurs pour inscrire une continuité et une discontinuité dans le discours. Ces signes participent de la sorte dans leur spécificité graphique à produire certaines orientations pathiques récurrentes dans cette œuvre (le suspens, la déchirure qui rive...).

La distinction entre capitales et minuscules peut également signifier des statuts discursifs différents. Comme nous le verrons chez Francis Ponge, les majuscules marquent notamment une dimension monumentale du discours, qui participe à l'imaginaire de l'écriture propre à cet auteur : le texte semble alors posséder le statut minéral d'une stèle. La formation sensible peut également être déterminée par des changements de police et même par des jeux sur les alphabets. Dans *Sol absolu*, Lorand Gaspar consacre par exemple une page à cinq écritures du mot «désert» (notamment l'hébreu et l'arabe), évoquant le métissage culturel qu'impliquent à partir d'un terme le même paysage et les mêmes terres[19].

Pour conclure ce propos sur la puissance sensible et signifiante des traits graphiques, nous abordons certaines limites de tels procédés. La dimension affective de ces effets stylistiques n'est pas toujours manifeste, comme nous le constatons dans les calligrammes de Guillaume Apollinaire. Bien que cet auteur ait d'abord songé à nommer une telle mise en espace «idéogrammes lyriques» et qu'il ait envisagé un «lyrisme visuel», la stratégie des calligrammes correspond peu dans sa disposition graphique à l'effet global du pacte lyrique. Plutôt qu'à une mise en forme affective qui donnerait à sentir les enjeux pathiques, le lecteur se confronte à une représentation dessinée d'un thème par des mots ou des lettres. La typographie sert ainsi à mettre en valeur les contours schématiques d'une chose ou d'un état (un cœur, un miroir, la pluie...). Dans le calligramme «La colombe poignardée et le jet d'eau», la mise en page ne donne pas à sentir la douleur et la nostalgie de ceux qui sont partis à la guerre. Si nous voyons bien les contours identifiables d'une colombe ou d'un jet d'eau, cette figure dessinée n'évoque pas la forme affective générale. Ainsi, malgré les visées esthétiques d'Apollinaire, la plupart des calligrammes laissent place à une représentation graphique explicite qui n'acquiert pas les dimensions d'une évocation signifiante de la vie affective. L'écart apparaît dès lors important entre l'infime mouvement rythmique dans la mise en espace des calligrammes et le sens des textes qui renvoie à des déterminations affectives fondamentales. Certains procédés graphiques moins manifestes chez Apollinaire, comme les jeux sur le vers libre et les strophes, ont créé davantage de rythmes et de colorations sensibles dans les poèmes que les calligrammes. Rattachés à une forme affective générale, ils deviennent plus signifiants et accentuent les enjeux pathiques.

3. TRAITS PHONIQUES ET EFFETS SONORES

Il existe une importante tradition critique qui interroge les liens entre les jeux phoniques et la forme affective générale. La récurrence de certains phonèmes est perçue comme un moyen pertinent pour la mise en forme sensible du pâtir. La dichotomie entre signifié et signifiant phonique du signe est dès lors atténuée pour produire une «signifiance» pathique, où le signifiant phonique participe à l'acte configurant. Cette stratégie n'implique pas une illusion quant à l'arbitraire du signe, qui engagerait les auteurs dans une perspective cratylienne. Généralement, les stratégies sur la signifiance affective liée aux phonèmes ne se fondent pas au XXe siècle sur la croyance naïve en une motivation naturelle entre le signifiant et le signifié. Nous avons davantage affaire à un «cratylisme secondaire», comme le nomme Gérard Genette[20], qui établit par le travail sur le langage des correspondances entre ces deux dimensions du signe. En outre, comme nous sommes dans le cadre de la structuration discursive, cette problématique ne se réduit pas au signe, mais concerne la complexité de tout l'énoncé. Les parts signifiantes des phonèmes ne relèvent que d'une sélection radicale à partir de la forme affective générale, qui ôte la pertinence de tous les phonèmes qui ne s'intègrent pas à l'acte configurant.

Même si la dimension phonique détermine de manière profonde la formation sensible dans le pacte lyrique, celle-ci ne peut être réduite à cette unique stratégie. Par la métaphore du chant, le lyrique a parfois été assimilé trop sommairement à la signifiance des phonèmes. S'il y a bien un effet d'incarnation du discours dans ce pacte, les traits phoniques sont un moyen parmi d'autres pour enrichir la formation sensible. Toutefois, il convient de souligner combien ces traits peuvent donner l'impression d'une corporéité de la voix énonciative. Cette impression n'est pas liée à une possibilité d'oralisation du discours lyrique écrit, mais davantage à un effet sensible rattaché à l'acte de lecture, quand bien même il se fait sans l'usage de la voix corporelle. Notre relation affective avec le langage et notre maîtrise de l'articulation des phonèmes sont si puissantes qu'elles permettent d'entendre la voix énonciative sans pour autant oraliser la lecture. L'impression vocale que nous pouvons ressentir face à un texte lyrique se rattache à la configuration du discours écrit et non à une performance qu'il peut ou non engager. La chair du langage dans laquelle nous nous mouvons lorsque formons des énoncés est si profondément ancrée en nous qu'elle nous procure des sensations phoniques alors qu'aucune oralité physique n'est développée. La voix dans le texte écrit mobilise dans un même mouvement notre dimension pathique et nos connaissances des discours : elle n'est pas silencieuse, même si elle n'est pas articulée. Le silence, nous l'avons vu avec le fond visuel, relève davantage dans l'écrit de la page blanche que de l'absence de performance orale.

Nous pouvons à présent nous interroger sur les orientations pathiques données par les jeux de récurrence, de mise en relief de certains phonèmes. La première caractéristique à rappeler se concentre sur le phénomène corporel de l'articulation orale, qui livre une première mise en mouvement. Le nom des catégories de phonèmes marque certaines orientations[21]. Avec les consonnes, l'air expulsé rencontre un obstacle dans la bouche, qui peut être total (les consonnes /p/, /k/, /g/ sont alors dites «occlusives» ou «explosives») ou partiel (les consonnes «continues» /f/, /z/, /l/ se divisent entre les «fricatives», les «vibrantes» ou «liquides»). Des critères complexes de classification permettent de déterminer si ces consonnes sont sourdes ou sonores, orales ou nasales, labiales ou labio-dentales. Nous n'entrons pas dans le détail d'une description anatomique de l'influence du larynx, du pharynx, des mouvements articulatoires de la langue (*apex/dorsum*) et de ses points de rencontre avec les alvéoles ou le palais (*velum/palatum/uvula*) dans la phonation des consonnes. Avec les voyelles, l'air expulsé passe librement et la formation dépend de quatre facteurs : antérieures ou postérieures, ouvertes ou fermées, arrondies ou non arrondies, nasales ou orales.

Chaque semi-consonne a également sa spécificité articulatoire. Si les phonèmes sont des unités distinctives, celles-ci se regroupent pour les jeux d'allitérations et d'assonances sur des principes de parentés qui dépassent la stricte identité. La récurrence de consonnes explosives sourdes (/p/, /t/, /k/) dans un texte consacré au combat peut acquérir une signifiance particulière, tout comme l'emploi de consonnes sonores nasales ou fricatives (/m/, /l/, /f/, /s/) peut suggérer un écoulement. Si nous pouvons établir des liens entre la forme affective générale et la mise en évidence de certains phonèmes, il paraît en revanche plus difficile de donner des directions symboliques objectives et universelles à ces traits sensibles. Roman Jakobson évoque une telle possibilité dans sa fameuse étude : « Le symbolisme des sons est une relation indéniablement objective, fondée sur une connexion phénoménale entre différents modes sensoriels, en particulier entre les sensations visuelles et auditives. [...] Si, faisant porter un test, par exemple sur l'opposition phonématique grave/aigu, on demande lequel des deux termes de /i/ ou de /u/ est le plus sombre, certains sujets pourront bien répondre que cette question n'a pas de sens pour eux, mais on en trouvera difficilement un seul pour affirmer que /i/ est le plus sombre des deux. »[22] Le linguiste relativise toutefois cette remarque en tenant compte des propos de Stéphane Mallarmé dans « Variations sur un sujet »[23], et renvoie l'étude phonologique d'un terme à un élargissement syntagmatique dans l'énoncé poétique. Les études d'Ivan Fónagy[24], qui ont influencé l'approche de la question par Julia Kristeva[25], nous paraissent plus problématiques, dans la mesure où elles établissent une classification systématique des phonèmes à partir des structures psychanalytiques. En effet, Ivan Fónagy tente de « dégager l'arrière-plan inconscient de la phonation », en associant de manière détaillée les phonèmes à des pulsions : la pulsion orale est rattachée aux consonnes liquides et aux voyelles antérieures fermées, la pulsion anale aux voyelles postérieures ouvertes, la pulsion urétrale aux constrictives non voisées ; en outre, les pulsions à la phallisisation, à l'agression ou la pulsion du /r/ apical complexifient la classification. Nous n'entrons pas en matière sur les regroupements des phonèmes autour des pulsions elles-mêmes — ce qui est certainement opérant dans certains cas —, mais plutôt sur la tendance objectivante de ce système. Une telle tendance réduit tout d'abord considérablement le rapport affectif personnel ou intersubjectif aux phonèmes et au lexique. Tel phonème acquiert une signifiance, car le sujet l'investit d'une direction de sens selon sa situation et sa compréhension. Les enjeux affectifs de « cuirasser » et de « caresser » ne peuvent être observés à partir des phonèmes consonantiques qui sont semblables, mais doivent tenir compte de l'ensemble de l'énoncé, ainsi que des valeurs symboliques personnelles ou générales qui s'associent à certains termes. En cela, nous rejoignons les propos de

Gérard Genette dans *Mimologiques* sur l'expérience personnelle et interpersonnelle qu'implique généralement la motivation des signes. L'inconvénient majeur d'une telle approche objectivante sur les phonèmes consiste à leur donner une valeur absolue, sans tenir compte de la forme affective générale qui leur attribue une pertinence dans la configuration. Les jeux d'allitérations n'ont d'intérêt lyrique que s'ils interviennent dans le cadre d'une signifiance par rapport à certaines orientations pathiques. C'est dans une dialectique entre la généralité de l'acte configurant et les traits phoniques particuliers, entre l'aboutissement du cheminement logique et l'épaisseur du texte que la signifiance intervient, et non sous forme d'affects associés objectivement et nécessairement aux phonèmes. L'observation des traits phoniques ne peut se détacher ni de l'effet global du discours ni des rapports interactifs de la configuration. Cela implique une rencontre entre l'imaginaire personnel face à la chair des mots et les effets intersubjectifs qui sont produits par le texte.

Si, dans le genre poétique, les jeux phoniques sont fréquents, ils ne relèvent pas constamment d'un cadre intentionnel lyrique. Nous allons à présent distinguer des visées différentes à partir de moyens stylistiques semblables, notamment en nous concentrant sur un texte de Ghérasim Luca et sur certaines tendances du lettrisme. D'abord publié en 1947 à Bucarest, le poème «Passionnément» de Luca[26] est particulièrement marquant par la dynamique accordée aux sonorités, selon un effet de bégaiement qui crée une multiplicité de propositions à partir de certains phonèmes, de certaines syllabes — qui composent notamment le mot-titre — :

>pas pas paspaspas pas
>pasppas ppas pas paspas
>le pas pas le faux pas le pas
>paspaspas le pas le mau
>le mauve le mauvais pas
>paspas pas le pas le papa
>le mauvais papa le mauve le pas...

Le poème se construit sur plusieurs mouvements et aboutit à la déclaration, qui intervient comme une résolution de diverses tensions. Ce texte met en forme une opposition à l'ordre établi, aux figures d'autorité en vue de mettre à nu les passions et libérer l'amour retenu. Aussi en vient-on à des injonctions désaliénantes («pissez sur/le pape sur papa», «ne dominez pas vos passions passives», «minez vos nations», «vos rationnants ragoûts de rats dévo/dévorez-les», «crachez sur vos nations») pour laisser apparaître de manière plus puissante le pâtir et l'amour («photomicrographiez vos goûts/ces poux chorégraphiques phiphie/de vos dégoûts de vos dégâts», «passion passioné né né/il est né de la né/de la néga ga de la néga/de la négation», «passionné éé ém émer/émerger aimer je je j'aime»). La récurrence des consonnes occlusives sourdes et orales (/p/, /k/, /d/) peut paraître signifiante par rapport à la désaliénation première, alors que l'insistance sur les consonnes nasales (/n/, /m/) accentue la résolution des tensions dans la dernière partie. Toutefois, de telles observations ne peuvent être garanties par aucune universalité objective. Dans ce poème, la dynamique du discours donne par ailleurs l'impression que les mots, les phrases se forment, par mouvements de structuration et de déstructuration, à partir des phonèmes, des syllabes selon des procédés paronymiques. Bien que de nombreuses séquences soient asémantiques, elles activent de manière signifiante la forme affective générale et ses orientations pathiques. La déstructuration des suites syntaxiques, logico-sémantiques marque les tendances destructrices de cette «terrible passion» face à toute règle linéaire, à tout conformisme. Les jeux phoniques participent de manière radicale à l'acte configurant, en tant qu'incarnation discursive d'un pâtir amoureux fait d'opposition, de résistance et d'émergence de soi. Ce texte manifeste de la sorte une dominante lyrique qui intègre les traits sensibles à un cadre intentionnel et à un effet global typique.

Tel n'est pas le cas dans certains poèmes où les jeux sur les phonèmes sont certes importants, mais ne s'entrelacent pas avec une forme affective générale. Nous trouvons de nombreux exemples dans la poésie lettriste et dans certaines poésies sonores contemporaines[27]. Malgré une esthétique ambitieuse sur le retour à un état originel de l'expression, la démarche d'Isidore Isou active fréquemment une série répétitive de lettres, de syllabes ou de signes qui ne renvoient à aucune langue connue. Nul système lexical ne paraît tenir les textes, et nous sommes confrontés à des écrits asémantiques. Le respect de certaines formes fixes (le sonnet), de la versification ne rend évidemment pas ces textes plus compréhensibles, même si cela peut les inscrire dans la tradition poétique. Il paraît en outre clair qu'un poème totalement asémantique ne peut mener à la constitution d'une forme affective générale[28]. Le cadre intentionnel lyrique nécessite un minimum d'orientations thématiques pour que le monde du texte déploie une cohérence et une pertinence pathiques.

En ce qui concerne les poésies sonores, il convient de ne point les classer d'un bloc, car certains textes, certains auteurs mettent en place des stratégies lyriques, alors que d'autres sont particulièrement éloignés d'une telle démarche. Cela s'explique peut-être par le fait que la «sonorité» engagée par cette tradition relève avant tout d'une performance orale, d'une vocalisation, et non d'une voix incarnée dans un discours écrit. Aussi y a-t-il des auteurs qui pratiquent la poésie sonore à partir d'écrits à fortes déterminations lyriques (comme Ghérasim Luca) et d'autres qui le font sur la base de structurations discursives peu ou non lyriques[29]. Ainsi, de nombreux textes de Bernard Heidsieck ne se fondent pas sur une mise en forme affective du pâtir. Certes, des répétitions de syntagmes, les mises en page (nous ne considérons que le texte) peuvent créer des sensations centrées sur la sérialité, mais elles n'engagent de véritables dominantes lyriques :

> autour de Vaduz   il y a des Suisses
> autour de Vaduz   il y a des Autrichiens
>   autour de Vaduz il y a des Allemands
>   il y a   autour de Vaduz des Tyroliens
> il y a autour de Vaduz des Bavarois
> il y a autour de Vaduz des Silésiens[30]

D'autres expériences s'éloignent d'une mise en forme affective, même si elles traitent du corps. C'est le cas notamment de certains textes de Jacques Sivan, pour qui « les mots sont une vapeur sonore » qui s'assemble et se disperse en « motlécules » :

> *Emulsion 5*
>   é lllongggat vvv riiill
>   ciiiizzz ionpéritoinhym
> ouvvv   concascco quillovvv   oïdpic   contr cr
> oûte
>   grrrr ondmmm   bl
>   anc brûl
>   mbranchhhhm
>   carrrrrbon'   encr...[31]

La complexité à configurer une forme affective générale rend la lecture empathique des plus difficiles. Sans doute convient-il de distinguer un texte comme « Passionnément » de Ghérasim Luca des poèmes ci-dessus, dans la mesure où il n'engage pas le même cadre intentionnel. Il faut pourtant se garder de séparations trop radicales, car il y a une importante diversité dans ces mouvements littéraires. Chaque texte, chaque auteur doit être analysé selon l'approche des dominantes, sous peine d'en rester à une vision caricaturale des outils stylistiques que nous exposons.

4. VERSIFICATION ET DYNAMIQUE ACCENTUELLE

La disposition en vers est une des caractéristiques majeures pour spécifier le genre poétique. En tant que telle, cette disposition n'implique pas nécessairement le cadre intentionnel lyrique, qui se distingue du genre littéraire. Toutefois, comme nous l'avons mentionné auparavant, la structuration discursive lyrique se trouve de manière dominante au XXe siècle dans la poésie, notamment lorsqu'elle est en vers. C'est pourquoi la versification peut influencer fortement la formation sensible et engage une observation du rythme. Notre perspective n'exclut pas pour autant certaines réflexions sur le vers libre ou sur la prose, dans la mesure où le premier se structure selon une métrique singulière et que tous deux engagent des dynamiques accentuelle et prosodique. Les traits que nous allons spécifier se situent au croisement des problématiques graphique, phonique, syntaxique et sémantique ; ils montrent combien ces différents plans du discours participent à la formation sensible.

Distinguant la prose des vers, les faits de versification se divisent en trois champs principaux étroitement liés : le mètre, la rime et la strophe. Les enjeux d'identité (parallélismes et symétries) sous-tendent les constructions, en maintenant des principes de régularités et de discontinuités. Aussi pouvons-nous dégager à partir de ces faits certaines déterminations dans la constitution du rythme et des colorations. Une longue tradition critique a traité de ces questions et les controverses sont aujourd'hui encore virulentes[32]. Notre perspective consiste à observer les enjeux sensibles par rapport au cadre lyrique, en nous gardant d'une approche trop objective de la dynamique accentuelle. De nombreuses variables empêchent de construire un système fixe pour aborder la complexité textuelle. Tout d'abord, les différences d'une langue à l'autre déterminent des stratégies diverses de versification et de cadence. Ensuite, au sein d'une même langue, la tradition se transforme en suivant les déterminations de l'histoire littéraire. Outre les variations collectives d'une époque, il convient également de tenir compte du rapport individuel des écrivains et des lecteurs face à l'horizon d'attente. Il reste enfin les différences dans la diction des textes écrits, qui relèvent de la performance orale. Notre propos se centre sur les pratiques du XXe siècle et essaie de montrer combien les stratégies de versification et d'accentuation participent à une incarnation de la voix énonciative, combien elles produisent des effets de signifiance. Ainsi, plutôt que d'insister sur une structure purement linguistique, nous tiendrons compte de la dynamique propre à chaque texte et des possibilités d'interaction avec les lecteurs. Cela implique de maintenir les principes de compétence, mais surtout d'impressions sensibles, dans l'emploi des outils d'analyse. Loin d'être une approche objective des textes, notre perspective tient à comprendre ces traits stylistiques dans leur rapport à l'acte configurant et à la forme affective générale.

Le vers est une récurrence sérielle d'éléments métriques qui peut être observée à partir des relations entretenues avec un ou plusieurs autres vers. En langue française, il se compose à partir de deux principes que sont le nombre de syllabes et la dynamique accentuelle. Si le premier principe est relativement aisé à repérer dans les textes (malgré les variations du *e* caduc), le second reste en revanche plus problématique, bien qu'il soit fondamental. Comme dans les autres langues, l'accent en français consiste en une mise en relief d'un phonème par une intensité différentielle, mais sa spécificité réside dans une accentuation de groupe. Cela signifie qu'il se distingue tant de l'accentuation de mot (comme en espagnol) que d'un principe quantitatif de durée phonémique à fonction distinctive (entre longue et brève comme dans le grec ancien). En outre, rappelons que le système syllabique ne peut être confondu avec celui des pieds qui est une combinaison métrique. L'accentuation de groupe dépend de déterminations grammaticales, syntaxiques ainsi que des différentes directions sémantiques. Il existe à la fois des règles qui norment l'usage et une liberté qui produit une actualisation singulière dans les énoncés eux-mêmes.

Parmi les effets rythmiques les plus notables des accents dans la métrique, nous trouvons les enjambements (à la césure et surtout en fin de vers), la cadence ou l'irrégularité des accents, les contre-accents (selon la terminologie d'Henri Morier pour désigner un accent qui succède à un autre). Certaines cadences sont rompues par des accélérations ou des ralentissements. Outre des mises en relief graphiques, les enjambements peuvent accentuer selon leur position dans le mètre des phonèmes qui sont généralement clitiques, en créant des tensions importantes comme dans cet extrait d'un poème de William Cliff :

> [...]
> parce que nous ne voulons pas nous ex-
> iler parce que nous savons que ces
> pays lointains sont durs à nos étraves
> nous ne partirons pas devant l'hiver et
> subirons jusqu'au bout sa froide bave[33].

Le nombre de syllabes crée dans la versification classique des principes de récurrence, qui s'associent aux positionnements des accents. Toutefois, à moins de maintenir un principe de cadence unique, la plupart des poètes jouent généralement sur les diverses tensions signifiantes qui peuvent naître des discontinuités dans la continuité de la forme. De nombreux exemples pourraient être tirés des *Fleurs du Mal* de Charles Baudelaire. Néanmoins, avec le développement du vers libre, l'irrégularité devient le principe de structuration que certaines continuités organisent parfois. Il ne faudrait pas croire que le vers libre est un simple découpage graphique de syntagmes, il engage fréquemment un principe rythmique par le blanc et la longueur des vers, qui s'associe à une dynamique accentuelle plus proche parfois de la prose que du vers classique.

La rime influence fortement la formation sensible, tant du point de vue du rythme que de la coloration. Fondée sur l'identité phonique (et parfois graphique) de la dernière voyelle accentuée — et des phonèmes qui éventuellement la suivent — de deux ou plusieurs mots situés en fin de vers (occasionnellement à l'hémistiche), la rime structure en partie la strophe et le poème, tout en ayant des liens étroits avec la construction sémantique. La proximité des signifiants implique en effet un rapprochement de lexèmes aux horizons sémiques distincts. Elle a ainsi une puissance de cohésion et de mise en relief tout à fait singulière. Ces enjeux pathiques sont liés à l'ambivalence de la surprise et de l'attente, ainsi qu'à un enrichissement phonique producteur de plaisir et de sédimentation. La coloration de la rime rejoint celle des jeux phoniques par la mise en évidence récurrente de certains phonèmes. Ces retours ainsi exposés mettent au premier plan les enjeux affectifs liés aux signifiants phoniques des mots. Plus la rime est enrichie, plus les déterminations de la coloration phonique deviennent puissantes dans la formation sensible. Mais un tel procédé engage avant tout la dimension rythmique du discours par le jeu des répétitions et des tensions dues à la distance de résolution. Les principes de cohésion sont particulièrement importants dans les rimes annexée, fratrisée, enchaînée, qui lient de manière complémentaire la fin d'un vers avec le début du vers suivant. Le travail sur la césure peut également intervenir dans de telles reprises, comme dans les rimes batelée ou brisée. Toutefois, la dimension rythmique intervient non seulement avec le principe de reprise, mais également avec celui du mouvement et de la tension de durée. En cela, la disposition des rimes crée des attentes et des résolutions diverses : les rimes plates offrent un mouvement moindre que les rimes croisées ou embrassées. Il convient ainsi de tenir compte des effets de cohésion, de dérivation, d'éloignement ou de rupture des rimes qui interviennent dans la formation sensible. La récurrence pertinente des rimes et des vers implique la structure supérieure de la strophe, qui elle-même peut renvoyer à des formes fixes. De nouvelles possibilités de cohésion et de discontinuités alliées à une puissance graphique interviennent alors dans la formation sensible. Mais plutôt que développer trop longuement les enjeux pathiques de la versification et de la dynamique accentuelle, il est préférable de travailler à partir d'un exemple.

Le poème «Draperies» de Pierre Jean Jouve[34] est constitué de trois quatrains en vers libres ou en alexandrins et sans rimes systématiques. C'est avant tout la deuxième strophe qui nous intéresse dans la mesure où la versification et la dynamique accentuelle produisent d'importants jeux de signifiance par rapport à la tradition de l'alexandrin[35] :

```
   u    u u    -    u u    u    u u u -    u  -
Transportez-vous avec plus de sérénité, d'éclat
        4   /   (6/)              12/      14/

   u    u u  -    u    u    u u u    u   -
D'esprit de jour, soyez dans le giron de Dieu
        4  //  6  /           10 /    12 //

   u  u  -    u  u  -    u   -  -  u  u -
Tout à coup par fureur, poussée, sève, sueur
      3  /        6  /       8 / 9  /  12 /

   u    u  - u u  -   u   u  u    u u  -
Quand l'abeille noircit tout autour de la vigne,
       3  /     6 /         9  /    12   //
```

Alors que les autres vers de la strophe sont des alexandrins, le premier vers perturbe les attentes en ressemblant à un alexandrin allongé. «D'éclat» est mis en évidence dans la cohésion de la strophe, ce qui crée un effet signifiant tant par la mise en page, par la métrique que par l'accentuation. Le deuxième vers engage ensuite une cadence accentuelle (4242) qui marque une régularité, tout comme dans le dernier vers (3333). Entre ces deux vers, nous ressentons une rupture qui se manifeste sémantiquement autant qu'accentuellement dans le deuxième hémistiche (33/212). L'accélération de la «fureur» se donne à lire par la proximité des accents et par le contre-accent («poussée, sève»). Une telle dynamique crée un contraste important avec les vers environnants. Le jeu avec la césure est également important dans cette strophe. Dans le deuxième vers, elle fait porter l'accent métrique sur le verbe d'existence et marque davantage l'injonction à être. En vers léonin, l'alexandrin suivant engage une rime entre les deux hémistiches. Ces divers éléments associés aux traits phoniques (récurrence du /s/ dans le deuxième hémistiche du troisième vers, contraste de la rime féminine à la fin de la strophe), syntaxiques (article zéro à la rupture du troisième vers) produisent d'importants effets de signifiance qui permettent de donner à sentir par le rythme certains enjeux thématiques et affectifs.

5. CONNEXIONS ET DISCONTINUITÉS SYNTAXIQUES

L'observation du rythme et des colorations dans la formation sensible concerne d'autres aspects du discours que les composantes graphique, phonique, accentuelle ou métrique. Des traits syntaxiques sont également déterminants pour les orientations sensibles de la structuration textuelle. Parmi ces différents phénomènes stylistiques, certains se rattachent à une dimension intraphrastique (comme l'inversion, l'antéposition de l'épithète...), alors que d'autres engagent les liages interphrastiques. Nous nous intéressons à ces deux dimensions qui nous permettent de considérer la cohésion et les discontinuités syntaxiques sous la perspective des orientations pathiques. Mais, avant de nous concentrer sur certains traits proprement syntaxiques, nous allons analyser des cas de transformations lexicales qui s'appuient sur une syntaxe plus ou moins stable et qui s'intègrent à une structuration lyrique.

a) Transformations et inventions lexicales

Intégrées à un cadre intentionnel lyrique, les transformations lexicales engagent non seulement un effet de surprise, mais également des enjeux sensibles. La plupart de ces stratégies maintiennent une structure syntaxique relativement normée et identifiable, afin que les innovations ne défassent pas totalement la compréhension par une déstabilisation des attentes. Les innovations lexicales, qu'elles soient des transformations, des néologismes ou des inventions plus radicales, provoquent un mouvement hors des codes, des habitudes et fréquemment hors d'un agencement argumentatif. La continuité syntaxique donne ainsi une sédimentation aux instants critiques créés par ces innovations. Le rythme d'une lecture impliquée est également déterminé par ces traits stylistiques. Néanmoins, c'est de manière plus importante la coloration du discours qui se trouve atteinte par ces procédés. Les ruptures détournent le cheminement configurant de la logique habituelle pour mettre parfois en avant une dimension pathique qui se rattache à la forme affective générale.

Afin de mieux préciser ce propos, nous allons nous appuyer sur deux poèmes à dominante lyrique qui se fondent sur des transformations lexicales. Le premier texte est « La Môme Néant » de Jean Tardieu :

> La Môme Néant
>
>> *(Voix de marionnette, voix de fausset, aiguë, nasillarde, cassée, cassante, caquetante, édentée.)*
>
> Quoi qu'a dit?
> — A dit rin.
> Quoi qu'a fait?
> — A fait rin...
> Pourquoi qu'a dit rin?
> Pourquoi qu'a fait rin?
> Pourquoi qu'a pense à rin?
>
> — A'xiste pas.[36]

Outre des récurrences phoniques et des constructions anaphoriques, la formation sensible de ce texte est notamment déterminée par des simplifications syntaxiques (surtout dans les questions), par des transformations des pronoms personnels et des métaplasmes qui remodèlent les termes (la syncope sur le «rin» et l'aphérèse finale sur le verbe «exister»). Ces diverses modifications sont tenues dans une structuration compréhensible, et elles participent à rendre sensibles deux éléments. Tout d'abord, de telles modifications donnent une incarnation à la voix énonciative décrite dans la parenthèse : les adjectifs «cassée», «cassante», «caquetante» (eux-mêmes engageant une dominante phonique) sont illustrés par les simplifications syntaxiques qui donnent une récurrence aux phonèmes /k/ et /a/; la caractéristique «nasillarde» est favorisée par la syncope (la perte de la semi-voyelle /j/ dans «rien» met en valeur la voyelle nasale subséquente); les anaphores pourraient s'associer à la mécanique d'une marionnette; quant à l'aphérèse, elle renverrait peut-être à l'adjectif «édentée». Telle une didascalie, la parenthèse indique un ton sensible qui s'accomplit par la mise en œuvre des moyens stylistiques susmentionnés pour faire entendre la voix d'un personnage. On pourrait également rattacher ce poème à une théâtralisation d'un langage populaire, mais une dimension lyrique sous-tend le texte et lui donne des caractéristiques autrement plus affectives. Le titre fournit de ce point de vue des critères déterminants, notamment le «Néant» qui non seulement qualifie la jeune fille, mais la nomme. Ce personnage devient ainsi la figure de la vacuité et de l'impersonnalité, qui se manifeste par le «rin» comme unique réponse et le «a» comme pronom personnel. La syncope au terme «rien» renforce la dimension thématique qui lui est liée. Parallèlement, le «a» omniprésent remplace les pronoms personnels et marque davantage le creux subjectif de ce personnage. Ces éléments se trouvent confirmés par la dernière réplique qui dévoile la virtualité de cette jeune fille : l'aphérèse défigure le verbe d'existence lui-même. Les divers traits stylistiques participent à la formation sensible selon les orientations de la forme affective générale. La vacuité d'une figure impersonnelle est ainsi donnée à (res)sentir par la mise en forme pathique.

Le deuxième texte sur lequel nous nous appuyons pour développer notre propos est «Le Grand Combat» d'Henri Michaux — que nous avons déjà cité auparavant comme un texte à dominante lyrique sans en préciser les fondements. La première partie de ce poème est construite sur une série de néologismes — notamment pour les verbes — qui est portée par une syntaxe traditionnelle et des flexions morphologiques cohérentes. La tension des innovations lexicales se trouve ainsi atténuée par la continuité syntaxique :

> Il l'emparouille et l'endosque contre terre;
> Il le rague et le roupète jusqu'à son drâle;
> Il le pratèle et le libucque et lui barufle les ouillais [...][37].

Le titre du poème donne une direction précise à la description, et nous pouvons identifier les deux combattants. La progression du combat devient plus identifiable à mesure qu'on approche de sa conclusion («Enfin il...», «L'autre hésite...», «C'en sera bientôt fini de lui», «Le bras a cassé!»). Si, dans un premier temps, les innovations verbales semblent des inventions indécodables qui favorisent certains traits phoniques («*emparouille*», «*ouillais*» s'associent certainement à l'interjection «ouille!» exprimant la douleur), dans un second temps, ces innovations, tels des néologismes, peuvent davantage être investies par le lecteur, notamment à partir du radical et des affixes. Ainsi, dans le vers initial, la saisie du combattant peut être figurée par «emparouille», qui renverrait à «emparer», «empoigner». Quant à la chute sur le sol, elle semble suggérée par «endosque», qui poursuit la connotation de la prise par le préfixe et indique par le radical la partie du corps qui rencontre en premier lieu la terre («endoscopie», «endosser» seraient également envisageables). Dans le vers suivant, «rague» se rapproche par exemple de «rage» et de «drague», «drâle» de «râle». La récurrence de consonnes explosives donne encore davantage à sentir le combat. Par ailleurs, une figure de construction, tel que le chiasme, évoque de manière sensible le va-et-vient des torsions dans le combat : «[Il] le manage rape à ri et ripe à ra». Chaque néologisme engage une multiplicité de sens possibles et s'inscrit comme un instant nodal dans le mouvement général du discours. Ainsi, la direction du combat, avec sa violence et sa douleur, sous-tend les innovations lexicales. En retour, cette stratégie concentre davantage la description sur des effets sensibles : s'il est difficile d'arrêter un concept précis sur les néologismes, ceux-ci suggèrent dans ce cas davantage de sensations par l'investissement des lecteurs sur les phonèmes et les variations morphologiques. Le titre avec le *topic*, le respect de la syntaxe et de la progression thématique encadrent ces tensions dans une signifiance accordée à la forme affective générale. Dans ce texte, c'est en effet les sensations mêmes de la lutte que la mise en forme incarne et non les péripéties d'une intrigue. C'est pourquoi ce poème est représentatif de la dominante lyrique du discours.

D'autres poèmes d'Henri Michaux concentrent la formation sensible sur les mêmes procédés. Dans «Saouls»[38], les inventions lexicales servent à faire sentir les désorientations de l'ivresse. En tant que tels, ces traits stylistiques peuvent renvoyer à une multiplicité de formes affectives générales, car ils n'exemplifient pas uniquement une expérience. De manière semblable aux autres traits, une stratégie sur un moyen stylistique n'assure pas pour autant l'établissement d'un cadre intentionnel lyrique. Ainsi, certaines inventions verbales s'inscrivent moins dans une signifiance dirigée par des orientations pathiques. Sans l'appui d'une structure syntaxique identifiable, «Demi rêve» de Robert Desnos se rapproche de certaines stratégies lettristes et laisse le lecteur dans la difficulté de produire un acte configurant centré sur une forme affective générale :

> abougazelle élaromire
> Elaroseille a la mijelle
> a la mirate a la taraise
>
> Mirabazelle élagémi
> Rosetaraise et cœurmira
> Talatara miralabou...[39]

b) Mises en relief et constructions syntaxiques

L'ordonnancement linéaire des mots dans la phrase implique une norme importante en langue française, car la position a davantage d'importance que la désinence. De nombreux effets stylistiques (inversion, hyperbate, tmèse...) produisent, outre des modifications des habitudes compréhensives, des déterminations rythmiques. Nous allons considérer cette problématique hors des nécessités de la versification classique qu'imposent la césure, la rime et la structure accentuelle. Nous tiendrons compte des effets rythmiques et de mises en relief liés aux mouvements syntaxiques que Stéphane Mallarmé, en «syntaxier», a par exemple particulièrement développés. A nouveau, nous nous appuyons sur un texte de Robert Desnos pour interroger ce point :

> Tu, Rrose Sélavy, hors de ces bornes erres
> Dans un printemps en proie aux sueurs de l'amour,

> Aux parfums de la rose éclose aux murs des tours,
> à la fermentation des eaux et de la terre.[40]

La première strophe du sonnet est une phrase qui met particulièrement en valeur l'ordonnancement des mots. Le vers initial se fonde sur des coupures (proches de la tmèse) et des inversions, alors que les trois vers suivants respectent les conventions. Les mouvements du premier vers mettent en évidence les quatre éléments qui le composent : « tu » comme pronom personnel de l'adresse, « Rrose Sélavy » comme nomination qui détermine le pronom personnel, « hors de ces bornes » comme complément, « erres » comme verbe d'action. Contrairement à une succession plus conforme (« Rrose Sélavy, tu erres hors de ces bornes »), cette disposition fait intervenir chaque élément comme un événement. Si la phrase reste parfaitement compréhensible, elle n'en laisse pas moins une impression de continuité heurtée, constituée de plusieurs instants nodaux. Le pronom personnel en début de vers et le verbe à la fin se détachent particulièrement, en orientant et en configurant cette première séquence. Il est ainsi possible de sentir l'errance qui est thématisée, par l'écartement du sujet et du verbe, tout comme la force de l'appel par l'accentuation d'attaque du « tu ». L'inversion entre le verbe et son complément, « hors de ces bornes », exemplifie la thématique. Cette errance heurtée engage un enfoncement dans l'épaisseur par le ressassement des trois vers qui suivent. Mais une nouvelle rupture intervient à la strophe suivante :

> Sanglant, la rose au flanc, le danseur, corps de pierre
> Paraît sur le théâtre au milieu des labours. [...]

De manière semblable, le premier vers de la deuxième strophe se découpe en quatre temps avec la mise en relief de chaque élément. L'épithète « sanglant » est écartée du substantif « danseur » ou du complément, tout en orientant l'ensemble de la phrase. En outre, la position du substantif « danseur » semble mettre en équilibre l'opposition thématique entre « la rose au flanc » et le « corps de pierre », comme si le personnage se composait de cette tension.

Ces mises en relief s'intègrent à des stratégies lyriques en lien avec la forme affective générale. Elles ne correspondent pas uniquement à un horizon d'attente poétique, qui conduirait à un ordre renouvelé des mots pour le respect de la versification. Elles engagent des effets rythmiques importants ainsi qu'une véritable signifiance. L'antéposition de l'épithète, particulièrement observée par Jean Cohen[41], participe dans certains cas à la formation sensible du pacte lyrique, notamment lorsqu'elle surdétermine la connotation affective des adjectifs non classifiants. Ainsi, ces mises en relief provoquent des instants nodaux dans la continuité syntaxique et développent un rythme singulier avec les autres éléments de la formation sensible.

c) Syntaxe complexe et ponctuation

Parmi les traits syntaxiques majeurs de la formation sensible, la longueur et la complexité des phrases provoquent des déterminations rythmiques d'accélération, d'accroissement, de ralentissement ou d'effacement. Certains développements télescopiques, certaines adjonctions parenthétiques, voire certaines périodes, se fondent sur des enchâssements, continus ou discontinus, et renvoient à des tensions de durée singulières[42]. Ainsi en va-t-il notamment de cet extrait du poème «Hier» d'Hédi Kaddour qui pourrait être constitué d'une unique phrase :

> Hier est un éclair des vieux sentiers
> Perdus dans l'ordre de la nuit, un pas
> Qu'on veut refaire, hier ne prend
> Souci d'aucun remords aux branches
> Basses du sous-bois et sait
> Encore d'éblouissantes postures
> De femmes reprises au vent
> Qui vient frôler leurs jambes...[43]

Dans les autres poèmes du recueil, Hédi Kaddour garde les signes de ponctuation traditionnels, malgré la disposition en vers. C'est pourquoi ce texte instaure un rythme particulier par les divers enchâssements qui construisent la phrase. Une impression de continuité ininterrompue, de relance permanente donne à sentir la thématique de ce passé qui «n'a plus la force de s'arrêter» et qui, par retours successifs, résonne dans le présent. La longueur et la complexité de la phrase participent à la formation sensible dans le cadre lyrique. De manière différente, la syntaxe simple et la brièveté des phrases ponctuent autrement ce poème de Jacques Réda :

> Pauvreté. L'homme assiste sa solitude.
> Elle le lui rend bien. Ils partagent les œufs du soir.
> Le litre jamais suffisant, un peu de fromage,
> Et la femme paraît avec ses beaux yeux de divorce.
> [...]
> Laisse. Renonce à la surface. Espère
> En la profondeur toujours indécise, dans le malheur
> Coupable contre un mur et qui te parle, un soir,
> Croyant parler à soi comme quand vous étiez ensemble.[44]

La brièveté des phrases marque dans ce texte les dimensions affectives du dénuement, de la pauvreté, de la simplicité dans la rencontre d'un couple divorcé, notamment dans les deux premiers vers. La fin du poème crée une alternance autour des impératives : les principes du renoncement se chargent d'une brièveté sèche, alors que l'espérance ouvre une complexité et une simultanéité d'éléments divers.

Les points, les majuscules et les autres signes de ponctuation interviennent de manière cruciale dans ce rythme centré sur les constructions intra-et inter-syntagmatiques. Ils signalent une hiérarchie des pauses, des possibilités d'enchaînements, des vitesses de lecture, en lien avec les dispositions sur la page blanche. Comme le montrent les variations historiques, la puissance rythmique des signes de ponctuation ne peut être établie objectivement. Diverses logiques déterminent l'usage de ces signes, qui ont parfois la rigidité des conventions typographiques[45] ou qui se rattachent à des modes plus personnels de marquages énonciatifs. Ainsi trouvons-nous différentes appréciations autour des mêmes signes, mêlées à des tendances historiques : le point-virgule tend à disparaître au XXe siècle, alors que le tiret prend son essor à partir du siècle précédent. Dans notre observation de la formation sensible, nous lions les fonctions syntaxique, pneumatique et sémantique de l'énonciation. Le rythme des phrases, l'intonation, les mises en relief et les connexions sont à rassembler pour décrire les orientations pathiques du discours, ainsi que les effets d'incarnation de la voix énonciative. Ainsi, les points d'exclamation agissent comme des colorations du discours et des marques énonciatives à l'instar des tirets, des parenthèses, des points de suspension. Mais, ils interviennent également comme des tensions de durée du rythme, en modifiant l'accentuation, en produisant diverses interruptions et reprises. Illustrons ce point par un extrait d'un texte d'André du Bouchet :

> ... poussières... poussières retaillées... figures, sur une oblique, de ce sol ressaisi (par des mains dont un rêve antérieur de quelques années à celui qu'en vain je tente aujourd'hui de relater, aura fait l'économie, les figures venues s'y inscrire alors — comme vrillées — y ayant surgi tout achevées... en cours cependant... scintillantes... ajourées...[46]

Dans la poésie d'André du Bouchet, les phrases s'organisent fréquemment en trois temps, mais dans ce fragment la structuration est autrement plus complexe. Les signes de ponctuation acquièrent une puissance signifiante importante pour la formation sensible, tant d'un point de vue graphique que pneumatique. Le début et la fin du fragment sont tenus par des points de suspension, en donnant l'impression d'une prise de parole progressive qui mène à nouveau à l'horizon silencieux de la page blanche. Entre ce regain et cette disparition s'accumule une prose constamment saccadée par des incises. Parmi les points les plus remarquables de ce fragment, nous trouvons une parenthèse ouverte, qui jamais ne sera refermée. Ce procédé utilisé à plusieurs reprises dans ce texte donne une place majeure à la signifiance de la ponctuation. Par ce signe, une voie semble dégagée pour l'incise ou pour la digression, mais qui ne parviendra pas à être bouclée par une résolution. Le rythme et les colorations se trouvent ainsi atteints par des signes de ponctuation aux ressources accrues.

L'absence de signes de ponctuation, qu'on trouve fréquemment dans la poésie du XXe siècle, n'engage pas une perte d'un rythme ponctué. Le blanc acquiert dès lors un rôle primordial, comme le souligne Guillaume Apollinaire dans une lettre fameuse de 1913 : «Pour ce qui concerne la ponctuation, je ne l'ai supprimée que parce qu'elle m'a apparu inutile et elle l'est en effet, le rythme même et la coupe des vers voilà la véritable ponctuation et il n'en est point besoin d'une autre.» Sans doute, l'auteur d'*Alcools* a-t-il raison de ne pas confondre ces signes avec une nécessité rythmique, mais ils peuvent néanmoins participer de manière importante, comme nous l'avons vu, à la formation sensible et à une stratégie lyrique.

6. COHÉSION LOGICO-SÉMANTIQUE

Nous abordons à présent la spécificité de la cohésion textuelle dans le cadre intentionnel lyrique. Les connexions intra- et inter-phrastiques déterminent de manière considérable l'acte configurant. Nous allons observer certains traits de cohésion logico-sémantique, comme les traitements de la progression thématique, des connecteurs, de la parataxe ou des enchaînements isotopiques. A chaque fois, nous considérerons ces différentes questions selon les principes directeurs de la formation sensible, notamment par rapport au rythme. L'approche des continuités et discontinuités logico-sémantiques ne se réduit pas aux méthodes et aux objectifs de la grammaire textuelle ou de la sémiasologie, mais elle vise à considérer les diverses influences sensibles dans l'acte configurant lyrique.

a) La progression thématique

L'analyse de la cohésion thématique (ou informationnelle) est à distinguer des analyses syntaxique ou sémantique. Inspirée par la «perspective fonctionnelle» de l'École de Prague, l'analyse thématique, reprise et remodelée par les tenants de la «grammaire textuelle» et d'une approche pragmatique de la littérature[47], se concentre sur les moyens qui assurent le développement de l'information dans le discours. Ainsi, l'approche syntaxique s'attache aux constructions grammaticales des phrases (sujet, verbe, complément d'objet direct), la méthode sémantique observe davantage les rapports de sens entre certains constituants (agent, procès, objet), l'approche thématique se concentre sur les enchaînements interphrastiques qui maintiennent une identité logique et informationnelle dans le discours en la faisant progresser[48]. Selon l'analyse fonctionnelle, le cheminement logique d'un texte est constitué d'éléments supposés connus (les «thèmes») — qui assurent la cohésion de l'information — et d'éléments nouveaux qui alimentent la progression textuelle (les «rhèmes»)[49]. Une diversité de moyens permettent la sédimentation thématique : les anaphores complètes ou partielles, les cataphores et les reprises d'un antécédent. Une multiplicité de progressions peuvent également être décrite par la caractérisation des liens entre thèmes et rhèmes. Il ne faut pas confondre le «thème» de l'analyse fonctionnelle avec le thème (*topic*). Le premier est un élément de support pour la cohésion, qui présente une information connue, alors que le second, dont nous avons déjà traité, rassemble une séquence autour d'une direction sémantique. Il convient également de les distinguer du «thème», pensé par la critique thématique, qui est un schème d'organisation d'un signifié qui marque une relation singulière au monde[50].

En tant qu'éléments de sédimentation ou d'innovation, les thèmes et les rhèmes donnent des outils d'analyse particulièrement intéressants pour le développement informationnel. Il convient toutefois de ne pas les considérer selon une dichotomie trop ferme, car il s'agit davantage de deux pôles de qualification que de deux catégories fixes. Il arrive parfois que la classification soit difficile à opérer, car la complexité d'un discours (avec certains sous-entendus) rend ces deux pôles plus indistincts. En outre, il faut se garder de considérer les textes littéraires d'après une norme grammaticale de cohésion qui permettrait la mesure d'un écart. Les analyses visent davantage à mettre en avant une interaction dans le cheminement logique entre les stratégies textuelles et le lecteur. Une fois cette prudence acquise, l'approche fonctionnelle nous donne l'occasion d'observer les degrés de reprises et de mouvements dans la recherche d'une cohésion et d'une cohérence en lien avec le *topic*. Dans le cadre de la formation sensible, elle s'attache à fournir les éléments sur lesquels s'appuie le rythme d'une lecture impliquée. Ainsi, il est possible de décrire les tensions entre progression et sédimentation, les distances de reprises, la partialité des anaphores, les ruptures et les relances de l'information. Outre la dynamique entre continuité et discontinuité, cette approche caractérise également certaines formes de ralentissement ou d'accélération, d'accumulation ou de dispersion.

Les quatre types principaux de progressions thématiques sont la progression linéaire, la progression à thème constant, la progression à thème dérivé et la progression par rupture thématique. La première instaure une cohésion et un effet continu importants, dans la mesure où le rhème d'une phrase devient le thème de la phrase suivante. Elle produit des enchaînements linéaires qui provoquent peu de mouvements dans la configuration. La deuxième progression fait apparaître le même thème dans des phrases successives, en apportant à chaque fois de nouvelles qualifications par des rhèmes divers. Lorsque le thème est dérivé, la configuration se complexifie, car le thème principal (ou «hyperthème») se subdivise en sous-thèmes : les arbres engagent les thèmes secondaires des sapins, des pins, des hêtres. Il arrive fréquemment que le thème principal soit implicite, ce qui implique une coopération encore plus importante de la part du lecteur. Enfin, les ruptures thématiques se fondent sur la nouveauté radicale, en ne rattachant aucun élément à un antécédent. Ce dernier type de progression provoque des sauts thématiques avec des résolutions de tensions plus ou moins importantes, qui dépendent de la distance de reprise avec les thèmes précédents. Un poème d'Henri Michaux nous sert d'illustration pour une appréhension de cette question :

Dans la nuit

Dans la nuit
Dans la nuit
Je me suis uni à la nuit
A la nuit sans limites
A la nuit
[...]
Toi qui m'envahis
Qui fais houle houle
Qui fais houle tout autour
Et fume, es fort dense
Et mugis
Es la nuit.
Nuit qui gît, nuit implacable.
Et sa fanfare, et sa plage
Sa plage en haut, sa plage partout,
Sa plage boit, son poids est roi, et tout ploie sous lui
Sous lui, sous plus ténu qu'un fil
Sous la nuit
La Nuit.[51]

Le titre du poème donne une partie du *topic* qui ordonne les différents thèmes du texte. La nuit dans ses liens avec le sujet lyrique constitue un des principaux thèmes constants autour duquel se regroupent des rhèmes («qui m'emplit de mon cri», «qui m'envahit», «qui fait houle houle»...). Les multiples anaphores, partielles ou complètes, les reprises par les déterminants possessifs ou le pronom personnel donnent à ce texte une progression lente, qui revient en permanence sur les antécédents. La dernière phrase du poème manifeste un entrecroisement thématique entre la plage et la nuit (grâce au déterminant possessif) par lequel « sa plage » apparaît quatre fois de suite. Sans entrer dans les détails d'une analyse fonctionnelle qui inciterait à prendre chaque syntagme à la suite, nous voyons combien la reprise thématique extrêmement forte du poème engage une progression de l'information lente et en boucle. Le texte revient sans cesse sur des éléments supposés connus en ajoutant des rhèmes succincts. Ces traits stylistiques provoquent un rythme qui s'associe à la forme affective générale. Une impression de bercement, de houle et de circularité peut être ressentie par la progression thématique, alors que la disposition du texte sur la page engage un accroissement qui atteint son paroxysme à pour décroître ensuite. La résonance importante produite par les anaphores limite les mouvements de la configuration, ce qui produit dans la perspective de la forme affective générale une impression de ressassement et d'apaisement.

b) Parataxe et connecteurs

Les connecteurs établissent des liaisons entre les propositions en s'intégrant à la cohésion textuelle. Nous pouvons rappeler que les principaux connecteurs marquent différents principes logiques : la causalité (« parce que », « car », « en effet »), la conséquence (« donc », « ainsi »), l'opposition (« mais », « cependant »), l'addition (« et », « d'ailleurs »), la disjonction (inclusif et exclusif), la succession temporelle (« puis », « ensuite », « enfin »). En outre, certains d'entre eux ne participent pas uniquement à la cohésion du texte, mais établissent un cadre argumentatif qui se rapproche davantage en littérature du pacte critique. Aussi est-il tentant de supposer qu'un cadre intentionnel lyrique exclut l'emploi des connecteurs de causalité, de conséquence ou d'opposition. Emil Staiger pense notamment que le discours lyrique exige dans sa « pureté » une structuration parataxique où la juxtaposition des phrases l'emporte sur les indications des connecteurs argumentatifs :

> Les Lieder ne présentent pas la même sensibilité à l'égard de toutes les conjonctions. Les conjonctions causales et finales semblent exercer l'effet le plus déplaisant. De temps à autre, un « wenn » (si, lorsque) ou un « aber » (mais) ne compromettent guère la tonalité affective. Rien n'est pourtant plus approprié qu'une simple parataxe [...]. L'objection selon laquelle ce genre de parataxe relèverait spécialement du style romantique n'est justifiée que dans la mesure où le romantisme allemand marque, dans la littérature mondiale, une apogée du lied et donc aussi de la poésie lyrique la plus pure.[52]

Si la parataxe peut déterminer la structuration lyrique, elle ne peut être comprise comme un moyen majeur pour maintenir le discours dans une «pureté» antéprédicative. Nous retrouvons dans cette conception une des limites principales d'une dichotomie entre le pathique et le gnosique, alors qu'il paraît impossible d'ôter toute charge réflexive au langage. Ainsi, plutôt que de penser *a priori* la parataxe comme une réalisation ultime du lyrique, il semble nécessaire d'observer quels effets elle produit.

Contrairement à l'hypotaxe, la juxtaposition ne laisse apparaître aucune marque explicite entre des propositions qui se succèdent. Elle n'indique ni les rapports de causalité ni la succession chronologique. L'ellipse des connecteurs occulte en partie la suite logique dans la cohésion textuelle et peut engager une perte de linéarité dans le développement. Néanmoins, d'autres types de sédimentation rassemblent les propositions, sans qu'il soit pour autant nécessaire de recourir constamment aux connecteurs. Par son effet global centré sur le sentir, le cadre intentionnel lyrique semble plus difficilement intégrer certains termes qui ont une valeur causale temporelle ou argumentative. La causalité temporelle relèverait davantage de la structuration fabulante, alors que la causalité argumentative se rattacherait à une interaction critique. L'approche des textes complexifie ces réflexions, car nous trouvons maintes séquences construites parataxiquement dans des œuvres à dominante fabulante. Par ailleurs, certaines anaphores sémantiques renforcent la continuité thématique, en réduisant le vide entre les propositions. La parataxe n'est pas toujours le signe d'une tendance à la disjonction et à la simultanéité. Aussi, pour saisir la portée de la juxtaposition dans le cadre lyrique, convient-il de l'associer à d'autres traits stylistiques. Le vide logique entre les propositions peut ainsi entrer dans une stratégie de l'évocation, qui favorise la résonance, les liens implicites et les impressions de simultanéité ou de glissement logique. Liée à une syntaxe nominale, la parataxe prend une ampleur particulière, car elle accentue les effets de suspens et d'immédiateté par l'effacement des déroulements logiques. Face aux propositions nominales et au rapport intemporel qu'elles engagent, la parataxe agit comme si chaque phrase pouvait avoir son autonomie, en étant liée implicitement par des réseaux d'associations multiples. C'est pourquoi elle peut convenir à une stratégie lyrique de l'évocation et aux investissements logiques opérés par le lecteur. Les poèmes de Pierre Reverdy ont historiquement marqué la littérature par l'abondance de phrases nominales construites sur un déroulement parataxique. Cet entrelacs produit des effets logiques autant que rythmiques :

Histoire

Une lettre écrite à l'envers
La main qui passe sur ta tête
Et l'heure
Où l'on se lève le matin
Soleil rouillé
Vitre fondue
Nature morte[53].

Seules deux conjonctions de coordination marquant l'addition interviennent dans ce texte. La composition parataxique provoque le glissement entre les propositions, comme si tout se déroulait simultanément. Cette histoire, comme l'indique le titre, n'est point déterminée par le pacte fabulant, mais se fonde sur une évocation lyrique. Les différentes propositions en suspens et les juxtapositions conduisent à la résonance de l'ultime vers, mis en relief par la disposition graphique. Cette structuration détermine un rythme d'enchaînement rapide, sans succession logique explicite. Si une histoire a lieu, celle-ci laisse au lecteur la possibilité d'investir à sa manière les diverses indéterminations entre les phrases.

Comme nous l'avons mentionné auparavant, il serait problématique de considérer le seul phénomène de parataxe comme un «embrayeur» du discours lyrique. La formation sensible est déterminée par une pluralité de traits qui se conjuguent. Or, nous trouvons dans des textes à dominante lyrique des connecteurs généralement associés à une fonction argumentative. Les connecteurs de disjonction ou d'addition restent bien évidemment sans tension particulière dans ce pacte, tout comme les adverbes à valeur temporelle lorsqu'ils se dégagent de la suite logique de l'intrigue. Ces liaisons ne réduisent pas la structuration affective de la mise en forme. Néanmoins, il peut paraître plus étrange de déceler des connecteurs marquant la causalité ou l'opposition, car ils se rattachent davantage au pacte critique et semblent se dissocier des effets pathiques du discours. Même si dans un corpus aussi large que celui du XXe siècle, des textes lyriques nous présentent tous les types de connexion, les marques de causalité («car», «parce que») et de conséquence («donc», «c'est pourquoi») restent plutôt rares. En revanche, l'emploi de connecteurs d'opposition comme «mais», «toutefois», «cependant» est nettement plus important. Cela pourrait sembler mettre en péril la tension pathique du texte, comme le suggère Emil Staiger, mais il se trouve que ces connecteurs s'harmonisent avec les orientations affectives. Leur fonction argumentative en vue d'une conclusion est réduite, en donnant davantage d'intensité à leur direction de sens (orientation opposée, parallèle, simultanée...). Les poèmes de Jean Follain mettent fréquemment en œuvre de tels dispositifs et peuvent servir d'illustration à notre propos :

> *Finesse d'un jour*
> Que sur les seuils
> se montrent des visages
> on voit aussi des mains jeter une eau fumante
> et l'on entend des bêtes
> soupirer dans des doigts d'ouvrier.
> Cependant par-delà les jardins construits
> aux plantes balancées
> mais qui serrent leurs graines
> se nouent les vapeurs
> se rejoignent les plaintes.[54]

Ce poème se développe en deux temps, en deux phrases qui sont dans un rapport d'opposition marqué par le connecteur «cependant». Le point de vue rapproché sur le travail s'éloigne progressivement et offre un contraste de réconciliation qui fait la finesse de ce jour. Les soupirs des bêtes et la poigne des hommes parviennent dans un second temps à s'unir dans les douleurs du labeur. Aussi avons-nous par rétroaction une lecture de la première partie qui sépare davantage l'ouvrier de l'animal. Le jeu de l'opposition détermine l'intégralité de l'énoncé dans un va-et-vient configurant, à partir du thème de la vapeur. Dans ce poème, le connecteur «cependant» ne construit pas une dimension argumentative qui contrebalancerait la conclusion implicite ou explicite de la proposition précédente. Certes, il fournit une orientation pathique de contraste entre les deux parties, mais celle-ci s'inscrit dans les déterminations d'une évocation des affections du labeur. La première phrase n'offre guère de conclusion pour embrayer une relation argumentative, mais l'ensemble du texte s'inscrit dans un cadre lyrique. Le connecteur «cependant» permet de lier les deux phrases en suggérant qu'elles vont dans des orientations divergentes. Associé au titre thématique, il surdétermine le contraste entre la brutalité de la première partie et l'unisson de la seconde pour davantage marquer la finesse qui émerge de l'épaisseur quotidienne. A un niveau intraphrastique, nous trouvons un autre connecteur d'opposition qui rejoue le même mouvement sur deux vers à partir d'une figuration végétale : «aux plantes balancées/mais qui serrent leurs graines». La finesse du jour se perçoit également par ces plantes qui, face aux vents de l'épreuve, tiennent plus fermement leur mission et leur fécondation au lieu de les disperser. Ainsi, les connecteurs peuvent s'intégrer à une structuration lyrique pour fournir explicitement des directions de sens pathiques, lorsqu'ils ne marquent pas une relation argumentative. En cela, ils participent autant que la parataxe à un cadre intentionnel lyrique; mais servent d'autres stratégies de lecture.

c) Enchaînements isotopiques

En tant qu'effet de récurrence et de répartition des sèmes associés aux différents lexèmes dans un énoncé, l'isotopie est un facteur important de cohésion sémantique. Notre perspective de la formation sensible cherche à observer les enjeux rythmiques des continuités et discontinuités dans l'enchaînement des images. Ainsi, la dynamique du rythme participe à la motricité des figures qui allient au moins une bi-isotopie. Dans le cadre lyrique, c'est avant tout par la métaphore que se manifeste cette dynamique sémantique. Dans cette partie de l'étude, nous considérerons la métaphore selon une tropologie, en accentuant la jonction et la disjonction d'au moins deux isotopies. Avec la formation référentielle, nous nous concentrerons sur la puissance prédicative d'un discours métaphorique : l'approche tropologique sera alors occultée.

En tant que trope, la métaphore implique une tension entre deux horizons sémiques (isotopique et allotopique) qui s'articulent autour d'un terme-pivot. Elle introduit une étrangeté sémantique qui contraste avec l'homogénéité première. Aussi, la dynamique de compréhension assimile-t-elle le terme impertinent par une cohésion isotopique, en altérant cette dernière par l'horizon allotopique de ce terme[55]. Un double mouvement de rétention et de protention permet la médiation de la métaphore dans l'acte configurant. A partir de cette structuration générale, trois critères entrent alors dans le champ de la formation sensible : la distance sémique entre isotopie et allotopie, la présence ou non du comparé, les stratégies de médiation.

Dans la métaphore, la restriction des contenus sémiques du comparé et du comparant crée une intersection des sèmes communs, qui sert de fondement d'échange entre les isotopies dans l'énoncé. Les liens entre le comparant et le comparé permettent de saisir la profondeur et l'écart entre les horizons sémiques de chaque lexème. Un mouvement est provoqué, qui peut être mesuré par l'analyse componentielle et la décomposition des sèmes. Outre l'écartement métaphorique, il est possible d'observer la « justesse de l'image » dont traite Pierre Reverdy dans *Le Gant de crin*. Pour qu'il y ait image, il convient qu'il y ait une « justesse » perceptible par la quantité de sèmes communs associés aux deux lexèmes. Dès lors, la mesure de la distance sémique devient plus claire : moins il y a de sèmes communs, plus l'image est tendue. Le degré d'association des sèmes aux sémèmes intervient comme un autre critère dans la distance métaphorique. Ainsi, les sèmes nucléaires engagent moins de mouvement que les sèmes associés ou contextuels (au texte, à l'œuvre ou à une tradition). Une métaphore qui rassemble deux lexèmes par une intersection de sèmes associés est ainsi plus instable que celle qui unit des sèmes nucléaires à des sèmes associés. Il est également possible que la distance aille jusqu'à la rupture : les sèmes communs sont dès lors indiscernables. L'image laisse chaque terme dans son horizon sémique, sans qu'une dynamique poly-isotopique ait pu être instaurée. Ce type d'approche peut être particulièrement pertinent pour l'étude de la cohésion sémantique. Certaines déterminations du rythme peuvent être repérées par le jeu des continuités et des discontinuités isotopiques. Il convient néanmoins de garder une prudence dans la qualification des images, car il arrive fréquemment qu'une métaphore obscure acquiert une justesse par les sèmes contextuels. Loin d'être objective, une telle mesure de la distance isotopique doit tenir compte de l'ensemble de la configuration, car les métaphores ne sont point isolées dans un discours lyrique. Si les sèmes nucléaires peuvent être aisément définis, les sèmes associés ou contextuels se fondent davantage sur les compétences et la coopération des lecteurs. Un sujet lisant particulièrement impliqué pourra ainsi déceler une justesse et une puissance que d'autres ne ressentiront pas. En revanche, les déterminations rythmiques peuvent être mieux qualifiées par la distanciation, à condition de maintenir une flexibilité dans la mesure. Il semble par exemple probable qu'une métaphore fondée sur une intersection de quelques sèmes associés engagera davantage de tension rythmique qu'une métaphore avec de nombreux sèmes communs (notamment nucléaires). Il reste ensuite à les saisir dans les enchaînements des images, dans les développements poly-isotopiques, dans les métaphores filées qui produisent une importante cohésion.

La présence ou l'absence du terme comparé provoquent également une série d'effets de tension différents. L'évocation peut se fonder sur une métaphore *in absentia* qui incite le lecteur à investir l'indétermination par son imaginaire. Ces tensions s'associent à celles de la distance de la médiation métaphorique. Lors de la lecture impliquée, la rencontre d'un terme-pivot, qui ouvre une poly-isotopie, implique dans la cohésion sémantique une tension qui sera généralement suivie d'un effet de relaxation. Comme l'écrit le Groupe μ, «une tension est posée par l'apparition d'une allotopie indiquant l'existence de deux isotopies du contenu ; la découverte d'une connexion entre elles permet la médiation et donc la relaxation.»[56] Ces deux effets ne sont pas nécessairement concomitants. La stratégie de l'auteur peut consister à éloigner fortement le moment de la relaxation de celui de la tension. Dans notre perspective de la formation sensible, il s'agit d'observer, outre la distance sémique entre l'isotopie et l'allotopie, l'écart entre la tension et la médiation. Ainsi, nous pouvons mieux caractériser les mouvements de la cohésion sémantique et les déterminations rythmiques qu'ils impliquent. Le

Groupe μ fournit une classification intéressante de ces écarts, en se fondant sur des résolutions «hâtives» ou «tardives» : 1. la poly-isotopie peut être hâtive et la médiation également comme dans l'allégorie ou la fable; 2. la poly-isotopie peut être hâtive alors que la médiation est tardive comme dans le poème-énigme; 3. il ne peut y avoir de poly-isotopie tardive et de médiation hâtive; 4. la poly-isotopie peut être tardive et la médiation également comme dans le poème-surprise; 5. la poly-isotopie peut être tardive et la médiation diffuse comme dans certains poèmes hermétiques[57]. Certes, cette typologie, comme toute typologie, pourrait être critiquée par ses réductions, notamment dans les exemples-repères, mais elle permet de caractériser en partie l'effet des poly-isotopies sur le lecteur. La première combinaison relève d'une poésie relativement convenue, sans véritable tension. Une comparaison ou une métaphore *in praesentia* débute le texte en donnant immédiatement une médiation à la poly-isotopie. Ce type de lecture provoque peu de mouvement et de surprise chez le lecteur. La deuxième combinaison instaure une indétermination par la tension immédiate de l'accident allotope, qui ne sera médiatisée qu'à la conclusion du texte. Le quatrième type est celui de la surprise, car la configuration est fortement transformée à la fin de la lecture. L'isotopie continue dès le début du texte est infléchie par une allotopie finale qui recompose par un effet rétentionnel la totalité sémantique du texte (pensons au «Dormeur du val» d'Arthur Rimbaud). Si la poly-isotopie est d'emblée présente dans le cinquième type, elle n'aura en revanche qu'une médiation partielle au long du texte. Plus qu'énigmatique, une telle stratégie laisse une résolution relativement hermétique à la lecture[58].

Par ces différentes observations de la cohésion sémantique, il est possible de décrire les phénomènes de continuité et de discontinuité qui déterminent fortement la formation sensible. Les instants nodaux d'une progression par sauts thématiques, par glissements parataxiques ou par entrelacements sémiques participent au rythme et à la coloration d'une lecture impliquée. L'analyse du cadre lyrique doit donc les considérer en lien avec la forme affective générale, afin de montrer comment une structuration sensible du discours fait sentir certaines orientations pathiques en jeu.

*
* *

Les divers traits que nous avons détaillés participent à la formation sensible du discours, en étant sous-tendus par les dimensions du rythme et de la coloration. Dans le cadre intentionnel lyrique, ces éléments se conjuguent avec les problématiques de l'énonciation ou de la prédication, qui relèvent des formations subjective et référentielle. C'est dans la mesure où ils déterminent la forme affective générale et sont déterminés par celle-ci qu'ils acquièrent une signifiance dans l'acte configurant. C'est dans cette mesure qu'ils peuvent s'intégrer à une dynamique lyrique qui comprend les différents plans du discours.

La puissance de la formation sensible dans le pacte lyrique a fréquemment engagé la métaphore du chant. Cette dernière n'implique pas une performance orale du discours écrit, mais davantage une incarnation de la voix énonciative. Une telle incarnation ne correspond pas uniquement à une dimension phonique ou accentuelle de l'énoncé, elle renvoie également dans le discours écrit à des stratégies graphiques, à des constructions syntaxiques et sémantiques. Le rythme et les colorations ne peuvent être assimilés directement au chant et encore moins au seul genre de la chanson. En revanche, par la mise en forme pathique qu'ils élaborent, par les sensations et les émotions qu'ils procurent, de tels procédés participent à former une chair verbale du pâtir.

NOTES

[1] Emile Benveniste, « La notion de "rythme" dans son expression linguistique », dans *op. cit.*, I, 1993, p. 327-335.
[2] *Ibidem*, p. 333.
[3] *Idem*.
[4] Voir notamment Henri Maldiney, *op. cit.*, 1975; *op. cit.*, 1994.
[5] Henri Maldiney, *op. cit.*, 1994, p. 164.
[6] Nous reprenons la terminologie proposée par André Wyss, « Le rythme dans tous ses états », dans *Eloge du phrasé*, Paris : Presses universitaires de France (écriture), 1999, p. 118 : « Le rythme simple est constitué principalement de la consécution des cellules métriques et des mesures musicales, et, quant au texte, des groupes métriques, des vers et des strophes en tant qu'ils constituent une régularité facile à repérer; on pourrait même considérer dans ce rythme simple le retour des images en ce qu'elles balisent le texte; le rythme complexe est fait de rapports syntagmatiques s'établissant aussi bien progressivement que régressivement, par avancées-retours, par des projections syntaxiques et le balisage de la mémoire sémantique; il construit le système des images et des significations par une progression régulière. L'image littéraire a besoin du rythme simple pour signifier, pour éveiller l'imagination; en tant que système, elle constitue le rythme complexe, et c'est là qu'elle opère véritablement ses prestiges. »
[7] C'est dans ce sens que nous nous écartons des propositions d'Henri Meschonnic, même si nous avons utilisé et utiliserons par la suite certaines de ses critiques. Voir notamment Henri Meschonnic, *Critique du rythme*, Paris : Verdier, 1982; *Politique du rythme, politique du sujet*, Paris : Verdier, 1995; Gérard Dessons et Henri Meschonnic, *Traité du rythme : des vers et des proses*, Paris : Dunod, 1998.
[8] Henri Maldiney, *op. cit.*, 1993, et *op. cit.*, 1994.

[9] *Cf.* François Cheng, *L'Ecriture poétique chinoise suivi d'une anthologie des poèmes des Tang*, Paris : Seuil (Points essais), 1996 ; *Vide et plein : le langage pictural chinois*, Paris : Seuil (Points essais), 1991.
[10] André du Bouchet, «Sur le pas», *op. cit.*, 1991, p. 100.
[11] André du Bouchet, «Sur un coin éclaté», *L'Incohérence*, Fata Morgana, 1979.
[12] Bernard Heidsieck, *Respirations et brèves rencontres*, Al Dante, 2000, cité par Jean-Michel Espitallier, *Pièces détachées : une anthologie de la poésie française d'aujourd'hui*, Paris : Pocket, 2000, p. 84.
[13] *Cf.* notamment Henri Meschonnic, «Ponctuation», dans Michel Jarrety, *op. cit.*, 2001, p. 620-623.
[14] L'«enjambement» maintient une tension rythmique, même si on peut supposer que les degrés de mise en relief sont parfois différents.
[15] Bernard Noël, «Le bât de la bouche», dans *La Chute des temps*, Paris : Gallimard (Poésie), 1993, p. 193.
[16] André du Bouchet, *op. cit.*, 1998, p. 60.
[17] Pour un approfondissement sur les liens entre la thématique et le fond de la page chez André du Bouchet, *cf.* Michel Collot, «André du Bouchet et le "pouvoir du fond"», dans *op. cit.*, II, 1988, p. 179-211.
[18] André du Bouchet, «Sous un linteau en forme de joug», dans *op. cit.*, 1979.
[19] Lorand Gaspar, *op. cit.*, 1997, p. 114.
[20] Gérard Genette, *Mimologiques : voyage en Cratylie*, Paris : Seuil (Poétique), 1976, p. 36.
[21] Nous reprenons les principes généraux exposés par Michèle Aquien, «Phonème», dans *op. cit.*, 1993, p. 210-214.
[22] Roman Jakobson, *op. cit.*, 1986, p. 241.
[23] Stéphane Mallarmé a écrit : «A côté d'ombre, opaque, ténèbres se fonce peu ; quelle déception, devant la perversité conférant à jour comme à nuit, contradictoirement, des timbres obscurs ici, là clair.» *Op. cit.*, p. 364.
[24] Ivan Fónagy, *La Vive Voix*, Paris : Payot, 1983. L'intérêt de cette étude est qu'elle radicalise certaines tendances que nous retrouvons de manières diverses chez Maurice Grammont, Henri Morier, André Spire ou Jean-Michel Peterfalvi.
[25] Julia Kristeva, «Phonétique, phonologie et bases pulsionnelles», dans *op. cit.*, 1985, p. 220-230.
[26] Ghérasim Luca, *Héros-Limite* suivi de *Le Chant de la Carpe* et de *Paralipomènes*, Paris : Gallimard (Poésie), p. 167-176.
[27] Sur cette question, nous renvoyons à l'étude d'André Wyss, «Aux frontières de la parole et de la musique», dans *op. cit.*, 1999, p. 177-194.
[28] Il existe également chez Isou un «Sonnet infinitésimal» qui n'est constitué que de signes non alphabétiques (&, +,%...). Cet écrit peut à la limite s'inscrire dans la tradition poétique, mais nullement dans des caractéristiques lyriques.
[29] Dans le cadre de cette étude, nous ne considérons que les œuvres poétiques sonores qui sont établies sur la base d'un texte écrit ou qui aboutissent à une telle réalisation.
[30] Bernard Heidsieck, *Vaduz*, Conz, Al Dante, 1998.
[31] Jacques Sivan, dans Jean-Michel Espitallier, *Pièces détachées : une anthologie de la poésie française aujourd'hui*, Paris : Pocket, 2000, p. 120-121.
[32] Pour cette analyse, nous nous appuyons sur des auteurs aux perspectives différentes, voire opposées, mais qui nous ont permis de mieux appréhender la problématique : Benoît de Cornulier, *Théorie du vers : Rimbaud, Verlaine, Mallarmé*, Paris : Seuil, 1982 ; Benoît de Cornulier et Michel Murat, «Métrique et formes versifiées», dans Michel Jarrety (dir.), *op. cit.*, 2001, p. 493-502 ; Gérard Dessons, Henri Meschonnic, *op. cit.* ; Roman Jakobson, *op. cit.*, 1986 ; Jean Mazaleyrat, *Eléments de métrique française*, Paris :

A. Colin, 1974; Henri Meschonnic, *op. cit.*, 1982; Jacques Roubaud, *La Vieillesse d'Alexandre*, Paris : Maspero (Action poétique), 1978.
[33] William Cliff, *Journal d'un innocent*, Paris : Gallimard, 1996, p. 117.
[34] Pierre Jean Jouve, *Les Noces* suivi de *Sueur de Sang*, Paris : Gallimard (Poésie), 1981, p. 96.
[35] Nos principes de notation sont les suivants : les syllabes accentuées (—), les syllabes non accentuées (u) sont mentionnées au-dessus des vers, les chiffres au-dessous indiquent la position des accents dans le vers, la barre oblique marque la fin d'un groupe accentuel, la double barre celle d'une unité supérieure comme la phrase. Les ambivalences de l'accent métrique dues aux attentes de l'alexandrin dans le premier vers sont désignées par le u̱ et par la mise entre parenthèses du chiffre de positionnement.
[36] Jean Tardieu, *op. cit.*, 1995, p. 124.
[37] Henri Michaux, *op. cit.*, I, 1998, p. 118-119.
[38] *Ibidem*, p. 119-120.
[39] Robert Desnos, *Destinée arbitraire*, Paris : Gallimard (Poésie), 1996, p. 79.
[40] «Printemps», *ibidem*, p. 215.
[41] Jean Cohen, «L'ordre des mots», dans *op. cit.*, 1978, p. 173-187.
[42] Sur le cas de Marcel Proust, l'étude de Leo Spitzer est une fine analyse stylistique : «Le style de Marcel Proust», dans *Etudes de style* précédé de *Leo Spitzer et la lecture stylistique* de Jean Starobinski, Paris : Gallimard (Tel), 1993, p. 397-473.
[43] Hédi Kaddour, *Passage au Luxembourg*, Paris : Gallimard, 2000, p. 103.
[44] Jacques Réda, *Amen. Récitatif. La Tourne*, Paris : Gallimard (Poésie), 1988, p. 203.
[45] L'ouvrage de Jacques Drillon est une illustration de ce point de vue normatif : *Traité de la ponctuation française*, Paris : Gallimard (Tel), 1993.
[46] André du Bouchet, *op. cit.*, 1998, p. 47.
[47] Bernard Combettes et Michel Charolles allient par exemple ces diverses méthodes.
[48] Michel Charolles, «Les études sur la cohérence, la cohésion et la connexité textuelles depuis la fin des années 1960», *Modèles linguistiques*, X, 2, 1988, p. 45-66. Bernard Combettes, *Pour une grammaire textuelle : la progression thématique*, Bruxelles : A. de Boeck et J. Duculot, 1983. Bernard Combettes, Renée Tomassonne, *Le Texte informatif : aspects linguistiques*, Bruxelles : A de Boeck, Paris : Editions universitaires, 1988.
[49] Bernard Combettes, *op. cit.*, 1983, p. 73-104.
[50] *Cf.* le numéro 64 de la revue *Poétique* (novembre 1985) est consacré à cette question.
[51] Henri Michaux, *op. cit.*, I, 1998, p. 600.
[52] Emil Staiger, *op. cit.*, p. 32-33.
[53] Pierre Reverdy, *Sources du vent* précédé de *La balle au bond*, Paris : Gallimard (Poésie), 1993, p. 199.
[54] Jean Follain, *op. cit.*, p. 122.
[55] Nous renvoyons à l'étude de cette question par Michel Collot, «L'espace des figures», dans *op. cit.*, 1989, p. 229-250, et à certains éléments développés par le Groupe μ, *Rhétorique de la poésie*, Paris : Seuil (Points Littérature), 1990.
[56] Groupe μ, *op. cit.*, 1990, p. 208-209.
[57] Voir *ibidem*, p. 209.
[58] *Ibidem*, p. 208-212.

Chapitre 4
La formation référentielle

Avec la formation référentielle, nous nous concentrons sur les liens entre la mise en forme et l'expérience, entre le discours et la réalité, entre le sens sémantique et le référent, entre la prédication et la vérité. L'observation de cette formation conclut notre analyse de l'acte configurant et du cadre intentionnel lyrique. Le filtre de la phénoménologie de l'affectif nous permet de sélectionner chaque trait dans sa pertinence par rapport à ce pacte : nous traiterons ainsi de la mise en forme pathique tout comme du pâtir tel qu'il est incarné par le langage. Les plans du discours activés par cette formation relèvent avant tout des approches logique et sémantique en tant qu'elles déterminent la référence. A la suite des développements structuralistes sur la fonction poétique et la fonction émotive, il serait tentant de considérer la fonction référentielle comme secondaire dans le discours lyrique. Ce dernier renverrait en effet de manière dominante à un autotélisme du langage ou à une expression directe de l'écrivain-destinateur. Les propositions de Roman Jakobson sont autrement plus nuancées et incitent à penser, comme nous le verrons, les principes d'une «référence dédoublée». Loin d'être réduite dans le discours lyrique, la formation référentielle occupe une place importante pour accomplir l'effet global du cadre intentionnel. Faire (res)sentir la vie affective passe nécessairement par une structuration sémantico-référentielle, qui détermine en grande partie la constitution d'une forme affective générale et du thème (*topic*). Ainsi, cette formation s'entrelace avec les orientations subjectives et sensibles dans le cheminement de l'acte configurant.

Comme nous l'avons vu précédemment, notre définition du pacte engage un nœud mimétique entre expression par la mise en forme et expérience radicale. Le principe d'épaisseur se retrouve dans les deux pôles, en impliquant non seulement une monstration mais aussi une tendance autoréférentielle. Ce dédoublement nous incite à aborder la problématique en deux temps : d'une part, il s'agit de montrer comment la réflexivité du discours, de la mise en forme affective dans son épaisseur même renvoie, par l'exemplification, à un type d'expériences ; d'autre part, nous voulons spécifier les formes dominantes de prédication et de construction de monde dans ce pacte. Notre hypothèse sur la prédication consiste à traiter du discours métaphorique dans ses déterminations face à la réalité et à la vérité. Ce discours ne se réduit pas au trope métaphorique, aux ornements de l'*elocutio*, mais engage la dynamique de l'image dans la production de l'*inventio* comme moyen de dire et de qualifier le réel de manière spécifique. En outre, par une dialectique entre déterminations affectives et indéterminations référentielles, le monde construit se trouve suggéré par les propositions et dirigé par la forme affective générale. La constitution de cette référence démultipliée nous incite à comprendre le monde du texte sous la fonction du jeu. Au XXe siècle, de nombreux poètes ont accordé une place cruciale à cette fonction dans leur esthétique. Mais, pour mieux comprendre ses incidences, nous devons dégager la notion de jeu d'une dichotomie qui l'opposerait au sérieux, à l'être, au vrai ou au sacré. Bien plus qu'un divertissement anodin, le jeu implique une redécouverte des possibles par l'exploration des déterminations. Aussi a-t-il une fonction symbolique face à l'expérience, qui peut révéler par une certaine distanciation des fondements de l'existence. Le monde du texte en tant que jeu ouvre alors un «espace potentiel» qui nécessite l'investissement des lecteurs. Dans un dernier temps, nous développerons les champs lexicaux sémantiques qui se rattachent au pâtir. Comme celui-ci est une expérience radicale, il n'engage pas forcément un thème précis, mais davantage une série d'ensembles sémantiques qui renvoient aux sensations, aux émotions, aux humeurs et aux sentiments.

Le traitement de la formation référentielle nous occupera moins longuement que les autres formations, non pas parce qu'elle aurait peu d'importance dans le pacte lyrique, mais parce que son analyse est particulièrement théorique et qu'elle tient en quelques déterminations majeures. Aussi, dans un esprit de synthèse, avons-nous concentré nos propositions autour de certains axes majeurs.

Tout comme la formation subjective était sous-tendue par les orientations de la voix et des situations de communication, tout comme la formation sensible l'était par le rythme et les colorations, la formation référentielle possède un principe de rassemblement des divers traits : celui de l'évocation. C'est donc par ce point que débute notre observation sémantico-référentielle de l'acte configurant.

1. L'ÉVOCATION : EFFET DE PRÉSENCE ET INCARNATION

Le terme «évocation» concentre une pluralité de propriétés qui qualifient au mieux la confluence de la formation référentielle. Le sens de «faire apparaître à l'esprit, par des images, des associations d'idées» rejoint les principes d'une puissance suggestive de la mise en forme. A partir de certains traits pertinents, les développements se détachent d'une description objective pour construire un monde par une dialectique de déterminations et d'indéterminations. Il y a ainsi de nombreuses disjonctions qui provoquent un investissement imaginaire important de la part des lecteurs. Dans un deuxième temps, l'étymologie d'«évocation» nous rappelle combien ce terme est lié à l'appel, notamment dans l'objectif de faire apparaître les esprits. La puissance du discours permet alors de faire venir à soi la part absente du monde, celle qui se dissimule constamment. Cet appel, fait de nominations, d'invocations et d'évocations, engage la dimension de la voix. Dans le pacte lyrique en tant que discours écrit, la voix parcourt les trois formations : la voix énonciative se trouve incarnée par la formation sensible et manifeste la relation au monde par l'évocation. Ainsi, cette dernière notion participe au cheminement configurant en lien avec le rythme, les colorations, les situations de communication virtuelles, les voix, les sujets et les patients. Elle tient un rôle considérable dans la constitution d'une forme affective générale. Ces trois perspectives du terme «évocation» se conjuguent pour donner à sentir la vie affective et produire un effet de présence.

Du point de vue de l'ancrage, l'évocation se bâtit sur une échelle de mesure graduée par les «lieux d'indétermination» dans la configuration[1]. Ces lieux ne sont pas des déterminations incomplètes d'un texte, mais permettent l'investissement du système par les représentations du lecteur. Pour qu'un monde cohérent soit créé à partir de séquences hétérogènes, les déterminations et les indéterminations s'harmonisent en produisant plus ou moins de mouvements pour le rassemblement configurant. Ces harmonisations sont le fruit d'une interaction entre, d'une part, les stratégies du texte et, d'autre part, les compétences (préfigurations, expériences), l'imaginaire du lecteur. Ce dernier investit les vides qui sont doublement problématiques : le texte omet la relation logique entre les éléments et il contrecarre les attentes d'un usage pragmatique où les indéterminations sont réglées par la situation de communication ou par une série de questions complémentaires. Ainsi, le texte laisse en suspens une quantité importante d'informations qui articulent la cohérence. Les indéterminations ne relèvent pas exclusivement du lyrique, mais se retrouvent de manière abondante dans les textes fabulants. Seul le pacte critique tend à estomper ces indéterminations dans la mise en forme, car il s'agit dans ce pacte de diriger, par des conjonctions explicites, le développement de l'argumentation. L'auteur cherche en effet à convaincre le lecteur qu'un état de faits pré-existant engage des valorisations singulières. La représentation de cet état de faits est établie d'après une transparence importante, et les orientations de sens visent la construction d'une doctrine, comme dans le roman à thèse. Ainsi, contrairement au pacte critique, le lyrique et le fabulant défont la linéarité prévisible des déterminations logiques et des préfigurations, afin d'intensifier l'investissement imaginaire des lecteurs. Toutefois, leur visée référentielle est différente, dans la mesure où, nous le verrons, le lyrique cherche à provoquer un effet de présence, alors que le fabulant développe plutôt un effet de réel. Les diverses disjonctions permettent dans le lyrique l'engagement affectif du lecteur dans l'espace potentiel encadré par des déterminations textuelles. Au lieu d'être face à une situation et à un monde déjà donnés ou déjà ordonnés, le lecteur produit par son actualisation de la virtualité une cohérence qui remodèle ses attentes. Il perd en effet les contours familiers des représentations communes, liées aux préfigurations, pour explorer de nouvelles possibilités de compréhension. La lecture ne devient empathique que si le sujet lisant a les moyens de saisir en partie les déterminations et d'investir les indéterminations pour élaborer une configuration harmonieuse. Celle-ci ne se fait, dans le pacte lyrique, qu'avec la constitution d'une forme affective générale. Si le *topic* peut servir de première orientation thématique à l'épaisseur des enchaînements, la forme affective générale engage une dimension pathique qui fournit une cohérence signifiante à toutes les formations discursives. Une direction de sens est ainsi filtrée par une sélection des effets affectifs du texte et engage l'investissement empathique des différents mouvements. Les changements de perspective sans relations explicites sont sous-tendus par une orientation, qui laisse néanmoins résonner de manière stéréoscopique les diverses possibilités. L'activité de représentation du lecteur s'accroît avec l'importance des indéterminations. Nous avons vu dans les formations précédentes combien les déictiques, la parataxe, les ruptures dans la cohésion, l'absence de comparé peuvent produire des mouvements importants. Ces traits s'associent à la formation référentielle afin de laisser davantage de marge pour l'investissement des lecteurs.

Du point de vue de la valeur référentielle, l'évocation d'un monde, d'une chose, d'un paysage implique un va-et-vient entre les manifestations décrites et la latence irréductible du référent. Elle ménage à la fois les déterminations et les indéterminations, en marquant combien la chose échappe alors qu'elle est dite. En cela, la stratégie de l'évocation rend aussi bien la puissance de l'apparaître, avec ses affections caractéristiques, que la latence qui laisse toute description face à l'insaisissable. Loin d'être dans l'indicible, le texte livre davantage la relation pathique à un monde qui se donne autant qu'il se dérobe. L'évocation suit ce double mouvement, en se détachant d'une description objective et totalisante des contenus pour mettre en forme la résonance propre à la présence. Contrairement à un état de faits, à une réalité circonscrite, la présence implique à la fois la manifestation et le point de fuite inaccessible de l'absence. C'est pourquoi la référence implique constamment une épaisseur d'évocation entre les mots et les choses. La mise en forme affective implique une considération de cette distance, de ces mouvements, ainsi qu'un éloignement des rapports d'immédiateté et de transparence dans la référence. Par cette approche qui travaille sur la distance et l'opacité, l'évocation permet de suggérer combien tout événement possède une part absente irréductible, en renvoyant ce rapport de présence aux enjeux affectifs de l'être-au-monde. Dans le cadre intentionnel lyrique, la forme affective générale sous-tend les actes de référence, en construisant un monde de présences sous une tension pathique. C'est pour cette raison que nul référent (la rose par exemple) n'est structurellement privilégié pour produire des sensations et des émotions. La stratégie de l'évocation reste en revanche plus marquante, car elle permet d'investir les indéterminations de la valeur référentielle par des orientations affectives. En cela, l'effet de présence se trouve en lien avec l'ancrage de la formation subjective. Le temps, l'espace, les jeux de communication interviennent dans la production de cet effet, car la référence révèle davantage dans le lyrique une relation pathique entre le sujet parlant, les patients et le monde qu'une valeur objective entre le signe et le référent. Le monde textuel construit se développe à partir d'un sentir ancré dans une co-appartenance du monde et du sujet. L'évocation est un des moyens majeurs pour mettre en évidence cette relation pathique constituée de situations, d'horizons, de mouvements, de halos et d'atmosphères. Elle répond particulièrement à une stratégie de structuration affective du discours.

Comme son acte de référence est à la fois une monstration de la présence et une manifestation de la relation pathique, l'évocation renvoie à l'incarnation de la voix. Le radical du terme souligne la dimension vocalique qui, dans le discours écrit, engage les formations subjective et sensible. Nous avons vu précédemment combien la voix énonciative pouvait englober parfois le point de vue et la fonction de patient, notamment lorsque nous sommes face à un sujet lyrique. En outre, cette voix acquiert une consistance pathique dans le lyrique par les divers mouvements du rythme et de la coloration. L'incarnation parcourt ainsi les différentes formations du discours, en mettant au premier plan les dispositions affectives au monde. Par la distance qu'elle implique entre le référent et le discours, la référence engage un parcours fait des déterminations du langage, des orientations thématiques du texte et des indéterminations investies par l'acte de lecture. Dans le lyrique, la forme affective générale harmonise les différentes composantes en fournissant par l'interaction une direction de sens incarnée qui rassemble les références éparses. Ainsi, par l'évocation, l'impression est donnée d'une perspective pathique qui dirige la configuration. La construction d'un monde se rattache à l'ensemble de la structuration, en développant le soubassement des relations pathiques au monde. Le thème du paysage est particulièrement désigné pour illustrer ce propos. Même lorsqu'elle s'ancre dans la description d'un espace géographique donné, l'évocation lyrique du paysage se constitue à partir de certains traits pertinents qui permettent le rassemblement d'un monde en lien avec une forme affective générale. La diffraction, dont nous avons traité avec la formation subjective, donne la mesure des diverses figurations qui peuvent être mises en forme. Le poème « La Terre » de Max Jacob nous sert d'exemple :

> [...] Depuis tant de siècles l'invisible est le même : je le reconnais ! Il dit, le caillou incrusté dans le sentier : Moi, je tends le cou, mon cou résigné aux sabots de la nature humide.
> Elles disent les herbes : Ce n'est ni le printemps, ni l'automne, ni aucune saison, c'est la soupe de la nature.
> Comme cette Loire s'étire ! elle s'étire ainsi que le ciel. Or, il y avait deux immobiles enfants :
> Et l'arbre et l'église et la Loire n'entendirent dans l'ouate que ces paroles ce jour-là.[2]

L'évocation d'un fleuve et de quelques fragments d'une journée (sans doute avec un ancrage à Saint-Benoît-sur-Loire) traite d'un apaisement face à l'éternité d'une présence. La part « invisible » de son identité est directement désignée à la troisième ligne, et elle est manifestée par les divers suspens entre les séquences. L'étirement, l'ennui et l'ouate marquent les directions de la forme affective générale. Par les différents effets sensibles, par les traces explicites d'un sujet lyrique, nous sentons dans cette description une orientation pathique qui sous-tend la référence à un espace géographique.

Une des dimensions de l'évocation consiste également à appeler le monde à la présence par le discours. La puissance du dire vise alors à mettre en forme une relation au monde, tout en réduisant la distance entre le concept et le référent. La stratégie lyrique cherche à faire surgir la chose ou le monde par les mots, sans pour autant se fonder sur une illusion référentielle. L'épaisseur reste présente, mais elle renvoie davantage à un lien qu'à une dichotomie. Aussi trouvons-nous une tension entre l'appel à la chose pour être présente dans le discours et le manque qu'une telle démarche suscite constamment. La référence entrelace le désir de dire, la puissance du discours et les obstacles pour produire un effet de présence proche de l'expérience qui se dérobe. La problématique de la nomination entre de manière cruciale en question. En effet, les termes qui désignent les choses du monde ou l'expérience elle-même sont à la fois dévalorisés, car ils rendent mal la complexité affective de la relation, et valorisés, car ils servent en même temps d'appel. L'évocation s'appuie fréquemment sur l'interpellation de la chose par son nom. La tradition lyrique a ainsi fréquemment utilisé le procédé d'invocation lié à la conjonction «ô» suivie du substantif. De telles tournures font du nom le noyau autour duquel se composent les développements métaphoriques. La suggestion et la nomination s'allient dans les principes de l'évocation afin d'engager un effet de présence qui permet de donner à sentir la relation charnelle au monde.

En conclusion, nous tenons simplement à souligner la proximité entre les principes de l'évocation et la démarche mystique. En effet, le nom de Dieu, en tant que principe unifiant et totalisant du sacré dans la religion, sert de foyer aux différents appels à la présence. Toujours présent et inatteignable dans les manifestations du réel, il représente la référence absolue et ultime, qui rassemble le tout du monde et l'insaisissable. En cela, la dominante lyrique de certains poèmes mystiques rend de manière particulièrement aiguë les enjeux de l'évocation, comme l'écrit Michel Collot : «Si, au cours de l'histoire, parole sacrée et parole poétique ont été souvent liées, c'est qu'une affinité de structure les unit. Le sacré se sépare, se retranche, ne se montre qu'en se cachant; la poésie est un espace réservé à ce qui se réserve, une éclaircie qui met au jour l'obscurité de l'être.»[3] Cela ne signifie pas, bien évidemment, que le cadre intentionnel lyrique implique une dialectique mystique, mais une proximité de structure se retrouve dans la production d'un effet de présence face à ce qui se manifeste en même temps qu'il se dérobe.

Tout comme le rythme et la coloration pour la formation sensible, l'évocation est le principe directeur de configuration dans la formation référentielle. Elle rassemble les traits divers de la prédication métaphorique, de l'exemplification ou des champs lexicaux.

2. LA RÉFÉRENCE PATHIQUE DÉDOUBLÉE

En traitant du nœud mimétique entre mise en forme et expérience radicale, nous avons insisté sur les liens d'identification et d'altération des pôles, en soulignant l'épaisseur qui les tient. Si nous assistons dans l'œuvre littéraire à un rapprochement entre la configuration du discours et la configuration de l'expérience, il convient néanmoins de maintenir les organisations spécifiques du langage et de la réalité. En nous centrant sur la structuration discursive, nous allons à présent observer comment la réflexivité du langage s'associe à une monstration du réel. Ce double mouvement engage la complexité de la relation référentielle dans le pacte lyrique et permet d'analyser comment la mise en forme affective renvoie au pâtir. Le cadre intentionnel lyrique s'inscrit en effet dans une appartenance charnelle, cognitive à l'expression du langage et à l'expérience du monde. Aussi sommes-nous confronté à une référence pathique dédoublée : d'une part, grâce à la réflexivité du langage, d'autre part, grâce à un réseau de dénotations qui construit un monde affectif possible. Dans le lyrique, la dominante prédicative de la structuration adopte la dynamique métaphorique. Loin d'être une simple multiplication des tropes ou le développement d'une allotopie, cette dynamique sous-tend la constitution de l'acte configurant et de la forme affective générale.

Par notre utilisation des notions de « référence dédoublée », de réflexivité du langage ou de « dominante métaphorique », nous nous rapprochons de certaines considérations de Roman Jakobson, notamment d'un passage particulièrement marquant de son étude sur le poétique :

> La suprématie de la fonction poétique sur la fonction référentielle n'oblitère pas la référence (la dénotation), mais la rend ambiguë. A un message à double sens correspondent un destinateur dédoublé, un destinataire dédoublé, et, de plus, une référence dédoublée — ce que soulignent nettement, chez de nombreux peuples, les préambules des contes de fée : ainsi, par exemple, l'exorde habituel des conteurs majorquins : « Aixo era y no era » (cela était et n'était pas).[4]

Plutôt que de reprendre l'héritage structuraliste qui a parfois radicalisé les propos de Jakobson (nous pensons à l'approche de Jean Cohen), nous préférons maintenir une série de tensions entre les diverses fonctions de communication, notamment pour traiter de la question de la référence dans le pacte lyrique. En cela, la reprise herméneutique de ces éléments par Paul Ricœur dans son étude intitulée *La Métaphore vive*[5] nous paraît indiquer une voie fructueuse pour concilier les liens entre référence, métaphore, réflexivité du langage dans la structuration lyrique. Bien qu'elle se rapproche de cette théorie, notre étude articulera de manière différente les fondements référentiels de réflexivité du langage et de la dynamique métaphorique.

a) Référence et autoréflexivité du langage

Comme nous l'avons déjà spécifié dans notre critique de Jakobson, le lyrique ne se réduit pas aux fonctions poétiques et émotives de la communication. Même si la première met en évidence le « côté palpable des signes » et si la seconde colore le discours d'après l'attitude affichée du destinateur, ces deux fonctions participent à la référentialité dans leurs liens à la forme affective générale. Notre perspective cherche ainsi à observer la réflexivité du langage dans le lyrique lorsqu'elle se dégage d'un « autotélisme » et qu'elle donne davantage à sentir l'expérience pathique. Par son épaisseur même, elle renvoie à une mise en forme du pâtir, tout en se détachant de la transparence d'un discours directement dénotatif où le concept s'assimile à la chose. Le cadre intentionnel lyrique approfondit la puissance propre au langage, notamment en s'appuyant sur la formation sensible. Par le truchement de combinaisons inédites, des possibles stylistiques, un rythme et une coloration sont créés, qui produisent dans la structuration les mouvements typiques liés à certaines orientations pathiques. Ainsi, la référence ne se fait pas par une dénotation directe, mais par une « exemplification », selon la terminologie de Nelson Goodman[6], qui engage la forme affective générale. L'exemplification correspond à la charge sémiotique des propriétés possédées par le signe, et inscrit les procédés de signifiance dans une pertinence propre au discours. De nombreux traits de la formation sensible (graphèmes, phonèmes, syntaxe...) participent à cette dynamique qui rassemble le cognitif et le sentir. Comme elles s'intègrent à la forme affective générale, les directions de la formation sensible incarnent dans l'épaisseur du langage les styles de l'expérience sans que la dénotation soit pour autant directe. Illustrons cette puissance référentielle de la formation sensible par un poème d'Henri Michaux :

Emplie de

Emplie de moi
Emplie de toi.
Emplie des voiles sans fin de vouloirs obscurs.
Emplie de plis.
Emplie de nuit.
Emplis des plis indéfinis, des plis de ma vigie.
Emplie de pluie
Emplie de bris, de débris, de monceaux de débris.
De cris aussi, surtout de cris.
Emplie d'asphyxie.
Trombe lente.[7]

Ce texte tiré de *La Vie dans les plis* se constitue sur une cohésion anaphorique et sur des dérivations paronymiques importantes. Presque tous les vers débutent par le même terme et les associations phoniques sont particulièrement manifestes (« plis », « pluie », « nuit »). La fonction poétique détermine nettement la progression sémantique. Néanmoins, ce texte ne produit pas uniquement un autotélisme du langage, car la formation sensible se rapporte de manière importante à la forme affective générale. La reprise constante de l'adjectif nous fait sentir l'accumulation des éléments, qui tels des nuages s'amoncellent jusqu'à la trombe orageuse. Le dernier vers s'inscrit justement en rupture et en continuité avec le développement du texte, tant d'un point de thématique que sensible. «Trombe» défait la cohésion resserrée de l'énoncé, alors que l'oxymore de la lenteur s'y associe. Les traits sensibles exemplifient la thématique de manière particulièrement manifeste.

b) Constructions de monde et puissance métaphorique

Notre traitement de la dynamique métaphorique se détache dans cette partie de l'approche tropologique que nous avons davantage utilisée pour la formation sensible. Ce n'est pas tant la métaphore isolée qui nous intéresse, mais son extension, par un changement d'échelle, à un réseau complexe d'énoncés qui construit un monde textuel singulier[8]. Si la métaphore filée est un moyen explicite d'extension d'une allotopie dans la cohésion, elle ne constitue pas pour autant la complexité référentielle globale du discours lyrique. Dans notre perspective, le cheminement configurant est déterminé de manière dominante par la dynamique métaphorique, même si toutes les prédications ne relèvent pas de cette stratégie. Il s'agit plus globalement d'une façon d'évoquer une relation au monde à partir de la forme affective générale. Ce trait référentiel engage radicalement le cadre intentionnel lyrique, même si l'emploi de la figure métaphorique n'est pas son exclusivité. En fait, la puissance de la prédication métaphorique intervient de manière singulière dans ce pacte, dans les processus même de l'*inventio* et non plus seulement de l'*elocutio*. C'est pourquoi elle a des incidences cruciales sur la constitution de la forme affective générale.

Le lien mimétique du pacte lyrique, entre mise en forme et pâtir, ne se fonde pas sur l'imitation, mais sur une «redescription» de l'être-au-monde, comme le développe Paul Ricœur. Cette redescription est structurée par la dynamique métaphorique et élabore une évocation pathique du réel. En cela, la mise en forme affective entretient avec le pâtir des rapports semblables à ceux de l'intrigue avec l'agir. Dans le pacte fabulant, celle-ci implique en effet un déroulement particulier de l'action en vue de former une histoire. Dans le lyrique, l'organisation du discours en réseau métaphorique engage une redescription du monde selon le système symbolique du «voir-comme». Il s'agit plus exactement d'un «sentir-comme», qui permet de *sentir* les expériences pathiques *comme* la mise en forme affective du discours. Comme le mentionne Paul Ricœur, il existe une «redescription lyrique»[9] par laquelle la réalité est explorée sous les déterminations de la vie affective. Ce «sentir-comme» s'inscrit dans toutes les formations du discours, car il détermine fondamentalement l'acte configurant et la forme affective générale. Si, dans la formation sensible, il prend davantage la dimension de l'exemplification, il livre du point de vue de la dénotation une dominante métaphorique dans l'évocation. Sa monstration correspond à celle d'un «voir-comme», mais elle ne se réduit pas à la seule perception visuelle.

L'organisation métaphorique du discours lyrique ne lui enlève pas ses moyens de dénotation. Cette dernière n'est de loin pas l'exclusivité du discours scientifique. Contrairement à la démarche de Jean Cohen[10], il faut se garder d'une dichotomie entre le cognitif et l'émotif, entre la dénotation et la connotation, si on entend par cette dernière une perte de la valeur référentielle au profit de réseaux associatifs et affectifs. La structuration métaphorique ne renvoie pas à une perte de la dénotation, mais davantage à la suspension d'une référence littérale. Cela permet d'élaborer une référence transférée à un second rang qui dénote métaphoriquement. Par le rapprochement d'horizons sémiques apparemment éloignés, par le jeu des ressemblances et des altérations, cette construction produit une nouvelle manière de sentir le monde. Non seulement le «voir-comme» possède des qualités stéréoscopiques dans ce partage des horizons, mais le «sentir-comme» engage des dimensions stéréopathiques. Cette multiplicité et cette simultanéité sont typiques de l'évocation lyrique qui se fonde sur des vérités métaphoriques : les assertions transfèrent les prédicats et les propriétés sur une justesse inédite ouverte par une tension des horizons sémiques. Dès lors, il convient de ne plus comprendre la validation de vérité selon une conception fixe de la référence qui renverrait à une réalité unique. Par la perte de la référence littérale au profit d'une autre dénotation, la vérité s'établit sur une dynamique tensionnelle particulièrement puissante, car elle touche les deux aspects de la prédication. D'une part, par le jeu des ressemblances et des dissemblances, elle associe des réalités étrangères à une justesse sémique créatrice. Des propriétés nouvelles sont accordées au comparé et au comparant par la rencontre de leurs horizons sémiques. D'autre part, ce sens relationnel de la prédication atteint également le sens existentiel des principes d'équivalence. La dynamique métaphorique ne remodèle pas uniquement les déterminations sémantiques des termes, mais également la fonction existentielle du verbe «être». Un double procès a lieu qui suspend en partie la vérité littérale pour révéler une vérité métaphorique : le «est-comme» engage aussi un «n'est pas», qui n'est pas marqué grammaticalement. Symboliquement, l'amour peut être une rose, mais il ne l'est pas du point de vue littéral.

La justesse sémantique atteint des degrés de vérité référentielle qui se détachent d'une représentation de premier rang pour livrer un effet de présence. Celui-ci se forme sur une dynamique tensionnelle, en construisant un monde à partir des orientations pathiques. Les dimensions de fait, d'objet, de réalité et de vérité sont travaillées par une forme affective générale qui sous-tend l'évocation d'un monde. Le «aixo era y no era» des conteurs majorquins révèle dans la structuration référentielle métaphorique sa puissance, car il permet d'affirmer de nouvelles déterminations par l'évocation.

Pour conclure ce propos, nous nous intéressons à un poème d'Yves Bonnefoy, qui s'est gardé théoriquement des illusions de l'image en poésie. Le texte suivant ne comporte quasiment aucune figure métaphorique, mais pourtant l'évocation qu'il engage se fonde sur la structuration référentielle du «sentir-comme» :

Le peu d'eau

A ce flocon
Qui sur ma main se pose, j'ai désir
D'assurer l'éternel...
Mais déjà il n'est plus
Qu'un peu d'eau, qui se perd
Dans la brume des corps qui vont dans la neige.[11]

La dynamique métaphorique du discours ne tient pas à la «brume des corps», que nous pourrions retrouver dans un roman à dominante fabulante. Elle relève davantage de l'investissement symbolique du flocon de neige. Face au désir de protection, d'éternité, d'illimité du sujet lyrique, ce flocon prend la charge de la précarité du temps. L'instant, pour intense qu'il soit, se trouve emporté par le devenir qui le fait fondre. Sa forme se défait pour rejoindre fantomatiquement le fond de neige. Nous *sentons* cette relation du sujet au flocon *comme* celle que l'homme peut entretenir avec son devenir et avec son corps. L'intégralité du poème se construit sur cette équivalence symbolique et rejoint le réseau contextuel du recueil *Début et fin de la neige*. Dès lors, ces déterminations peuvent redécrire les propriétés associées à ce référent et atteindre nos sensations par rapport à la neige.

3. LE MONDE TEXTUEL COMME JEU LYRIQUE

Le cadre intentionnel lyrique produit une mise en forme qui se rapporte à l'expérience selon la dynamique du jeu. La référence pathique dédoublée, l'évocation et les diverses stratégies du discours construisent un monde textuel qui nécessite la coopération et l'interaction du lecteur pour parvenir à une actualisation momentanée. Le terme de la configuration n'est atteint que par le travail de lecture et par l'investissement de l'imaginaire du sujet lisant. Or, cette interaction se fonde sur la puissance d'un espace potentiel typique à l'activité ludique. Le cheminement configurant doit donc être également traité sous une telle perspective. Au

XXᵉ siècle, de nombreux auteurs de textes lyriques théorisent la production artistique comme un jeu et pratiquent le genre poétique en mettant en valeur les fondements d'un tel acte.

Si nous renvoyons le monde textuel à la catégorie du jeu, il convient de redéfinir celle-ci afin de la dégager d'une perspective métaphysique ou religieuse qui la réduirait à un divertissement sans grande incidence. Loin de confirmer la dichotomie entre le sérieux et l'anodin, entre le sacré et le profane, entre la vérité et l'illusion ou encore entre l'être et l'apparence, le jeu engage une spécificité dans l'exploration des fondements existentiels, qui entrecroise de nombreux paradoxes. Aussi faut-il se garder d'une approche trop dévalorisante ou trop valorisante de cette notion. Dans son étude phénoménologique, Eugen Fink a montré combien le jeu agissait comme un «symbole du monde»[12]. Cette activité permet une redécouverte des possibles, en mettant l'humain en rapport avec son être, avec l'être des choses et avec la totalité des étants : «Le jeu [est ouvert au monde], dans la mesure où en lui et par lui l'ouverture compréhensive de l'existence humaine au monde prend une coloration et une forme de sens particulière.»[13] Il dispose de manière singulière l'organisation logique de la réalité, selon des règles établies intersubjectivement. Le plaisir qu'il apporte, notamment par un investissement incarné, séduit en même temps qu'il redéploie radicalement les différentes déterminations de l'existence. Ainsi, le jeu possède à la fois une profondeur superficielle et une superficialité profonde. Ses représentations ne se conforment pas à une simple imitation de l'apparence des choses, mais engagent une dimension cognitive qui tend à dépasser les apparences. En tant qu'acte existentiel, le jeu permet une sortie hors des considérations immanentes des déterminations du monde pour travailler l'indéterminé, l'infini, l'instable. C'est pourquoi ce sont les mouvements ontologiques eux-mêmes qui se trouvent mis en forme dans ce va-et-vient entre réalité et irréalité. Dans cette restructuration ludique de l'existence, les déterminations sont certes présentes, mais elles sont contrebalancées par le fond des possibles. Les décisions irrévocables, les choix de vie peuvent être redéployés, voire dépassés, par une liberté inédite. Si les configurations du jeu renvoient aux configurations de certaines expériences, elles n'en restent pas moins travaillées par l'investissement fervent des joueurs qui agissent d'après des lignes directrices peu réalisables dans leur vie. C'est dans cette mesure que le monde textuel des œuvres littéraires est un jeu. Tous les pactes offrent cette dynamique : le fabulant face aux actions, le critique face aux valeurs. Le jeu lyrique se concentre sur la dimension affective de l'existence. Les déterminations et les indéterminations qui sont sans cesse rejouées relèvent du pâtir. Ainsi, les affections sensibles, les émotions, les humeurs sont travaillées selon des règles intersubjectives relatives au cadre intentionnel et des orientations particulières investies par les auteurs et les lecteurs. L'interaction rattachée au pacte engage cette dynamique ludique, qui ne se résume pas aux jeux de mots, mais qui englobe toute la structuration discursive.

Cette approche phénoménologique peut être complétée par la théorie psychanalytique de Donald W. Winnicott[14], notamment sur la dimension symbolique de l'espace de jeu. Pour Winnicott, l'activité ludique appartient aux «phénomènes transitionnels» qui ouvrent une «aire intermédiaire» d'expérience par laquelle le sujet apprend progressivement à reconnaître la réalité. Ainsi, le jeu culturel peut être compris de manière parallèle à la fonction symbolique des objets transitionnels, comme le déclare Winnicott : «Le sujet de mon étude s'élargit, acquiert des dimensions nouvelles, englobant le jeu, la création artistique et le goût pour l'art...»[15] Le phénomène transitionnel engage une partialité entre réalité et irréalité, qui fait qu'il n'est pas l'expérience elle-même mais la remplace. Dans une vérité empirique, il ne correspond pas à l'épreuve première, alors que dans une vérité symbolique il permet de redéployer les affections qui lui sont liées. L'activité ludique («playing») ne se réduit pas aux jeux («games»), mais permet d'occuper un espace laissé vacant par la réalité. La créativité investit cet espace potentiel en redéfinissant les déterminations et les différents mouvements de l'expérience. Dans les œuvres littéraires, l'espace potentiel engage une pluralité d'aires qui se rencontrent autour de certaines règles et de certains cadres intentionnels. Le pacte implique des investissements réciproques de la part des auteurs et des lecteurs autour de la mise en forme. Pour le lyrique, la dimension affective détermine les attentes et les orientations. Le texte agit comme une aire intermédiaire qui permet la redécouverte des possibles de manière symbolique. Chaque partie sait que la mise en forme n'est pas l'expérience, mais qu'en même temps elle occupe dans l'espace du jeu sa potentialité avec un retentissement singulier. L'adhésion des lecteurs reste variable et sans doute personnelle : certains jeux attirent davantage d'investissements que d'autres. Toutefois, l'interaction se fait sur les modes conjugués de l'empathie et de la distanciation. En effet, le partage de l'aire ludique incite les lecteurs à actualiser le monde du texte, à se l'approprier pour ressentir les horizons affectifs humains, tout en maintenant une distance qui ne confond guère l'espace du texte avec la réalité elle-même. Lorsqu'ils traitent du jeu, les auteurs insistent dès lors fortement sur cette double dimension, car elle implique davantage les lecteurs et les garde d'une assimilation transparente du texte au sujet écrivant ou du texte à la réalité. Sans doute n'est-ce pas un hasard si le jeu entre en concurrence au XXe siècle avec l'horizon de la sincérité lié au lyrisme romantique. Dans son analyse, Winnicott ajoute qu'une perte de la distanciation par une excitation trop importante ou par un débordement pulsionnel menace radicalement le jeu. Aussi peut-on tirer le parallèle entre le débordement pulsionnel dont traite Winnicott et l'épanchement sentimental que les auteurs du XXe siècle reprochent souvent aux tenants du lyrisme : dans les deux cas, la dynamique du jeu, avec l'ouverture d'un espace potentiel de redécouverte de l'expérience, se trouve amoindrie, voire annihilée.

La notion de jeu se concilie particulièrement avec celle de pacte, en soulignant les fondements d'empathie et de distanciation que peut entraîner la fonction symbolique du monde textuel. Elle nous permet de comprendre l'évocation de la formation référentielle comme une part importante de cet investissement ludique.

4. LE PÂTIR ET LES CHAMPS LEXICAUX SÉMANTIQUES

Si, comme nous l'avons écrit précédemment, le pâtir est le référent par excellence du discours lyrique, cela ne signifie pas pour autant que toutes les références soient dirigées sur cette expérience radicale. A vrai dire, le pâtir sert de filtre configurant à une diversité d'expériences. Loin de se concentrer sur les sentiments, le lyrique engage une diversité de champs dans le rapport au monde. Aussi n'y a-t-il pas de thèmes spécifiques et systématiques dans ce pacte : le paysage, la rose sont historiquement des moyens privilégiés pour explorer la dimension pathique de l'existence, mais ne peuvent être directement associés à une telle structuration discursive. Une multitude de référents peuvent être évoqués, car les enjeux affectifs travaillent toutes les formes de désirs, d'activités, d'intellections. Le pâtir engage donc un cheminement intentionnel radical de l'expérience, qui implique une logique compréhensive particulière de l'être-au-monde. En cela, il est le référent par excellence qui recueille synthétiquement dans l'acte configurant les divers référents. S'il est possible de trouver tous les thèmes dans le lyrique, ceux-ci se regroupent au sein d'une forme affective générale centrée sur le référent pathique. Cette distinction confirme notre remarque préliminaire sur l'écart entre le thème-*topic* et la forme affective générale. Bien évidemment, les expériences de l'amour, de la mort, du désir sont privilégiées, car elles engagent des surcroîts affectifs. Néanmoins, ces expériences ne peuvent être considérées comme des thèmes typiquement lyriques, car elles concernent tous les pactes. Face à de telles épreuves, à de telles mises en mouvement de l'existence, toutes les structurations discursives trouvent une pertinence à dire le rapport au réel. Elles le font différemment, selon des cadres intentionnels et des effets globaux distincts. Il convient donc de se garder d'une assimilation entre le pacte lyrique et des thématiques spécifiques, pour maintenir la valeur particulière de l'expérience radicale, du référent par excellence qu'est le pâtir. Or, la référence à une telle dimension n'est pas forcément directe ou récurrente, elle travaille la totalité de l'acte configurant avec les différentes formations discursives. Les principes de l'autoréférentialité du langage servent également à la faire sentir, tout comme les jeux métaphoriques.

La configuration affective ne passe pas uniquement par le rassemblement dénotatif de traits de sens qui permettent la dénomination et l'identification du pâtir, mais également par les valeurs sémantiques additionnelles des connotations. La distinction entre ces deux catégories reste néanmoins difficile à opérer dans la complexité des enchevêtrements isotopiques. Non seulement les actes de référence sont dédoublés dans un discours à dominante métaphorique, mais ils s'intègrent à un saisie synoptique qui réduit les écarts entre dénotations et connotations. Au terme du cheminement configurant, la forme affective générale dénote métaphoriquement le pâtir et ses orientations de sens. Il convient par conséquent de maintenir une dynamique entre ces deux pôles pour saisir l'ensemble affectif mis en œuvre.

Nous trouvons néanmoins certains champs lexicaux sémantiques récurrents qui organisent les isotopies. Parmi ceux-ci se trouvent les champs des sensations, des émotions, des humeurs, du corps qui se rattachent à la dimension affective de l'existence. Si nous prenons le cas des sensations, il est possible de considérer les champs liés à la perception de manières diverses. Certains textes sont par exemple orientés par le regard, en mettant en valeur les couleurs, la luminosité, les contrastes. D'autres engagent davantage le domaine «haptique» de la saisie : prendre, relâcher, caresser, serrer, frapper. Chaque possibilité sensorielle engage des horizons lexicaux (le goût, l'odeur, les sons), qui se trouvent entrelacés dans les cas de synesthésies pathiques. Ces diverses orientations peuvent déterminer des fondements affectifs différents. Ainsi, l'organisation du paysage par le regard peut engager une appartenance charnelle en même temps qu'une distance irrémédiable. Chez Gustave Roud, une «vitre infrangible et pure» sépare constamment le sujet lyrique du paradis qu'il ressent dans le monde[16]. En revanche, l'orientation haptique pourrait relever d'une fusion plus archaïque avec l'altérité[17]. Les champs lexicaux des émotions, sentiments et humeurs ont une telle richesse qu'il serait vain d'essayer de les délimiter. Notre approche des tonalités affectives a fourni quelques exemples des fondements principaux (entre apaisement et étrangeté). Il nous faudrait également inclure des horizons comme la rage, la colère, la douceur, la douleur, la rigidité, l'anéantissement, la dispersion, la panique, l'élévation, le flottement. Le pâtir active une multiplicité de réseaux lexicaux qu'il est difficile d'énumérer de façon exhaustive. Une telle tâche pourrait faire l'objet d'une étude approfondie qui ne convient pas à notre propos synthétique. Aussi traitons-nous de cette question de manière particulièrement introductive, en suggérant la richesse du potentiel dénotatif lié à la vie affective.

Il nous semble néanmoins important de souligner combien la configuration s'ancre également sur les réseaux connotatifs. La structuration métaphorique de la formation référentielle implique en effet une multiplication des valeurs sémantiques associées. Aussi un texte lyrique active-t-il en permanence les répertoires des symboles, de l'imaginaire collectif, des valeurs, pour les travailler de manière singulière. La forme affective générale sous-tend la pertinence du choix des traits sémiques de chaque terme. Par des effets de rétention et de protention, elle incite à reprendre les acquis ou à anticiper les attentes à partir d'orientations symboliques. En outre, les niveaux de langage (populaire, sublime...), les inventions lexicales, les terminologies érudites, scientifiques ou professionnelles interviennent dans cette configuration sémantique. A la lecture des textes lyriques du XXe siècle, aucun terme, aucun registre ne semble banni, mais chaque réseau lexical s'intègre à un ensemble pathique plus radical. C'est en ce sens que le pâtir, en tant que cheminement configurant singulier de l'expérience, agit comme le référent par excellence du pacte lyrique.

Il serait par conséquent erroné de croire que les termes considérés comme «affectifs» ou «subjectifs» par les linguistes participent de manière cruciale à l'acte configurant. Si l'on part de l'étude de Christine Kerbat-Orecchioni sur la subjectivité dans le langage et sur ses différentes catégories, nous pouvons aisément montrer que le lyrique intègre différents registres. Face à la répartition des adjectifs (objectifs, affectifs, évaluatifs axiologiques ou non axiologiques)[18], il paraît clair que le pâtir peut sous-tendre les quatre catégories : «vert» comme adjectif objectif, «poignant» comme adjectif affectif, «beau» comme évaluatif axiologique et «chaud» comme évaluatif non axiologique. Ainsi, une réduction de la sémantique lyrique à la terminologie considérée comme «affective» par certains linguistiques serait particulièrement trompeuse, notamment lorsque ces derniers se centrent sur le discours argumenté ou sur le système de la langue.

Nous voyons combien les enjeux sémantico-référentiels de l'évocation engagent une complexité qu'il est difficile de considérer dans une poétique. Aussi, pour conclure cette partie consacrée à la formation référentielle, pouvons-nous prendre un texte et observer combien il résiste aux délimitations lexico-sémantiques trop strictes, tout en marquant la nécessité de considérer la dynamique de la forme affective générale :

D'une tristesse ineffable

Le silence. Et les fruits du silence, les fruits de marbre qui reposent au fond des mers : les destinées enfouies dans leur douce lumière !
Le silence gonfle la peau noire des nuages, la peau noire des orages, la peau fragile des soleils couchants.
Les mots qu'on ne prononce pas font éclater le ciel, ils déchirent les entrailles, ils fendent les arbres du haut en bas et le ruisseau lave les blessures, si la journée a été douce, si le vent est apaisé.
Mais il y a toujours ces mains d'acier qui serrent la gorge...
Les navires enchaînés, l'écume de la rage aux narines, saluent la mer et maudissent leurs chaînes.
Quand les tombeaux s'ouvriront, les navires enchaînés salueront les pierres.[19]

Nous voyons combien ce texte de Maurice Blanchard entrelace non seulement différents champs lexicaux, mais également une pluralité de dimensions du pâtir. Nous trouvons des sensations liées à la couleur («noire»), à la luminosité («douce lumière»), à la douleur («gémissant»), aux humeurs («rage»), au corps («peau», «entrailles», «mains», «gorge»), au sentiment («tristesse»). Les thèmes de la mort, de l'anéantissement, de la faille, du destin, de l'eau s'entrelacent avec ces sensations pour mettre en œuvre les fondements mélancoliques d'un pâtir, avec les contradictions qu'une telle disposition suppose. Cette orientation de sens parcourt la complexité textuelle, notamment les connotations rattachées aux «orages», au «ruisseau», aux «navires», pour élaborer la synthèse en tension de l'acte configurant. Ainsi en va-t-il des actualisations du cadre intentionnel lyrique. Elles engagent un surcroît qui rend manifeste les limites de toute poétique. Néanmoins, elles invitent également, pour mieux comprendre ce discours et l'identifier, à connaître les composantes majeures d'un tel cadre.

NOTES

[1] Nous reprenons l'expression de Roman Ingarden et les développements que lui a consacrés Wolfgang Iser, «L'interaction entre le texte et le lecteur», dans *op. cit.*, p. 298-387.
[2] Max Jacob, *Derniers poèmes en vers et en prose*, Paris : Gallimard (Poésie), 1982, p. 92.
[3] Michel Collot, *op. cit.*, 1989, p. 185.
[4] Roman Jakobson, *op. cit.*, 1986, p. 238-239.
[5] Sur la reprise de l'approche de Jakobson par Paul Ricœur, voir *op. cit.*, 1975, p. 279-282.
[6] Nelson Goodman, *Langages de l'art : une approche de la théorie des symboles*, Nîmes : Chambon, 1990.
[7] Henri Michaux, *op. cit.*, II, 2001, p. 184.
[8] Nous reprenons en partie dans ce chapitre les développements de Paul Ricœur, *op. cit.*, 1975, p. 273-321.
[9] *Ibidem*, p. 308-309.
[10] Voir le dernier chapitre de son étude consacré à la fonction poétique, *op. cit.*, p. 189-214.
[11] Yves Bonnefoy, *op. cit.*, 1995.
[12] Eugen Fink, *Le Jeu comme symbole du monde*, Paris : Minuit (Arguments), 1987.
[13] *Ibidem*, p. 223.
[14] Donald W. Winnicott, *Jeu et réalité : l'espace potentiel*, Paris : Gallimard (Folio essais), 2002.
[15] *Ibidem*, p. 35.
[16] *Cf.* notre étude, *art. cit.*, 1988.
[17] Nous renvoyons à l'étude de Nicolas Castin qui développe particulièrement les interprétations à partir des dimensions sensorielles, *op. cit.*, 1998.
[18] Christine Kerbat-Orecchioni, *op. cit.*, p. 84.
[19] Maurice Blanchard, *Les Barricades mystérieuses*, Paris : Gallimard (Poésie), 1994, p. 117.

Conclusion

Afin de proposer une étude opératoire du discours lyrique, j'ai commencé par repérer les variations historiques qui ont déterminé ses définitions. L'horizon dégagé a conduit à la mise au jour des présupposés traditionnels qui se retrouvent dans la plupart des poétiques du XXe siècle. Le dialogue critique avec ces théories contemporaines et les apories qu'elles impliquent ont servi à mettre entre parenthèses bon nombre d'orientations qui passent pour des évidences. Ainsi, une reconstruction a-t-elle pu être engagée avec l'hypothèse du pacte discursif. Par une formulation nouvelle et affinée de ce concept, un niveau générique a été forgé qui correspond au large champ d'incidences du lyrique et se détache des notions de « mode », d'« horizon d'attente » ou d'« adresse ». En outre, la compréhension même d'une telle structuration a été établie en tenant compte de la dimension historique des actualisations et des généralisations. Les considérations sur l'« acte configurant » et la « dominante » ont dirigé les propositions. Cela a permis de toujours concilier les principes de la structuration avec ceux de l'interaction liée à la communication littéraire (entre production et réception). Le cheminement logique qui guide la configuration se constitue effectivement par l'investissement des stratégies potentielles. J'ai ainsi pu marquer certaines déterminations personnelles, interpersonnelles ou culturelles qui sous-tendent le cadre intentionnel. La définition du pacte induit constamment cette rencontre des horizons de l'auteur et du lecteur à partir des effets potentiels du texte. Grâce à cette hypothèse, les trois pactes principaux dans le domaine littéraire ont été caractérisés avec, à chaque fois, une définition, un effet global et une esquisse du cadre intentionnel. La description du lyrique a été alimentée par une phénoménologie de l'affectif qui a rendu possible les déterminations de l'expérience radicale et de la mise en forme à l'œuvre dans ce pacte. La « mise en forme affective du pâtir », associée à l'intention de « faire sentir et ressentir la vie affective », fournit un fondement pour l'approche opératoire des textes et le développement des traits stylistiques. Le cadre intentionnel du lyrique a dès lors pu être détaillé : chaque trait singulier a été ramené à des formations générales (sensible, subjective et référentielle) et à une « forme affective générale » constituée par l'acte configurant. Cette perspective a incité à répertorier les éléments structurants les plus importants de ce discours. Une tradition critique a permis une telle synthèse, mais il a fallu à chaque fois la reconsidérer par rapport à l'intégralité de la démarche. Aussi a-t-il été nécessaire de forger de nouvelles directions critiques pour que les remarques stylistiques générales aient une pertinence accrue par rapport à la réflexion sur l'acte configurant et sur la dimension affective. Les apports de cette perspective ont permis de traiter de questions qui sont fréquemment restées en suspens dans la critique ou qui ont parfois été négligées.

*
* *

Davantage qu'à récapituler les étapes de l'étude, le terme de ce parcours peut servir d'appui pour prendre une distance critique face au projet. Si l'hypothèse du pacte dans la critique du lyrique a des avantages, je suis également conscient des limites qu'une telle synthèse peut présenter. La méthode retenue visait à conjuguer diverses perspectives afin de mieux tenir compte de la complexité textuelle. Toutefois, malgré les précautions prises et la prudence souhaitée, la volonté de fournir une approche opératoire du lyrique, avec une définition précise, une description de l'effet global et un cadre intentionnel qui le réalise, est une ambition si vaste qu'elle met en évidence la dimension introductive de mes propositions. Chaque analyse aurait pu être détaillée et approfondie de telle manière qu'elle aurait mérité à elle seule des mois de travail. Chaque apport théorique aurait pu être discuté plus longuement, en vue de dégager des exceptions, des textes inclassables. Mais, il convient de toujours saisir ce travail comme un ensemble : les diverses parties entrent en dialectique dans le but de former un tout cohérent. Le désir de produire une synthèse autour de cette notion, aussi large soit-elle, paraît légitime, car le discours lyrique a trop souvent été relégué à des poncifs qui le fragmentaient ou le réduisaient à quelques traits stylistiques. Il me semble qu'une telle démarche s'imposait, notamment face au regain d'intérêt que la problématique du « sujet lyrique » a suscité dans la critique française. Les spécificités de l'énonciation, de la situation de communication, du rythme, de la cohésion logique ou de la référence dans ce discours méritaient d'être étudiées conjointement, car elles fondent par leurs entrelacements un acte configurant singulier. Pour caractériser l'effet empathique du lyrique et les traits stylistiques qui le composent, il me fallait adopter une échelle propre aux enjeux d'un pacte discursif. Certes, la maîtrise complète de tant de problématiques ne peut tenir dans un travail inaugural comme celui-ci, mais il me paraissait nécessaire de me risquer dans cette voie pour entrevoir un sol de compréhension critique, qui pourrait résoudre de nombreuses apories. Les limites de mon étude, les doutes et les discussions qu'elle ne manquera pas d'engager sont à mes yeux préférables aux évidences qui associent le lyrique à l'emphase, à l'exaltation des sentiments, aux confidences d'un auteur, au sublime ou encore au chant. En ce sens, la poétique du lyrique vise à dégager un horizon pour une approche opératoire de ce discours, sans pour autant l'enfermer dans des catégories trop rigides. Les outils proposés, qui sont à affiner, voire à renouveler, cherchent à alimenter un débat critique, en constant mouvement, et à suggérer des voies de recherche possibles.

Par ailleurs, cette étude centrée sur la poétique engage aussitôt un complément sur les actualisations historiques du pacte. En adoptant une approche stylistique sur des œuvres singulières, il est possible de montrer la spécificité de chaque démarche tout en délimitant le lyrique par rapport aux autres pactes (selon la dominante). C'est une recherche de ce genre, qui porte sur les renouvellements du lyrique dans la poésie moderne, que nous livrerons dans une prochaine publication. Nous prolongerons de la sorte cette première étude, en essayant de l'éprouver au contact de l'horizon d'attente issu de la «révolution du langage poétique» et d'œuvres particulièrement éloignées de l'effusion spontanée ou du sentimentalisme.

Que ce propos conclusif ne se confonde pas avec une humilité feinte, car les propositions qui sont données me paraissent indiquer un sol critique relativement stable. Je tiens simplement à rappeler que toute avancée se porte vers un horizon qu'elle n'atteint jamais, et qui toujours est repoussé. L'étude terminée, de vastes domaines de recherches parallèles se profilent encore. Parmi ceux-ci, je n'en évoquerai que quelques-uns. Comment la structuration lyrique se pratique-t-elle dans d'autres formes artistiques? Peut-elle être étendue à une sémiotique? Quelles transformations majeures la poétique du lyrique subit-elle dans d'autres langues? Comment la tradition orale intègre-t-elle les principes que nous avons développés pour le discours écrit? Comment le pacte critique se compose-t-il précisément alors qu'il passe pour une structuration discursive marginale? Toutes ces questions restent en suspens et ne relèvent pas forcément de la recherche littéraire. Elles indiquent des possibilités d'études interdisciplinaires à partir des principes élaborés dans le cadre de ce travail.

Un tel ensemble théorique vise en ultime ressort à mener les lecteurs au seuil des œuvres lyriques. Ce pacte, quelque peu déconsidéré dans la réception actuelle, se nourrit d'une tradition abondante, qui s'est particulièrement enrichie au cours du siècle dernier. Peut-être une meilleure compréhension de sa complexité et de ses enjeux permettra-t-elle d'accroître à moyen terme l'intérêt du public pour ce type d'écrits. Mon travail est une contribution parmi d'autres pour améliorer la réception d'une part importante de la littérature française. J'espère que certaines des idées apportées dans ces pages nourriront un tel dessein.

Par l'orientation nouvelle qu'elle donne, la présente étude invite à la discussion et à poursuivre certaines méthodes. Elle introduit une série de travaux qui développeront des points sommairement traités, qui confirmeront ou infirmeront les principales propositions. Au moment de clore mon étude, je tiens simplement à rappeler que l'épreuve limitée de ces pages répond à l'appel infini des œuvres. Si la parole lyrique est un pacte, les rapprochements que ce dernier engage nécessitent peut-être les apports d'un intermédiaire. C'est toute la dimension de cette recherche.

Bibliographie sélective

ADAM Jean-Michel, *Le Texte narratif : traité d'analyse pragmatique et textuelle*, Paris : Nathan (Fac. linguistique, Nathan Université), 1994.
— *Les Textes : types et prototypes : récit, description, argumentation, explication, dialogue*, Paris : Nathan (Fac. linguistique, Nathan Université), 1996.
— [et al.] (dir.), *Images de soi dans le discours : la construction de l'ethos*, Lausanne, Paris : Delachaux & Niestlé (Sciences des discours), 2000.
ALQUIE Ferdinand, *La Conscience affective*, Paris : Vrin (A la recherche de la vérité), 1979.
AQUIEN Michèle, *Dictionnaire de poétique*, Paris : Libraire Générale française (Le Livre de Poche), 1993.
ARISTOTE, *Poétique*, Paris : Les Belles-Lettres (Collection des universités de France), 1995.
— *Rhétorique*, Paris : Librairie générale française, 1996.
— *Ethique à Nicomaque*, Paris : Paris : J. Vrin (Bibliothèque des textes philosophiques), 1990.
AUSTIN John L., *Quand dire, c'est faire*, Paris : Seuil (L'ordre philosophique), 1970.
BACHELARD Gaston, *L'Eau et les rêves : essai sur l'imagination de la matière*, Paris : Librairie générale française (Le Livre de poche), 2001.
— *La Poétique de la rêverie*, Paris : Presses Universitaires de France (Quadrige), 1984.
BAKHTINE Mikhaïl, *Esthétique de la création verbale*, Paris : Gallimard (Bibliothèque des idées), 1984.
— *Esthétique et théorie du roman*, Paris : Gallimard (Tel), 1987.
BARTHES Roland, *Le Degré zéro de l'écriture* suivi de *Nouveaux essais critiques*, Paris : Seuil (Points, essais), 1994.
— *Le Plaisir du texte*, Paris : Seuil (Points), 1982.
— *Poétique du récit*, Paris : Seuil (Points, essais), 1977.
— [et al.], *L'Analyse structurale du récit*, Paris : Seuil (Points, Littérature) 1981.
BATTEUX Charles, *Les Beaux-arts réduits à un même principe*, Paris : Aux amateurs de livres (Théorie et critique à l'âge classique), 1989.
BENVENISTE Emile, *Problèmes de linguistique générale I*, Paris : Gallimard (Tel), 1993.
— *Problèmes de linguistique générale II*, Paris : Gallimard (Tel), 1994.
BERANGER Elisabeth, CASTRO Ginette (éd.), *Lyrisme et féminité, actes du colloque international janvier 1990*, Talence : Presses Universitaires de Bordeaux, 1991.
BERNARD Suzanne, *Le Poème en prose de Baudelaire jusqu'à nos jours*, Paris : Librairie Nizet, 1959.
BERRANGER Marie-Paule, «Le Lyrisme du sang», *Modernités*, n° 8, 1996, p. 27-41.
BINSWANGER Ludwig, *Introduction à l'analyse existentielle*, Paris : Minuit (Arguments), 1989.
— *Mélancolie et manie : études phénoménologiques*, Paris : Presses Universitaires de France (Psychiatrie ouverte), 1987.
— *Sur la Fuite des idées*, Grenoble : Millon (Krisis), 2000.
BOLLNOW Otto-Friedrich, *Les Tonalités affectives : essai d'anthropologie philosophique*, Neuchâtel : Editions de la Baconnière (Etre et penser), 1953.

BREMOND Claude, *Logique du récit*, Paris : Seuil (Poétique), 1982.
BRODA Martine, *L'Amour du nom : essai sur le lyrisme et la lyrique amoureuse*, Paris : Corti (en lisant en écrivant), 1997.
— «Lyrisme et célébration. L'épiphanie de la Chose», *Littérature*, n° 104, 1996, p. 89-100.
CABO ASEGUINOLAZA Fernando, GULLON German, *Teoría del poema : la enunciación lírica*, Amsterdam, Atlanta : Rodopi (Dialogos hispanicos), 1998.
CAMBON Fernand, «Poésie et silence», *Littérature*, n° 64, décembre 1986, p. 116-188.
CASSIRER Ernst, *Philosophie des formes symboliques*, 3 t., Paris : Minuit, 1972.
CASTIN Nicolas, *Sens et sensible dans la poésie moderne et contemporaine*, Paris : Presses universitaires de France (Ecriture), 1998.
CASTIN Nicolas, SIMON Anne (dir.), *Merleau-Ponty et le littéraire*, Paris : Presses de l'Ecole Normale supérieure, 1998.
CELIS Raphaël, *L'Œuvre et l'imaginaire : les origines du pouvoir-être créateur*, Bruxelles : Facultés universitaires Saint-Louis, 1977.
CHAMARD Henri, *Histoire de la Pléiade*, Paris : Didier Erudition, 1961.
CHARLES Michel, *Rhétorique de la lecture*, Paris : Seuil (Poétique), 1977.
CHARLES-WURTZ Ludmila, *Poétique du sujet lyrique dans l'oeuvre de Victor Hugo*, Paris : Champion (Romantisme et modernités), 1998.
CHENG François, *L'Ecriture poétique chinoise suivi d'une anthologie des poèmes des Tang*, Paris : Seuil (Points essais), 1996.
— *Vide et plein : le langage pictural chinois*, Paris : Seuil (Points essais), 1991.
COHEN Jean, *Structure du langage poétique*, Paris : Flammarion (Champ linguistique), 1993.
— *Théorie de la poéticité*, Paris : Corti, 1995 (version remaniée de : *Le Haut langage*).
— «Comique et poétique», *Poétique*, n° 61, février 1985, p. 49-61.
COLLOT Michel, *L'Horizon fabuleux*, 2 vol., Paris : Corti, 1988.
— *La Poésie moderne et la structure d'horizon*, Paris : Presses Universitaires de France (Ecriture), 1989.
— *La Matière-émotion*, Paris : Presses Universitaires de France (Ecriture), 1997.
— [*et al.*] (dir.), *Les Enjeux du paysage*, Bruxelles : Ousia (Receuil), 1996.
COLLOT Michel, MATHIEU Jean-Claude (dir.), *Poésie et altérité*, Paris : Presses de l'Ecole Normale Supérieure, 1990.
COMBE Dominique, *Poésie et récit : une rhétorique des genres*, Paris : Corti, 1989.
— *Les Genres littéraires*, Paris : Hachette (Contours littéraires), 1992.
— «La référence dédoublée : le sujet entre fiction et autobiographie», Dominique Rabaté (éd.), *Figures du sujet lyrique*, Paris : Presses Universitaires de France (Perspectives littéraires), 1996, p. 39-63.
COMBETTES Bernard, *Pour une grammaire textuelle : la progression thématique*, Bruxelles : A. de Boeck et J. Duculot, 1983.
CORNULIER Benoît de, *Théorie du vers : Rimbaud, Verlaine, Mallarmé*, Paris : Seuil, 1982.
COTONI Marie-Hélène, RIEU Josiane (*et al.*), *Aspects du lyrisme du XVIe siècle au XIXe siècle : Ronsard, Rousseau, Nerval, actes du colloque de Nice, 6 et 6 décembre 1997*, Nice : Université de Nice Sophia-Antipolis, 1998.
DEGUY Michel, *La Raison poétique*, Paris : Galilée (La philosophie en effet), 2000.
DELAVEAU Philippe (dir.), *La Poésie française au tournant des années 80*, Paris : José Corti, 1988.
DESSONS Gérard, MESCHONNIC Henri, *Traité du rythme : des vers et des proses*, Paris : Dunod, 1998.

DRILLON Jacques, *Traité de la ponctuation française*, Paris : Gallimard (Tel), 1993.
DUCROT Oswald, *Les Mots du discours*, Paris : Minuit (Le sens commun), 1980.
— *Dire et ne pas dire : principes de sémantique linguistique*, Paris : Hermann (Savoir), 1980.
— *Le Dire et le dit*, Paris : Minuit (Propositions), 1989.
DUCROT Oswald, SCHAEFFER Jean-Marie, *Nouveau Dictionnaire encyclopédique des sciences du langage*, Paris : Seuil (Points, essais), 1999.
DUFAYS Jean-Louis, *Stéréotype et lecture*, Liège : Mardaga (Philosophie et langage), 1994.
DUFRENNE Mikel, *Phénoménologie de l'expérience esthétique*, 2 vol., Paris : Presses Universitaires de France (Epiméthée), 1967.
— *Le Poétique*; précédé de *Pour une philosophie non théologique*, Paris : Presses Universitaires de France (Bibliothèque de philosophie contemporaine), 1973.
ECO Umberto, *Lector in fabula : le rôle du lecteur ou la coopération interprétative dans les textes narratifs*, Paris : Librairie générale française (Le livre de poche), 1995.
FINK Eugen, *Le Jeu comme symbole du monde*, Paris : Minuit (Arguments), 1987.
FONAGY Ivan, *La Vive Voix : essais de psycho-phonétique*, Paris : Payot (Langages et sociétés), 1983.
FRIEDRICH Hugo, *Structures de la poésie moderne*, Paris : Denoël-Gonthier (Bibliothèque Médiations), 1976.
FRYE Northrop, *Anatomie de la critique*, Paris : Gallimard (Bibliothèque des sciences humaines), 1969.
GADAMER Hans Georg, *Vérité et méthode*, Paris : Seuil (L'ordre philosophique), 1973.
GENETTE Gérard, *Figures III*, Paris : Seuil (Poétique), 1972.
— *Mimologiques*, Paris : Seuil (Poétique), 1976.
— *Nouveau Discours du récit*, Paris : Seuil (Poétique), 1983.
— « Introduction à l'architexte », dans Gérard Genette [*et al.*], *Théorie des genres*, Paris : Seuil (Points), 1986, p. 89-159.
— *Fiction et diction*, Paris : Seuil (Poétique), 1991.
— *Seuils*, Paris : Seuil (Points essais), 2002.
GLEIZE Jean-Marie, *A noir : poésie et littéralité*, Paris : Seuil (Fiction & Cie), 1992.
GOLLUT Jean-Daniel, *Conter les rêves : la narration de l'expérience onirique dans les œuvres de la modernité*, Paris : Corti, 1993.
GOODMAN Nelson, *Langages de l'art : une approche de la théorie des symboles*, Nîmes : Chambon, 1990.
GRIMAL Pierre, *Le Lyrisme à Rome*, Paris : Presses universitaires de France, 1978.
GROUPE μ, *Rhétorique de la poésie : lecture linéaire, lecture tabulaire*, Paris : Seuil (Points, Littérature), 1990.
GUERRERO Gustavo, *Poétique et poésie lyrique : essai sur la formation d'un genre*, Paris : Seuil (Poétique), 2000.
GUILLAUME Gustave, *Temps et verbe : théorie des aspects, des modes et des temps*, Paris : H. Champion, 1965.
— *Langage et science du langage*, Paris, Quebec : Nizet, Presses de l'université Laval, 1973.
HAMBURGER Käte, *Logique des genres littéraires*, Paris : Seuil (Poétique), 1986.
HAMON Philippe, *Du Descriptif*, Paris : Hachette (Hachette Université, Recherches littéraires), 1993.
— *L'Ironie littéraire : essai sur les formes de l'écriture oblique*, Paris : Hachette (Hachette Supérieur. Recherches littéraires), 1996.
— *Texte et idéologie*, Paris : Presses Universitaires de France (Quadrige), 1997.

— « Sujet lyrique et ironie », *Modernités*, n° 8, 1996, p. 19-25.
HEIDEGGER Martin, *Etre et temps*, Paris : Gallimard (Bibliothèque de philosophie), 1992.
— *Chemins qui ne mènent nulle part*, Paris : Gallimard (Tel), 1992.
— *Acheminement vers la parole*, Paris : Gallimard (Tel), 1990.
— *Essais et conférences*, Paris : Gallimard (Tel), 1993.
HEGEL Georg Wilhelm Friedrich, *Cours d'esthétique : éd. Hotho I et II*, 2 vol., Paris : Aubier (Bibliothèque des philosophes), 1995-96.
HIRT André, *Il faut être absolument lyrique : une constellation de Baudelaire*, Paris : Kimé (Philosophie épistémologie), 2000.
HUSSERL Edmund, *Méditations cartésiennes*, Paris : Vrin (Bibliothèque des textes philosophiques), 1992.
— *Idées directrices pour une phénoménologie*, Gallimard (Tel), 1993.
— *La Crise des sciences européennes et la phénoménologie transcendantale*, Paris : Gallimard (Tel), 1989.
— *Expérience et jugement : recherches en vue d'une généalogie de la logique*, Paris : Presses Universitaires de France (Epiméthée), 1991.
INGARDEN Roman, *L'œuvre d'art littéraire*, Lausanne : L'Age d'Homme (Slavica), 1983.
ISER Wolfgang, *L'Acte de lecture : théorie de l'effet esthétique*, Bruxelles : Mardaga (Philosophie et langage), 1976.
JAKOBSON Roman, *Essais de linguistique générale : 1. les fondations du langage*, Paris : Minuit (Double), 1994.
— *Huit Questions de poétique*, Paris : Seuil (Points, littérature), 1977.
JARRETY Michel, « Sujet éthique, sujet lyrique », dans Dominique Rabaté (éd.), *op. cit.*, p. 127-146.
JARRETY Michel (dir.), *Dictionnaire de poésie de Baudelaire à nos jours*, Paris : Presses Universitaires de France, 2001.
JACKSON John E., *La Poésie et son autre*, Paris : Corti (En lisant, en écrivant), 1998.
JAUSS Hans Robert, *Pour une esthétique de la réception*, Paris : Gallimard (Tel), 1990.
— *Pour une Herméneutique littéraire*, Paris : Gallimard (NRF essai), 1988.
JENNY Laurent, *La Parole singulière*, Paris : Belin (L'extrême contemporain), 1990.
— « Fictions du Moi et figurations du Moi », dans Dominique Rabaté (éd.), *op. cit.*, p. 99-111.
JOUVE Vincent, *L'Effet-personnage dans le roman*, Paris : Presses Universitaires de France (Ecriture), 1998.
KAUFMANN Vincent, *Le Livre et ses adresses : Mallarmé, Ponge, Valéry, Blanchot*, Paris : Méridiens, Klincksieck, 1986.
KERBAT-ORECCHIONI Christine, *L'Enonciation. De la subjectivité dans le langage*, Paris : A. Colin, 1980.
— « L'ironie comme trope », *Poétique*, n° 41, février 1980, p. 108-127.
KIBEDI VARGA Aron, *Les Constantes du poème : analyse du langage poétique*, Paris : Picard (Connaissance des langues), 1972.
KOCAY Victor, MALDIDIER Denise, ROBIN Régine, *Le Langage de Roman Ingarden*, Liège : Mardaga (Philosophie et langage), 1996.
KRISTEVA Julia, *La Révolution du langage poétique : l'avant-garde à la fin du XIXe siècle, Lautréamont et Mallarmé*, Paris : Seuil (Points, essais), 1985.
LACOUE-LABARTHE Philippe, NANCY, Jean-Luc, *L'Absolu littéraire : théorie de la littérature du romantisme allemand*, Paris : Seuil (Poétique), 1978.
— *L'Autobiographie en France*, Paris : Armand Colin, 1971.

— *Le Pacte autobiographique*, Paris : Seuil (Points, essais), 1996.
— *Moi aussi*, Paris : Seuil (Poétique), 1986.
LENTENGRE Marie-Louise, *Apollinaire, le nouveau lyrisme*, Paris : J.-M. Place (Surfaces), 1996.
LONGIN (Pseudo-), *Du Sublime*, Paris : Payot & Rivages (Rivages Poche, Petite Bibliothèque), 1993.
MALDINEY Henri, *Regard, parole, espace*, Lausanne : L'Age d'Homme (Amers), 1994.
— *Aitres de la langue et demeures de la pensée*, Lausanne : L'Age d'Homme (Amers), 1975.
— *Art et existence*, Paris : Klincksieck (Esthétique), 1986.
— *L'Art, l'éclair de l'être : traversées*, Seyssel : Comp'Act, 1993.
— *Penser l'homme et la folie : A la lumière de l'analyse existentielle et de l'analyse du destin*, Grenoble : Millon (Krisis), 1991.
MATHIEU Jean-Claude, « Le poète tardif : sujet lyrique et sujet éthique chez Jaccottet », *Modernités*, n° 8, 1996, p. 203-219.
MAULPOIX Jean-Michel, *La Voix d'Orphée : essai sur le lyrisme*, Paris : Corti (En lisant en écrivant), 1989 ; repris et augmenté dans *Du Lyrisme*, Paris : Corti (En lisant en écrivant), 2000.
— *La Poésie malgré tout*, Paris : Mercure de France, 1996.
— *La Poésie comme l'amour : essai sur la relation lyrique*, Paris : Mercure de France, 1998.
MAZALEYRAT Jean, *Eléments de métrique française*, Paris : A. Colin (U2), 1974.
MERLEAU-PONTY Maurice, *Phénoménologie de la perception*, Paris : Gallimard (Tel), 1994.
— *La Prose du monde*, Paris : Gallimard (Tel), 1995.
— *Signes*, Paris : Gallimard (Folio essais), 2001.
MESCHONNIC Henri, *Critique du rythme : anthropologie historique du langage*, Lagrasse : Verdier, 1982.
— *La Rime et la vie*, Lagrasse : Verdier, 1989.
— *Politique du rythme : politique du sujet*, Lagrasse : Verdier, 1995.
— *Modernité, modernité*, Paris : Gallimard (Folio essais), 2000.
Modernités (revue), n° 8, « Le sujet lyrique en question », Presses Universitaires de Bordeaux, Bordeaux, 1996.
MURAT Michel, « "L'Homme qui ment" : réflexions sur la notion de lyrisme chez Breton », *Modernités*, n° 8, 1996, p. 154-163.
Le Nouveau Recueil, n° 52, « Du lyrisme critique », sept.-nov. 1999.
PAVEL Thomas, *Univers de la fiction*, Paris : Seuil (Poétique), 1988.
PINSON Jean-Claude, *Habiter en poète : essai sur la poésie contemporaine*, Seyssel : Champ Vallon (Recueil), 1994.
POIRION Daniel, *Le Poète et le prince : l'évolution du lyrisme courtois de Guillaume de Machaut à Charles d'Orléans*, Paris : Presses Universitaires de France, 1965.
PRIGENT Christian, *Ceux qui merdRent*, Paris : P.O.L., 1991.
— *A quoi bon encore des poètes ?*, Paris : P.O.L., 1996.
RABATE, Dominique (éd.), *Figures du sujet lyrique*, Paris : Presses Universitaires de France (Perspectives littéraires), 1996.
RABATE Dominique, « Enonciation poétique, énonciation lyrique », dans Dominique Rabaté (éd.), *op. cit.*, p. 65-79.
RAYMOND Marcel, *De Baudelaire au surréalisme*, Paris : Corti, 1985.
Revue de littérature générale, n° 1, « La mécanique lyrique », 1995.

REY Alain (dir.), *Dictionnaire historique de la langue française*, Paris : Dictionnaire Le Robert, 1992.
RICŒUR Paul, *La Métaphore vive*, Paris : Seuil (L'Ordre philosophique), 1975.
— *Temps et récit*, t. I, II, III, Paris : Seuil (Points Essais), 1991.
— *Soi-même comme un autre*, Paris : Seuil (L'ordre philosophique), 1990.
RICHARD Jean-Pierre, *Poésie et profondeur*, Paris : Seuil (Points, essais), 1976.
— *Onze études sur la poésie moderne*, Paris : Seuil (Points, essais), 1981.
RIFFATERRE Michael, *Sémiotique de la poésie*, Paris : Seuil (Poétique), 1983.
RODRIGUEZ, Antonio, «"A ce jour de Saint Valentin" : les objectivations lyriques de l'affectivité chez Charles d'Orléans», *Le Moyen Français*, n° 39, 1998, p. 7-18.
— «Francis Ponge et le courant alternatif de la poésie», *Etudes de Lettres*, 1/1999, p. 33-51.
— *Le Pacte lyrique au XXe siècle : Max Jacob, Francis Ponge*, thèse de l'Université de Paris 3, 2 t., 2002.
ROUBAUD Jacques, *La Vieillesse d'alexandre : essai sur quelques états récents du vers français*, Paris : Ramsay, 1988.
SANDRAS, Michel, «La voix, l'écrit. Approche du texte poétique», *Littérature*, n° 59, octobre 1985, p. 48-56.
SCHAEFFER Jean-Marie, *Qu'est-ce qu'un genre littéraire ?*, Paris : Seuil (Poétique), 1989.
— *L'Art de l'âge moderne : l'esthétique et la philosophie de l'art du XVIIIe siècle à nos jours*, Paris : Gallimard (NRF essais), 1993.
— *Pourquoi la fiction ?*, Paris : Seuil (Poétique), 1999.
SCHELER Max, *Nature et formes de la sympathie : contribution à l'étude des lois de la vie affective*, Paris : Payot (Petite Bibliothèque), 1971.
SCHILLER Friedrich, *De la Poésie naïve et de la poésie sentimentale*, Paris : Aubier, 1947.
SCHOENTJES Pierre, *Poétique de l'ironie*, Paris : Seuil (Points essais), 2001.
SEARLE John R., *Sens et expression : études de la théorie des actes de langage*, Paris : Minuit (Le sens commun), 1982.
SERMET Joëlle de, «L'adresse lyrique», dans Dominique Rabaté (éd.), *Figures du sujet lyrique*, Paris : Presses Universitaires de France (Perspectives littéraires), 1996, p. 81-97.
STAIGER Emil, *Les Concepts fondamentaux de la poétique*, Bruxelles : Lebeer-Hossmann (Philosophiques), 1990.
STIERLE Karlheinz, «Identité du discours et transgression lyrique», *Poétique*, n° 32, 1978, p. 422-441.
— «Réception et fiction», *Poétique*, n° 39, septembre 1979, p. 299- 320.
STRAUS Erwin, *Du Sens des sens : contribution à l'étude des fondements de la psychologie*, Grenoble : Millon (Krisis), 1989.
SZONDI Lipót, *Le Diagnostic expérimental des pulsions*, Paris : Presses Universitaires de France, 1952.
SZONDI Peter, *Poésie et poétique de l'idéalisme allemand*, Paris : Gallimard (Tel), 1991.
TODOROV Tzvetan [*et al.*], *Sémantique de la poésie*, Paris : Seuil (Points, Sciences humaines), 1979.
VADE Yves, «L'émergence du sujet lyrique à l'époque romantique», dans Dominique Rabaté (éd.), *op. cit.*, p. 11-37.
— «Hugocentrisme et diffraction du sujet», *Modernités*, n° 8, 1996, p. 85-99.
WEINRICH Harald, *Le Temps : le récit et le commentaire*, Paris : Seuil (Poétique), 1988.
WYSS André, *Eloge du phrasé*, Paris : Presses Universitaires de France (Ecriture), 1999.

Index des noms

Adam (J.-M.), 35, 58
Apollinaire (G.), 37, 124, 145, 155, 156, 163, 166, 191, 208, 225
Aquien (M.), 190
Aristote, 20, 33, 34, 38, 92, 93
Austin (J.L.), 93, 191

Bachelard (G.), 124, 190
Bakhtine (M.), 27, 31, 32, 34-37, 58, 140, 189
Bancquart (M.-C.), 152, 190
Barthes (R.), 143, 189
Batteux (C.), 20, 21, 29
Baudelaire (C.), 27, 37, 111, 124, 151, 190, 215
Baumgarten (A.G.), 22
Bellay (J. du), 18
Bellour (R.), 190
Benveniste (E.), 164, 174, 191, 192, 197, 235
Berque (A.), 190
Binswanger (L.), 45, 102, 109, 124
Blanchard (M.), 256, 257
Blumemberg (H.), 89
Bollnow (O.-F.), 100, 101, 108, 109, 114, 123, 124
Bonnefoy (Y.), 35, 173, 192, 250, 257
Bouchet (A. du), 152, 183, 193, 202-204, 206, 224, 236, 237
Brémond (C.), 27, 189
Breton (A.), 35
Broda (M.), 9, 14

Cadiot (O.), 14
Camus (A.), 186
Cassirer (E.), 52, 75, 191
Castin (N.), 125, 257
Célis (R.), 59, 124
Char (R.), 99, 123, 178, 192
Charles (M.), 80, 89
Charles d'Orléans, 151, 187, 190
Charolles (M.), 237
Chenet (F.), 190
Cheng (F.), 236
Cliff (W.), 215, 237
Cohen (J.), 31, 45, 222, 237

Collot (M.), 13, 14, 89, 182, 190-192, 236, 237, 245, 257
Combe (D.), 26, 27, 29, 30, 34, 35, 44, 58, 59, 190
Combettes (B.), 237
Conort (B.), 14
Cornulier (B. de), 237

Darras (J.), 14
Deguy (M.), 191, 192
Delaveau (P.), 14
Denys le Thrace, 18
Descartes (R.), 148
Desnos (R.), 221, 237
Dessons (R.), 236, 237
Drillon (J.), 237
Diderot (D.), 99
Ducrot (O.), 139-143, 189, 191, 192
Dupin (J.), 165, 191
Durand (G.), 45

Eco (U.), 89
Eluard (P.), 146, 189
Emaz (A.), 177, 192
Eschyle, 118
Espitallier (J.-M.), 236, 237

Febvre (M.), 122
Fédida (P.), 125
Fink (E.), 251, 257
Fish (S.), 89
Follain (J.), 146, 147, 230, 237
Fónagy (Y.), 210, 236
Fromilhague (C.), 191
Foucault (M.), 45
Frénaud (A.), 57
Freud (S.), 100, 123, 171, 192
Friedrich (H.), 8
Frye (N.), 188, 193

Gadamer (H.G.), 84-86, 89
Gaspar (L.), 175, 192, 206, 207, 236
Gautier (T.), 27, 29
Genette (G.), 9, 14, 20, 29, 31, 32-34, 49, 58, 66, 141-143, 189, 190, 211, 236
Gennart (M.), 124

Gleize (J.-M.), 14
Groupe μ, 233, 234, 237
Goethe (J.W. von), 33, 40
Goodman (N.), 247, 257
Guerrero (G.), 9, 14, 18, 29
Guillaume (G.), 69, 173, 176, 192
Guillevic (E.), 152, 155, 191

Hamburger (K.), 8, 31, 32, 37-41, 45, 58, 158, 191
Hamon (P.), 41-43, 56, 58, 59, 139, 140, 144, 149, 189, 190
Hegel (G.W.F.), 21, 23, 29
Heidegger (M.), 49, 50, 56, 100, 107, 108, 114, 124, 192
Heidsieck (B.), 204, 213, 236
Hocquard (E.), 14, 178, 192
Hölderlin (F.), 23, 29, 56
Homère, 25, 35
Hugo (V.), 7, 21, 24-26, 29, 42, 201
Husserl (E.), 82-85, 89, 100, 152, 168, 192

Ingarden (R.), 257
Iser (W.), 13, 14, 69, 72-76, 78-80, 89, 159-161, 191, 257
Isou (I.), 236

Jabès (E.), 5, 185, 193
Jacob (M.), 29, 143, 244
Jaccottet (P.), 112, 124, 180, 192
Jakobson (R.), 31, 32, 35, 43-45, 59, 82, 195, 210, 236, 239, 246, 257
Jarrety (M.), 191, 237
Jauss (H.R.), 69, 78, 88
Jenny (L.), 191
Jouve (P.J.), 157, 187, 188, 191, 217, 237
Jouve (V.), 68, 88, 144, 189
Jung (C.G.), 125

Kaddour (H.), 223, 237
Kant (E.), 25, 72, 100
Kaufmann (V.), 64, 88
Kerbat-Orecchioni (C.), 191, 193, 255, 257
Kermabon (J.), 190
Kierkegaard (S.), 100
Kowalski (R.), 167, 192
Kristeva (J.), 124, 210, 236

Lacan (J.), 123, 143, 189
Lacoue-Labarthe (P.), 22, 39
Laforgue (J.), 143
Lamartine (A. de), 7, 26, 29
Leconte de Liste (C.-M.), 27, 30
Leclair (Y.), 156, 191
Lejeune (P.), 11, 63-69, 155
Longin (Pseudo-), 24

Luca (G.), 142, 211, 213, 236

Maldiney (H.), 13, 125, 177, 192, 197, 198, 202, 235
Mallarmé (S.), 7, 26, 27, 30, 37, 39, 44, 200, 210, 221, 236
Malrieu (J.), 123
Maulpoix (J.-M.), 8, 9, 14, 19, 29, 31, 32, 42, 53-59
Mayaux (C.), 190
Mazaleyrat (J.), 237
Merleau-Ponty (M.), 13, 50, 101, 106, 107, 114, 119-121, 123, 124, 199
Meschonnic (H.), 31, 59, 189, 198, 236, 237
Michaux (H.), 42, 97, 116, 123, 140, 147, 148, 156, 179, 189, 190, 220, 221, 227, 237, 247, 257
Mink (L.O.), 89
Minturno (A.), 20
Molinet (J.), 201
Morier (H.), 215, 236
Morris (C.), 196
Mühlethaler (J.-C.), 190
Murat (M.), 237

Nancy (J.-L.), 22, 29
Noël (B.), 205, 236
Norge, 98, 113, 123, 124
Novalis, 26, 39

Ouspenski (B.), 144

Pasternak (B.), 44
Paulhan (J.), 186
Pavel (T.), 159, 161, 191
Perros (G.), 97, 123
Peterfalvi (J.-M.), 236
Pinson (J.-C.), 14, 56
Platon, 33, 38, 186, 207
Ponge (F.), 29, 39, 186, 207
Prévert (J.), 98, 123, 145
Prigent (C.), 14
Proust (M.), 237

Rabaté (D.), 14, 58, 191
Rabaté (E.), 42
Réda (J.), 223, 237
Reverdy (P.), 35, 166, 192, 229, 232, 237
Rey (A.), 18, 29
Richard (J.-P.), 124, 190
Ricœur (P.), 9, 12, 14, 44, 59, 69, 74-76, 84, 89, 93, 99, 123, 134, 135, 143, 192, 246, 248, 257
Riffaterre (M.), 89
Rimbaud (A.), 7, 165, 234
Ronsard (P.), 20
Roubaud (J.), 179, 191, 237

Roud (G.), 254
Rousseau (J.), 99
Rycke (L. de), 122

Sacré (J.), 14
Saint Girons (B.), 190
Saint-John Perse, 131-133, 135, 145, 206
Sancier-Chateau (A.), 191
Sartre (J.-P.), 35, 88
Saussure (F. de), 120
Schaeffer (J.-M.), 69-71, 81, 89, 189
Scheler (M.), 104, 123
Schelling (F.W. von), 21
Schiller (F. von), 22, 29
Schlegel (A.-W.), 22
Schlegel (F.), 22, 23, 29
Schlegel (J.A.), 21
Searle (J.R.), 37, 58, 93, 191
Sermet (J. de), 193
Simon (A.), 125
Sivan (J.), 213, 237
Spire (A.), 236
Spitzer (L.), 237
Staël (G. de), 21, 24
Staiger (E.), 8, 12, 31, 32, 48-53, 59, 175, 192, 228, 230, 237

Stanzel (F.K.), 189
Starobinski (J.), 124
Stéfan (J.), 57
Stierle (K.), 8, 31, 32, 45-48, 59
Straus (E.), 13, 50, 101, 102-107, 123-125, 152, 192
Supervielle (J.), 147, 189
Szondi (L.), 125, 149, 190

Tardieu (J.), 110, 124, 157, 191, 218, 237
Tison-Braun (M.), 190
Thomas (H.), 165
Tomassonne (R.), 237
Tynianov (J.), 82

Vadé (Y.), 42, 190
Valéry (P.), 27, 35, 37, 145
Vanoye (F.), 122
Ventresque (R.), 190
Verheggen (J.-P.), 180, 192
Vigny (A. de), 18, 29

Wagner (R.), 26
Winnicott (D.W.), 252, 253, 257
Wyss (A.), 189, 235, 236

Remerciements

Cet ouvrage est le fruit de mes recherches doctorales, qui ont bénéficié de nombreuses aides. Je pense en premier lieu à Michel Collot, professeur de littérature française à Paris 3, avec qui j'ai entretenu un dialogue critique constant sur une multiplicité de questions, ainsi qu'à André Wyss, professeur à Lausanne, pour ses conseils et son indéfectible soutien. A Lausanne, Raphaël Célis, professeur de philosophie, m'a ouvert de nombreux horizons tant sur la phénoménologie que sur l'herméneutique. Jean-Michel Adam, professeur de linguistique française, a contribué à susciter une perspective linguistique constante pour l'étude des textes. Jean-Claude Mühlethaler, professeur de littérature médiévale, m'a également permis de considérer les enjeux lyriques au Moyen âge. A Paris 3, j'ai bénéficié des apports de Dominique Combe pour la rhétorique des genres et de Philippe Hamon sur les questions de l'effet et du contrat de lecture. Des institutions ont appuyé financièrement les années de recherche par l'octroi de subsides : le Fonds national de la recherche scientifique suisse, le Rectorat de l'université de Lausanne, la Société académique vaudoise, le CROUS de Paris. Je ne manque pas de mentionner mon entourage pour son aide et son endurance : je pense principalement à Monique Théraulaz, Fabienne Salomé, Rosalie Véron et, bien évidemment, au soutien inconditionnel de ma famille. A toutes et à tous va ma profonde reconnaissance.

Table des matières

Introduction 5

PREMIERE PARTIE
SITUATION DU LYRIQUE 15

Chapitre 1
Historique du lyrique 17
1. Terminologie 18
2. Horizon du lyrique à partir de la triade des genres 20

Chapitre 2
Critique des poétiques du XXe siècle 31
1. Le lyrique est-il un « genre littéraire » ? 32
2. Le lyrique est-il un acte énonciatif particulier ? 37
3. Le lyrique est-il un écart par rapport à la structure du discours ? 43
4. Le lyrique est-il l'expression de rapports au monde 48

DEUXIEME PARTIE
DU PACTE DISCURSIF AU PACTE LYRIQUE 61

Chapitre 1
Qu'est-ce qu'un pacte discursif ? 63
1. Le « pacte » dans la critique 63
2. Le pacte comme catégorie propre 69
   a) Le pacte relève de la structuration discursive 69
   b) Le pacte détermine l'acte configurant 72
   c) Le pacte engage un cadre intentionnel d'expression
      et de compréhension 77
   d) Le pacte se caractérise par des traits intentionnels typiques
      de configuration 80
   e) Le pacte est une dominante discursive de la structuration textuelle 81
   f) Le pacte est une structuration transhistorique 82
   g) Le pacte implique les clauses d'un contrat 86
3. Définition du pacte discursif 88

Chapitre 2
Le pacte lyrique 91
1. Les trois pactes littéraires 91
2. Phénoménologie de l'affectif 99
   a) Le sentir et la chair 102
   b) Les tonalités affectives 107
   c) L'affectivité 114
3. Forme affective de l'expression et de l'expérience : le nœud mimétique .. 115

TROISIÈME PARTIE
CONFIGURATION ET INTERACTION LYRIQUES 127

Chapitre 1
La forme affective générale 129

Chapitre 2
La formation subjective 137
1. Qui ? 138
   a) Polyphonie énonciative 139
   b) La diffraction affective 149
2. Situations de communication 153
   a) Les degrés de la fiction 155
   b) Les pronoms personnels 163
   c) Forme verbale et temporalité affective 168
   d) Les déictiques : présentification et spatio-temporalité 181
3. A qui ? 184

Chapitre 3
La formation sensible 195
1. Rythme et coloration : le sens des mouvements 196
2. Spatialité et traits graphiques 200
   a) Le blanc, le trait, le bloc 202
   b) Le blanc et les effets de respiration 205
   c) Autres traits et limites 206
3. Traits phoniques et effets sonores 208
4. Versification et dynamique accentuelle 213
5. Connexions et discontinuités syntaxiques 218
   a) Transformations et inventions lexicales 218
   b) Mises en relief et constructions syntaxiques 221
   c) Syntaxe complexe et ponctuation 223
6. Cohésion logico-sémantique 225
   a) La progression thématique 225
   b) Parataxe et connecteurs 228
   c) Enchaînements isotopiques 232

Chapitre 4
La formation référentielle 239
1. L'évocation : effet de présence et incarnation 240
2. La référence pathique dédoublée 245
   a) Référence et autoréflexivité du langage 246
   b) Constructions de monde et puissance métaphorique 248
3. Le monde textuel comme jeu lyrique 250
4. Le pâtir et les champs lexicaux sémantiques 253

Conclusion 259

Bibliographie sélective 263

Index des noms 269

PHILOSOPHIE ET LANGAGE

Ouvrages déjà parus dans la même collection

ADAM : Éléments de linguistique textuelle
ANDLER *et al.* : Philosophie et cognition – Colloque de Cerisy
ANSCOMBRE / DUCROT : L'argumentation dans la langue
AUROUX : Histoire des idées linguistiques – Tome 1
AUROUX : Histoire des idées linguistiques – Tome 2
AUROUX : Histoire des idées linguistiques – Tome 3
AUROUX : La révolution technologique de la grammatisation
BESSIERE : Dire le littéraire
BORILLO : Information pour les sciences de l'homme
CASEBEER : Hermann Hesse
CAUSSAT : La langue source de la Nation
CHIROLLET : Esthétique et technoscience
COMETTI : Musil
COUTURE : Éthique et rationalité
DECROSSE : L'esprit de société
DOMINICY : La naissance de la grammaire moderne
DUFAYS : Stéréotype et lecture – Essai sur la réception littéraire
EVERAERT-DESMEDT : Le Processus interprétatif – Introduction à la sémiotique de Ch. S. Peirce
FONTANILLE-ZILBERBERG : Tension et signification
FORMIGARI : La sémiotique empirique face au kantisme
GAUTHIER : Morale et contrat
GELVEN : Etre et temps de Heidegger
GUILHAUMOU-MALDIDIER-ROBIN : Discours et archive. Expérimentation en analyse du discours
HAARSCHER : La raison du plus fort
HEYNDELS : La pensée fragmentée
HINTIKKA : Investigations sur Wittgenstein
ISER : L'acte de lecture
JACOB : Anthropologie du langage
KIBEDI-VARGA : Discours, récit, image
KREMER-MARIETTI : Les racines philosophiques de la science moderne
KREMER-MARIETTI : Sociologie de la science
LAMIZET : Les lieux de la communication
LARUELLE : Philosophie et non-philosophie
LATRAVERSE : La pragmatique
LAUDAN : Dynamique de la science
LAURIER : Introduction à la philosophie du langage
LEMPEREUR : L'argumentation – Colloque de Cerisy
MAINGUENEAU : Genèse du discours
MARTIN : Langage et croyance
MEYER : De la problématologie
MOUREY : Borges, vérité et univers fictionnels
NEUBERG : Théorie de l'action
PARRET : Les passions
PARRET : La communauté en paroles
RODRIGUEZ : Le pacte lyrique
ROSIER-DEFAYS : Approches du discours comique
SCHLIEBEN-LANGE : Idéologie, révolution et uniformité de la langue
SHERIDAN : Discours, sexualité et pouvoir (Michel Foucault)
STANCATI, CHIRICO, VERCILLO : Henri Bergson : esprit et langage
STUART MILL : Système de logique
TRABANT : Humboldt ou le sens du langage
VANDERVEKEN : Les actes de discours
VECK : Francis Ponge ou le refus de l'absolu littéraire